CB082109

O APRENDIZADO DA FORÇA

CONSELHO EDITORIAL
Ana Paula Torres Megiani
Andréa Sirihal Werkema
Eunice Ostrensky
Haroldo Ceravolo Sereza
Joana Monteleone
Maria Luiza Ferreira de Oliveira
Ruy Braga

O APRENDIZADO DA FORÇA

A formação do Soldado de Polícia Militar de São Paulo

THOMAS MACHADO MONTEIRO

alameda

Copyright © 2023 Thomas Machado Monteiro

Grafia atualizada segundo o Acordo Ortográfico da Língua Portuguesa de 1990, que entrou em vigor no Brasil em 2009.

Edição: Haroldo Ceravolo Sereza
Projeto gráfico, diagramação e capa: Ana Júlia Ribeiro
Assistente acadêmica: Tamara Santos
Revisão: Alexandra Colontini
Imagem da capa: Eduardo Saraiva via Fotos Públicas

CIP-BRASIL. CATALOGAÇÃO NA PUBLICAÇÃO
SINDICATO NACIONAL DOS EDITORES DE LIVROS, RJ

M78a

Monteiro, Thomas Machado
O aprendizado da força : a formação do soldado de polícia militar de São Paulo / Thomas Machado Monteiro. - 1. ed. - São Paulo : Alameda, 2022.
340 p. ; 21 cm

Inclui bibliografia
ISBN 978-65-5966-134-3

1. Soldados - Formação - São Paulo (SP). 2. Soldados - Treinamento. 3. Policiais militares - São Paulo (Estado). 4. São Paulo (Estado). Polícia Militar - Curso. I. Título.

22-80207 CDD: 355.1
CDU: 355.511.6

ALAMEDA CASA EDITORIAL
Rua 13 de Maio, 353 – Bela Vista
CEP 01327-000 – São Paulo, SP
Tel. (11) 3012-2403
www.alamedaeditorial.com.br

À minha mãe e minha avó,
Principais responsáveis pela minha trajetória

"Vocês estão num caminho sem volta. Eu lembro de uma aluna minha que me disse que não conseguia mais ir ao mercado do bairro dela – aonde ela ia desde criança – porque depois que se formou polícia não conseguia se desligar da quantidade de ladrão que tinha andando por lá. Com isso eu quero dizer que vocês não são policiais quando estão vestindo a farda e fazendo escala, são o tempo todo e atitude de policial é o tempo todo. Você muda a forma de olhar; você para de olhar primeiro para o rosto da pessoa para olhar para as mãos".

Professor da ESSd, durante aula observada

Sumário

Prefácio

O aprendizado da Força: a formação do Soldado da Polícia Militar de São Paulo resulta de quatro intensos anos de pesquisa de Thomas Monteiro no doutoramento em Ciências Sociais na UNICAMP. Tive o privilégio de ser sua orientadora. O tema não podia ser mais apropriado: uma reflexão densa, com trabalho de campo e uma análise singular que integra elementos etnográficos e historiográficos na análise dos processos formativos de soldados policiais da PMESP. A forma como Thomas consegue demonstrar as complexidades envolvidas nesses processos revela como as ciências sociais podem, de modo brilhante, ir além de pesquisas frias e orientadas por dados construídos no distanciamento das realidades vividas nos mundos sociais.

Thomas nos demonstra como a falta de um norte claro na formação dos policiais de base em São Paulo reflete não apenas a resistência a reformas e disjunções da segurança pública, como um todo, na transição democrática brasileira. Esses são dados já amplamente discutidos na literatura da especialidade. O autor do livro que irão ler nos demonstra, em uma análise cuidada da construção curricular, das teatralizações no ensino e das performances institucionais, o acoplamento de matérias e de conteúdos que, juntos, vão oferecendo um mosaico muitas vezes desarticulado de símbolos, saberes e aprendizagens aos policiais. O curso se sustenta em um programa de estudos que é uma manta de retalhos onde se anexam influências políticas em diversos tempos e com diversos objetivos, muitas vezes contraditórios entre si.

Mais do que a voz dos sujeitos da formação, esta obra se estende e se aprofunda nas estruturas e práticas formativas, no que ocorre nas salas de aulas, um domínio do conhecimento que faltava explorar e que é aqui refletido de forma robusta. Somos assim transportados a um universo de ambiguidades profissionais. A questão da violência, impressa na formação dos soldados, é analisada em suas dimensões culturais, morais e profissionais. Não se trata tanto de perspectivar a violência policial na formação como moldura de sentidos, valores e ideologias de caserna, subculturas ou a denúncia de um curriculum oculto. Thomas percorre os itinerários plurais das práticas mais centrais do ensino e suas didáticas. Neste livro sobressai a plasticidade nos modos da formação policial e a abertura ao "estranho" mundo das ruas que, nas análises ansiosas por encontrar os fechamentos críticos organizados em uma roupagem identitária militarista, tendem a ser esquecidos.

É em suas sutilezas que esta pesquisa inova. Vamos ler sobre um treino prático, muito mais aberto do que fechado no uso das técnicas policiais, deixando uma margem para a interpretação e escolhas pessoais morais impressionante – e até bastante imprevista. Imprevista na medida em que os processos de formação se articulam menos como uma "lavagem cerebral" e muito mais como uma moral individualista, um "salve-se quem puder porque lá fora é a selva mesmo". Nessa medida, vamos ler sobre uma heroicidade cerimonial e ritualizada, mas nem sempre fechada em suas articulações ideológicas. Vamos ler sobre o desejo de distinção regional na representação policial nacional. Vamos finalmente perceber como as cerimônias de homenagem à chamada "Revolução de 1932" se traduzem numa heroicidade regional, estatal, que resgata o papel do policial pela ordem simbólica do "estado--locomotiva" do Brasil. Policiais se apresentam como fazendo parte de uma narrativa de resgate do nacionalismo paulista. Mais do que a virtuosidade da guerra, a didática do orgulho regionalista pretende tornar os policiais militares atores incontestados e os legítimos defensores de um estado da nação e de sua corporação.

Os soldados policiais vão assim para as ruas com um mapa de ideias, morais e experiências práticas que, mais do que organizá-los para o policiamento, de certa forma os desorganiza e os deixa abertos a experiências que consideram inevitavelmente violentas. A ideia da imprevisibilidade do risco, ameaça constante e as respostas discricionárias acabam por ocupar e saturar todo o universo de referências das abordagens simuladas. Thomas nos evidencia assim, com esta excelente monografia etnográfica, que ser policial militar no Brasil tem relação direta com a comunidades policiais imaginadas em estados, regiões, cidades do risco, tanto quanto com o espírito militar ou o espírito de corpo militar. Este é um livro que certamente marca uma nova orientação nos estudos sobre formação e pedagogias policiais. Todos os que se interessam por temas policiais não o deverão ignorar.

Susana Durão

Professora de Antropologia, IFCH-UNICAMP

Coordenadora da Secretaria de Vivência nos Campi, UNICAMP

Introdução: notas de uma etnografia da Escola Superior de Soldados de Pirituba

O aprendizado da Força busca investigar o Curso de Formação de Soldados da Polícia Militar de São Paulo à luz de uma imersão etnográfica realizada na maior escola de formação de policiais do Brasil[1], a Escola Superior de Soldados de Pirituba (ESSd[2]), de 2016 a 2018. A esta observação, soma-se uma pesquisa material na Academia do Barro Branco nos anos de 2018 e 2019.

Tendo em vista o difícil acesso para pesquisadores que este campo de estudos apresenta historicamente[3], o registro documental da experiência antropológica produzido através da observação empírica constitui, em si, um dos objetivos

1 A ESSd é a maior escola de formação de Policiais do Brasil em números absolutos, formando cerca de 5.000 policiais por ano, segundo dados oficiais da PMESP: http://www.policiamilitar.sp.gov.br/, acessado pela última vez 12/11/2020.

2 Escola Superior de Soldados, na sigla oficial da PMESP.

3 Vide: Borges, Doriam e De Lima, Rento Sérgio. "Estatísticas criminais no Brasil" in: De Lima, De Azevedo, Rodrigo Ghiringhelli; De Lima, Renato Sérgio e Ratton, José Luiz (org.). *Crime Polícia e Justiça no Brasil.* São Paulo: Editora Contexto, 2014, p. 213-226; Cabral, M. V. F. *Avaliação do Impacto do Infocrim sobre as taxas de homicídios dos municípios paulistas: uma aplicação do método de diferenças em diferenças espacial.* Tese de Doutorado, Universidade Federal de Juiz de Fora, Juiz de Fora, 2016; Willis, G. D. *The killing consensus: police, organized crime, and the regulation of life and death in urban Brazil.* University of California Press. 2015

primordiais deste trabalho. Neste sentido, busco contribuir com o aprofundamento do conhecimento não apenas da parte material do curso de formação de Soldados, como também das dinâmicas subjetivas de transmissão de conhecimentos que o permeia.

A parte mais densa do trabalho, contudo, se encontra no aprofundamento e discussão de temas que emergem da análise conjunta de três corpus documentais: a etnografia, os materiais didáticos utilizados no curso de formação de soldados e a bibliografia de Ciências Humanas sobre estudos policiais no Brasil e no mundo.

Dentre os materiais didáticos aos quais tive acesso, destaco em especial o Currículo Geral do curso[4] e o Plano de Matérias das disciplinas ministradas[5]. Ambos se encontram (ainda que de forma resumida) no adendo deste trabalho. Estes são de suma importância para toda a discussão que se desdobra, pois buscam delimitar não apenas a gama de assuntos específicos a serem estudados no Curso de Formação de Soldados como, principalmente, ajudam na interpretação destes assuntos. Neste contexto, eles podem ser vislumbrados como um mapa para entendermos as capacitações e conhecimentos desejados e almejados pela PMESP para seus Soldados.

Dentre a bibliografia especializada, entendo que este trabalho dialoga com os estudos sobre cursos de formação

---

4 Este documento define as grades horárias e os temas gerais a serem debatidos em cada aula de cada disciplina.

5 Este define os assuntos a serem debatidos em cada aula, ou seja, é ainda mais específico do que o Currículo.

policial no Brasil de maneira mais imediata[6] e com as etnografias sobre policiamento no país e no mundo em segundo plano.[7] Desta forma, busco contribuir com o aprofundamento

6 Vide: Brunetta, Antonio Alberto. *Não-formal e informal no ensino policial.* Revista Brasileira de Segurança Pública, São Paulo, v. 9, n. 2, 130-140, ago/dez. 2015; Poncioni, Paula. *Tornar-se policial: A Construção da Identidade Profissional do Policial no Estado do Rio de Janeiro.* Tese de Doutorado, Departamento de Sociologia, Faculdade de Filosofia, Letras e Ciências Humanas, Universidade de São Paulo, 2004; Kant De Lima, Roberto [Relator] (com a colaboração de Jorge da Silva). "Formação Policial". MJ – Secretaria Nacional dos Direitos Humanos. Grupo de Trabalho para avaliar a Segurança Pública no Brasil, Niterói, 17 de julho de 1997; Sapori, Luis Flavio. "O treinamento como ferramenta de reforma policial na sociedade brasileira: perspectivas e limitações". Paper apresentado no Seminário Interpretações da Violência Urbana no Brasil, Rio de Janeiro, Universidade Federal do Rio de Janeiro, 2002; Nummer, Fernanda Valli. *Ser polícia, ser militar*: o curso de formação na socialização do policial militar. Niterói: EDUFF, 2005; Sapori, Luis Flavio. "O treinamento como ferramenta de reforma policial na sociedade brasileira: perspectivas e limitações". Paper apresentado no Seminário Interpretações da Violência Urbana no Brasil, Rio de Janeiro, Universidade Federal do Rio de Janeiro, 2002.

7 Vide: Muniz, Jacqueline. "*Ser Policial é, Sobretudo, uma Razão de Ser*": Cultura e Cotidiano da Polícia Militar do Estado do Rio de Janeiro. Tese apresentada ao Instituto Universitário de Pesquisas do Rio de Janeiro como requisito parcial para a obtenção do grau de Doutor em Ciência Política – IUPERJ. 1999; Storani, Paulo. *Vitória Sobre a morte, a glória prometida: O rito de passagem na construção da identidade dos Operações Especiais do BOPE.* Dissertação de Mestrado apresentada ao PPGA – UFF, Niterói, 2008; Fassin, Didier: "Enforcing Order: An ethnography of urban policing", 2013, Cambridge, UK, Polity Press; De Sá, Leonardo Damasceno. *Os Filhos do Estado.* Rio de Janeiro: Editora Relume Dumará, 2002; Durão, Susana: *Patrulha e proximidade: Uma etnografia da polícia de Lisboa*, Coimbra: Edições Almedina, 2008.

de discussões caras ao campo de estudos, tais como: a relação entre formalidade e informalidade no trabalho policial; a existência ou não do chamado "currículo oculto" no curso de formação; a violência da pedagogia policial; militarismo e dinamicidade no trabalho policial contemporâneo; identidades corporativas, pessoais e institucionalização de valores das organizações policiais no processo formativo.

Tendo em vista o conteúdo da documentação etnográfica produzida no trabalho de campo, apresentarei perspectivas sobre estes temas que buscam levantar dados que oferecem novas nuances para o estudo das complexidades envolvidas na formação policial e entendimentos transmitidos sobre o que é o policiamento. Para tanto, utilizo de chaves conceituais que almejam uma visão mais ampla do que é a formação para além de seu sentido organizacional. Formação é aqui entendida como gênese e transmissão cultural e, simultaneamente, como instrumento político estatal em constante transformação.

Em consonância com a perspectiva proposta por Vicente Tavares,[8] o presente trabalho tem como objetivo vislumbrar a formação policial a partir das lógicas formativas e os conhecimentos produzidos em um nível conceitual[9], situando-o como parte de um processo educacional amplo. Assim, meu foco recai de maneira central nas dinâmicas de produção material e transmissão cultural advindas dos pro-

8 Tavares dos Santos, Vicente José. *Dilemas do ensino policial: das heranças às pistas inovadoras.* "Segurança, Justiça e Cidadania. Nº 7". Brasília, 2014. p. 24

9 Tavares dos Santos, Vicente José. *Dilemas do ensino policial: das heranças... Op. cit* p. 25

cessos formais e informais no objeto de estudos e no cotidiano da Escola.

A partir desta reflexão, procuro insumos para a análise das seguintes propostas: 1- Saber quais são, de fato, os conteúdos transmitidos durante o curso de formação da PMESP; 2- Estudar como estes conteúdos são aprendidos por este trabalhador na formação de seu corpo e linguagem para o trabalho; 3- Perceber em que medida o curso de formação possui a dimensão da construção de uma ideologia de grupo.

Para melhor observar estas problemáticas em suas particularidades e concomitâncias, a descrição dos processos de ensino observados neste estudo se desdobra em três pontos de vista. Cabe notar, entretanto, que a separação dos pontos de vista do curso de formação que em seguida apresento constitui mais uma estratégica metodológica da própria pesquisa do que propriamente uma descrição empírica do fenômeno, já que todas as formas de transmissão de conhecimento ocorrem, por via de regra, de maneira simultânea:

-*Teorização:* esta dimensão será centralmente investigada a partir da apresentação do currículo formal utilizado no Curso de Formação de Soldados e de sua aplicação prática, perspectivada através da etnografia da didática de sala de aula. Noto que esta faceta pedagógica do ensino ambiciona colocar-se como a mais verticalizada dentro de todo o processo educacional, já que se ergue a partir da ideia de constituir uma linha quase direta entre o Estado e o trabalhador, o futuro soldado. Esta parte da formação é transmitida primeiramente – mas não exclusivamente – a partir da natureza teórica do curso e pode ser compreendida como descreve Tânia Maria

Pinc, como "um meio de difusão de políticas públicas que incidem na conduta individual do policial na rua"[10].

A concepção teórica de um contato direto entre Estado e trabalhador deve ser vislumbrada pela pesquisa como um espaço privilegiado, não apenas para o entendimento dos objetivos concebidos no curso como ideais de formação policial. Este deve ser entendido também, como se verá, de maneira mais aprofundada, como um indicador das demandas políticas e sociais presentes nas concepções de policiamento aplicadas à formação.

- *Teatralização: A transmissão de conhecimentos através da simulação de cenários policiais.* Esta dimensão será primordialmente analisada a partir da observação das aulas práticas em que há uma encenação do trabalho policial. Por não possuir um programa didático inteiramente previsto pela documentação formal norteadora da educação no curso, a teatralização de saberes se constitui como território privilegiado para a imersão no imaginário social subjetivo sobre o trabalho do soldado e sua função na sociedade.

Tendo em vista que todos os professores da escola são Policiais Militares (aposentados ou em atividade), esta parte da formação se dá mais no âmbito do que Didier Fassin chama de "cultura do trabalho policial"[11], ou do que Susana Durão descreve como a produção de uma cultura policial sin-

---

10 Pinc, Tânia M. *O Uso da Força Não Letal pela Polícia nos Encontros com o Público.* Dissertação de Mestrado apresentada ao DCP – USP, São Paulo, 2006, P. 31

11 Fassin, Didier: "Enforcing Order: An ethnography of urban policing", 2013, Cambridge, UK: Polity Press, p. 59

gular[12], do que propriamente no âmbito exclusivo das políticas públicas, ainda que esta dimensão também possua efeito.

- *Ritualização: A história da corporação e o ensinamento de seus ritos e mitos.* Sugiro que devemos contemplar a dimensão da ritualização de maneira condensada nas cerimônias de homenagem à chamada "Revolução de 1932", realizadas mensalmente na Escola Superior de Soldados. Do ponto de vista da formação, esta dimensão funciona inicialmente sob dois aspectos: a construção e performance de uma narrativa político-institucional palpável da PMESP na interpretação e na transmissão dos valores institucionais específicos da corporação aos alunos. Ou seja, nesta parte irei tratar de tudo o que tem a ver com hierarquização, estrutura interna e história corporativa no ensino. Tendo em vista a história da corporação, é nesta dimensão, portanto, que o caráter militar da instituição de ensino policial se demonstra de maneira mais clara.

A ritualização deve ser centralmente compreendida como a síntese espetacular das práticas, códigos e valores institucionais presentes no cotidiano da escola e, portanto, atravessados pela cultura do trabalho policial. Tendo em vista que esta faceta do trabalho realizado na Escola Superior de Soldados não possui um componente pedagógico escrito, o material utilizado pela pesquisa para investigá-la teve de se basear em dados resultantes da observação etnográfica, entrevistas com coronéis da PMESP e consulta à vasta bibliografia histórica sobre 1932.

---

12 Durão, Susana. *Patrulha e proximidade: uma etnografia da polícia de Lisboa*, Coimbra: Edições Almedina, 2008, p. 382-402.

A partir da exposição da materialidade dos conhecimentos que se desdobram destas três dinâmicas de ensino, busco inicialmente demonstrar que os conteúdos (tanto formais quanto informais) transmitidos no Curso de Formação de Soldados apontam para expectativas e pressões ambivalentes sobre o que é trabalho policial e sobre a função da polícia na sociedade. Como se verá, isto é produzido por uma complexa e contraditória gama de exigências profissionais no momento da formação. Este paradoxo foi também observado por Vicente Tavares, ainda que no âmbito da prática profissional e não no curso de formação. O autor defende que hoje

> (...) ocorre uma virtual impossibilidade do ofício de policial, seja pelas dificuldades em garantir a ordem pública, por ela estar internacionalizada e privatizada, seja pelas limitações em contribuir à construção do consenso, pois as bases da comunidade não mais existem em sociedades complexas.[13]

Minha observação leva a crer que, como resultado desta dinâmica, temos um Curso de Formação de Soldados de excelência técnica e instrumental que, por sua vez, é atravessado por dilemas amplos da prática de trabalho na corporação e do contexto social de policiamento sob o qual está inserido, promovendo heurísticas bastante particulares e, por vezes, disfuncionais.

---

13 Tavares dos Santos, Vicente José. *Dilemas do ensino policial ..., Op. cit.* p. 14

Nos capítulos que seguem, aprofundando esta discussão, buscarei demonstrar que o trabalho policial para a patente de Soldado da PMESP é fundamentalmente ensinado como um conjunto de problemáticas irresolúveis através do cotidiano profissional e das possibilidades instrumentais oferecidas na corporação. Ao soldado em formação, isso se traduz como a impossibilidade de se delinear parâmetros atingíveis de sucesso para a atuação operacional do dia-dia e para a resolução das dialéticas políticas e burocráticas que ocorrem na corporação em um plano interno.

Assim, o que irei defender ao longo deste trabalho é que a atual experiência da formação de soldados na PMESP transcorre, de maneira central, em uma pedagogia sustentada pela problemática da ambiguidade profissional e não prioritariamente pela exaltação de valores institucionais ligados à virtuosidade ou à guerra, como tem sido amplamente proposto em estudos sobre a formação policial no Brasil[14] e em reportagens consideradas "realistas" sobre o tema.[15]

---

14 Vide: França, Fábio Gomes e Gomes, Janaína L. F, "Se não aguentar, corra!: um Estudo sobre a pedagogia do sofrimento em um curso policial militar", *Revista Brasileira de Segurança Pública*, São Paulo, v. 9, n 2, 142-159, Ago/set 2015; Storani, Paulo. *Vitória Sobre a morte, a glória prometida: O rito de passagem na construção da identidade dos Operações Especiais do BOPE*. Dissertação de Mestrado apresentada ao PPGA – UFF, Niterói,; Paes de Souza, Adílson. *O policial que mata:* um estudo sobre a letalidade praticada por policiais militares no Estado de São Paul. Tese de Doutorado em psicologia na USP, 2020.

15 Vide: <https://jovempan.com.br/programas/jornal-da-manha/formacao-historica-ajuda-a-explicar-fenomeno-da-violencia-policial-no-brasil.html>, <https://tab.uol.com.br/edicao/jovem-pm/#page1>,

Como consequência desta narrativa, argumento que a missão policial perpetuada no processo formativo de soldados da PMESP não é prioritariamente a da proteção ao corpo social e sim a autoproteção pessoal do policial e da corporação, tanto em sentido prático quanto em suas representações e valores sociais partilhados.

Com isto, busco vislumbrar o problema amplo da temática das correlações entre violência e formação policial não apenas como uma estratégia operacional explícita nos modelos de atuação, ou implícita na cultura profissional praticada, imputadas de maneira verticalizada ao aluno a partir das lógicas institucionais. Defendo a presença de dimensões violentas na formação dos soldados também como uma consequência dos processos culturais, morais e profissionais concebidos sob o panorama da ambiguidade corporativa e da frustração pessoal.

Como descreve Didier Fassin[16] em etnografia sobre a polícia francesa, a frustração decorrente da ambivalência no cotidiano de trabalho policial é causadora de grande ressentimento, este expressado através da gênese de lógicas morais socialmente disfuncionais. No presente trabalho, buscarei demonstrar como esta mesma heurística pode ser perspectivada no plano conceitual da educação de soldados em São Paulo, gerando consequências igualmente difusas e indesejáveis tanto para corporação quanto para a sociedade.

---

apenas para citas algumas mais recentes. Acessadas pela última vez dia 03/11/2020.

16 Fassin, Didier: "Enforcing Order: An ethnography of urban policing", 2013, Cambridge, UK: Polity Press, p. 59

Para melhor entender como esta questão se desdobra nas diferentes dimensões do Curso de Formação de Soldados, dividi o trabalho em quatro capítulos. O introdutório, de âmbito teórico, busca delimitar as bases que servirão de norte para a análise etnográfica dos demais capítulos, situando, assim, o presente estudo nas discussões que compõem o campo temático mais próximo - a formação policial no Brasil -, assim como no campo mais amplo - estudos etnográficos sobre o trabalho policial no mundo. A partir desta discussão, objetivo um melhor entendimento das dinâmicas institucionais e culturais de transmissão de conhecimentos dentro da organização policial. Por fim, noto que este capítulo visa servir como uma introdução aos conceitos e discussões que emergirão a partir do estudo etnográfico.

O segundo capítulo analisa a transmissão de conhecimentos no ambiente de sala de aula. Tendo em vista que esta dimensão de ensino sublinha o caráter vertical e burocrático da formação policial, o capítulo foca a dimensão político-didática do Curso de Formação de Soldados. Sendo assim, a base documental deste capítulo recai ligeiramente mais nas apostilas do que na observação etnográfica, embora contemple também dados da observação das práticas. Com isso irei demonstrar que o conteúdo didático e pedagógico do curso de formação se apresenta como um desdobramento dos diferentes e difusos anseios políticos internos e externos à PMESP. Como se verá, estes anseios são materializados nos documentos formais norteadores da educação através de mecanismos de negociação entre as diferentes esferas que regem a Escola Superior de Soldados e a corporação em sentido amplo, produzindo um panorama teórico ambivalente e não unificado.

O terceiro capítulo traz a sobreposição dos temas discutidos em uma abordagem teórica nos capítulos I e II para a investigação etnográfica no âmbito das teatralizações do trabalho policial. Realizarei a descrição de algumas cenas observadas no curso de Procedimentos Operacionais Padrão (POP) que, como discutirei, se apresenta como eixo central na formação policial realizada na Escola Superior de Soldados. Esta análise das aprendizagens simuladas servirá como plano de fundo para discutir como o conflito de expectativas presente tanto no currículo quanto na cultura profissional da corporação se manifesta também na parte prática do ensino policial, culminando, através do processo pedagógico empregado, na incorporação desta dialética na parte física e subjetiva do aluno. Esta problemática, como buscarei demonstrar, constitui um grande vetor de sofrimento para o policial no exercício de sua função.

O quarto capítulo trata das cerimônias ritualizadas em homenagem à chamada "Revolução Constitucionalista de 1932", realizadas com periodicidade mensal na Escola Superior de Soldados, ao menos durante o período de observação da pesquisa. Estas cerimônias se apresentam como uma porta de entrada para todo um imaginário ideológico sobre o papel da PMESP no estado de São Paulo, assim como sobre o lugar central do estado de São Paulo no Brasil. De maneira central procuro, neste capítulo, analisar como a suspensão momentânea das contradições e problemáticas cotidianas do curso de formação, em detrimento de uma representação idílica da corporação, faz parte de um processo maior de compartilhamento dos valores e ideologias políticas institucionais. Isso porque o ambiente narrativo do rito permite que, ao menos momentaneamente, o trabalho policial apresente ao aluno e sociedade um sentido unificado de finalidade e posicionamento ideológico. Todavia, como se verá, logo em seguida, o aluno é reintegrado a sua condição comum, tendo no modelo de trabalho idealizado um tensor frequentemente contraditório às demais lógicas formais e subjetivas do restante do curso. Neste panorama, demonstro, finalmente, que a heroicidade no curso de formação se desenvolve mais em um plano representativo do que nas lógicas de ensino operacionais e para a prática de trabalho. Outra particularidade deste capítulo é que sua base teórica tem especificidades ausentes nos demais capítulos, uma vez que revela toda uma genealogia sobre os sentidos do ocorrido em 1932 na construção das identidades e forças políticas do Brasil dos séculos XX e XXI.

O clássico *The Ambivalent force: Perspectives on the police*[17] descreveu uma força difusa e contraditória, que, apesar de ser alvo de ininterrupta expansão contingencial, material e de funções sociais, ainda falha em promover, em sentido amplo, muitas das facetas necessárias para o estado democrático de direito nas mais distintas camadas sociais e raciais da população. Com base nesta premissa, os autores da obra observam o conflito de "uma força incapaz de observar a dimensão de sua própria transmutação"[18] em um mundo de crescente complexidade.

17 Niederhoffer, Arthur e Blumberg, Abraham (org.). *The Ambivalent force: Perspectives on the police.* Rinehart press: São Francisco, 1973.

18 Niederhoffer, Arthur e Blumberg, Abraham (org.). *The Ambivalent force…*, *Op. cit.* p. V (prefácio).

No contexto brasileiro, esta mesma ambivalência é perspectivada em suas particularidades por Sérgio Adorno[19], que vai um passo além, descrevendo suas consequências em nosso complexo panorama democrático e social:

> Por um lado, impõe-se a reforma administrativa e a modernização dos recursos humanos, sem o que não se logrará com êxito alcançar padrões minimamente aceitáveis de eficiência operacional de forma a tornar as agências policiais legítimas face aos olhos dos cidadãos. Por outro [lado], e – talvez mais do que nunca – trata-se de construir um novo perfil para essas agências e seus atores, de adequá-los às exigências da sociedade democrática contemporânea.[20]

Fazendo a ponte entre esta problemática e o processo de profissionalização que dela se desdobra, Vicente Tavares descreve como "as organizações policiais vieram a expressar a crise da profissionalização da polícia: as condições de trabalho; a formação do policial; o exercício de um serviço público compatível com as demandas de uma sociedade complexa que apresenta problemas de lei e ordem também complexos", propondo, assim, uma perspectiva analítica que parte do ponto de vista endógeno da organização policial.

---

19 Adorno, Sérgio. A sociedade brasileira e o monopólio estatal da força. IN: Neves, Paulo Sérgio, Rique, Célia D. G. e Freitas, Fábio F. B. (org.) *Polícia e democracia: desafios à educação em direitos humanos.* Recife, 2002.

20 Adorno, Sérgio. A sociedade brasileira e o monopólio estatal da força... *Op. cit.* p 11

De maneira a complementar esta bibliografia, este trabalho tem como objeivo demonstrar que – no contexto estudado – estas forças ambivalentes não se apresentam apenas nas consequências do contato dos policiais com a população, ou na pluraraldade decisória de um contexto crescentemente discricionário, mas principalmente como parte fundamental de um ensino que constrói o entendimento do que é ser policial enquanto profissão predisposta à incerteza.

Dessa forma, ainda que não ambicione propor uma "reavaliação e redefinição de propósito, função, identidade e filosofia da polícia"[21], tal qual no clássico de Niederhoffer e Blumberg, *O aprendizado da Força* se debruça sobre o objetivo de sofisticar o entendimento que temos sobre estas mesmas problemáticas e sutilezas desde logo presentes na formação de policiais. Busco, assim, indicar um caminho alternativo para o entendimento da formação de soldados de forma específica com base no entendimento das ambiguidades da cultura profissional e moral do trabalho policial, em São Paulo e, eventualmente, em sentido mais amplo.

21 Niederhoffer, Arthur e Blumberg, Abraham (org.). *The Ambivalent force...*, *Op. cit.* p. V (prefácio).

Capítulo I: Ambivalência e estrutura

Quando decidi realizar este projeto, sabia que um dos principais desafios seria obter acesso ao Curso de Formação de Soldados da PMESP. De acordo com a bibliografia, assim como através de conversas informais com outros profissionais da área, percebi cedo que se tratava de um ambiente de acesso restrito, em especial para pesquisadores oriundos das Ciências Humanas.

Durante o primeiro ano do curso de Doutorado na Unicamp, minhas pesquisas foram de pendor bibliográfico, contando com incursões no Museu da Polícia Militar de São Paulo. Entretanto, devido ao fato de não encontrar nenhuma etnografia substantiva sobre o Curso de Formação de Soldados, eu não fazia ideia de como este funcionava na prática. Isso, inclusive, me levava a ter uma noção pré-concebida de um curso centrado apenas na pedagogia do sofrimento (como apontado no filme *Tropa de elite*, por exemplo), inteiramente voltado a fomentar a lógica da guerra no trabalho de rua.

Buscando aprofundar-me neste raciocínio, propus que o trabalho fosse comparativo entre a formação da PM paulista e da Polícia de Chicago, nos EUA. No entanto, mesmo para o projeto comparativo, o primeiro passo teria que ser conseguir acesso ao Curso de Formação de Soldados da PMESP.

Comecei por tentar todas as maneiras oficiais tradicionais: telefonei para a corporação, que me pediu para enviar um e-mail (nunca respondido); entrei em contato com a assessoria de imprensa da PMESP – a qual também não pôde me ajudar e até fui à Academia do Barro Branco, onde tampouco obtive sucesso.

Confrontado pelo prazo pré-definido no projeto de pesquisa para começar o trabalho de campo, resolvi fazer uma abordagem diferente: não iria buscar minha entrada no campo de estudos pelos meios formais, mas sim buscar redes que me levassem a pessoas que trabalham dentro da Escola Superior de Soldados (ESSd) para, ao menos, conseguir desenhar um projeto factível – talvez substituindo a observação etnográfica por entrevistas, pensei.

Neste processo, através de um amigo, consegui o telefone de um Tenente[1] que trabalha dentro da ESSd e uma indicação: "Diga que você é amigo da Vivian e da Flávia do Partido Militar[2]". Sem saber quem eram estas pessoas (ou sequer conhecer o Partido Militar), escrevi para o Sargento informando sobre o meu projeto e perguntando sobre a viabilidade de conhecer a Escola Superior de soldados.

A mensagem que enviei foi: *"Boa tarde, Sargento, desculpe pelo incomodo. Fui indicado pela Flávia, do Partido Militar – acredito que ela já lhe falou em meu nome. Tudo bem com Sr.? Vou vou direto ao ponto: Sou doutorando pela Unicamp e estou reali-*

1 Com o objetivo de evitar possíveis problemas para os colaboradores da pesquisa, decidi por manter todos em anonimato. Assim, estes serão descritos apenas por sua patente ao longo desta tese.

2 O Partido Militar se descreve como 'um partido de civis e militares 100% democrático'. Atualmente busca assinaturas para sua oficialização como partido para eleitoral. Sua pauta ideológica é de apoio às políticas de Jair Bolsonaro. Mais informações em sua página oficial, em: www.partidomilitar.com.br, acessado pela última vez dia 10/11/2020.

zando uma pesquisa sobre a formação de policiais para o trabalho de rua em Chicago e São Paulo. Meu nome é Thomas Monteiro e sou mestre pela USP com um estudo sobre a participação militar de brasileiros nas Forças Armadas dos EUA. Gostaria de saber se poderia contar com a sua ajuda. Obrigado e um Abraço!".

Poucas horas depois recebi uma resposta surpreendentemente amigável: *"Boa noite Sr. Thomas, pode contar com a minha colaboração. Irei falar com o Coronel Comandante da Escola Superior de Soldados, na qual estou alocado como professor (instrutor) gíria militar (sic.). Com certeza, essa interface poderá ser concretizada. Solicito a V.sa que aguarde, para que eu possa expor o assunto a quem o compete".*

A próxima mensagem chegou algumas horas depois, em formato de áudio, e com um tom ainda mais amigável. *"Doutor, conversei com o Coronel que coordena a escola, e as portas estão abertas para o Sr. Conte comigo para tudo o que precisar. Por sinal, teremos na sexta-feira uma solenidade em comemoração à constituição de 32. Todas as sextas temos desfiles que é a parte cultural da Escola. Então se o Sr. tiver a oportunidade, o Sr. está convidado, viu Doutor?".*

Eram 6:25 da manhã de sexta-feira, dia 21 de outubro de 2016, quando fui surpreendido em meu sono por uma mensagem do Sargento – *"Doutor, bom dia!"* – (Por alguma razão, suspeito que uma mistura de jargão policial, marcador social e admiração pelo mundo acadêmico, o Sargento convencionou chamar-me de Dr.) – *"Desculpe pelo horário que estou mandando esse áudio para o Sr., mas ficaram por resolver o horário da solenidade Militar no dia de hoje, tendo em vista que comparecerá no local o Secretário de Segurança Pública e o Presidente do Tribunal de Justiça Militar. Realizaremos na*

Escola Superior às 9:40, Doutor, uma solenidade em comemoração à Constituição de 1932. O Coronel aqui o está convidando para apreciar a nossa solenidade, então, se o Sr. tiver oportunidade, gostaria que o Sr. comparecesse. Tenha um bom dia!".

Dirigi-me com pressa a Pirituba (bairro no qual a Escola é localizada), apreensivo para conhecer as instalações da escola, assim como o Sargento e o Coronel. Era a minha primeira e, talvez, única chance. Por isso, decidi vestir-me de maneira que julguei ser mais apresentável ao mundo do oficialato policial – e, certamente, mais socialmente impositiva: terno e gravata.

Na entrada me lembrei do tipo de fiscalização que vemos em quartéis militares: homens armados questionando de maneira formal qual o motivo da minha chegada. Para minha sorte, a escola estava bastante cheia para a celebração e, por isso, não tive que dar muitas explicações. Fui prontamente orientado a estacionar o carro em dos estacionamentos da Escola.

Eis que, com um sorriso no rosto e o braço estendido amigavelmente, surge o Sargento com quem tenho falado por mensagem. A primeira impressão que tive era que seu gestual contrastava com sua farda; sempre que havia interagido com alguém trajando a farda da PMESP – por mais amigável que tenha sido esta interação – havia encontrado a barreira do treinamento corporalizado que, em certa medida, caracteriza a atuação de seus agentes. Trata-se de um homem de cerca de 50 anos, pardo e bastante corpulento – claramente com boa forma física para a idade. *"Que bom que o Sr. pode vir. Ainda não começamos a cerimônia porque algumas autoridades ainda não conseguiram chegar".*

Rapidamente o clima de formalidade das mensagens de celular transformou-se em descontração. Falamos de amenidades, família e da minha pesquisa num clima leve e amistoso.

Com uma farda diferente da maioria dos presentes (hoje sei que se trata de uma farda histórica alusiva à Força Pública de São Paulo, simbolizando a corporação que lutou pelo estado de São Paulo em 1932 e, posteriormente, tornou-se a PMESP) surge então o Coronel de quem o Sargento havia falado na mensagem. Trata-se de um homem branco de cerca de 60 anos, também em boa forma física e igualmente simpático. Após as apresentações realizadas pelo Sargento, o Coronel me assegura: *"As portas aqui estão abertas para o seu trabalho. Pode falar diretamente comigo para darmos continuidade a isso"*.

Com o tempo descubro que esta abertura ainda não foi definitiva. Preciso persistir. Participo de outras cinco cerimonias de homenagem a 1932 antes de poder conhecer a estrutura de fato da Escola. Progressivamente, a relação informal de amizade com o Sargento e o Coronel vai se estreitando. Após a última cerimonia, sou convidado para um café da manhã com lideranças da PMESP e do movimento MMDC (a sociedade dos veteranos de 1932), onde estas discutem apenas assuntos informais.

Dias depois (quase seis meses após minha primeira entrada no campo de estudos), sou finalmente convidado pelo Coronel para ser apresentado formalmente à Escola Superior de Soldados. Trata-se, na realidade, de uma excursão escolar com alunos de uma escola pública de Pirituba na qual os policiais buscam apresentar a Polícia Militar como uma oportunidade de carreira.

Ao chegar na Escola Superior de Soldados (ESSd), o Coronel me apresenta a um jovem Capitão que se mostraria fundamental para a realização deste trabalho ao longo dos dois próximos anos. Trata-se de um homem branco de cerca de 35 anos, aparentemente com uma formação acadêmica e social acima da média da maioria dos policiais da Escola. Muito amigavelmente, ele conduz a excursão conversando particularmente mais comigo (também em tom de descontração). A excursão ocorre de maneira bastante burocrática, com exceção de quando o Capitão leva os alunos para o stand de treinamento de tiro, onde todos se animam.

A visita acaba com uma explicação do Capitão sobre o processo de entrada na PMESP, em uma sala de aula. Acabada a explicação, os alunos vão embora, mas nós continuamos conversando sobre a escola e sobre policiamento no mundo por mais cerca de uma hora.

Retornamos à sala do Coronel para conversamos sobre possibilidades futuras de realização da pesquisa. Este me cumprimenta com um sorriso no rosto: *"E aí, como foi?"*, ao que o Capitão responde: *"sabe mais de Polícia do que muita gente aqui"*. Conversamos um pouco mais em tom de descontração até que o Coronel sentencia: *"Quero dar minha cara a tapa. Quero que você faça sua pesquisa aqui para que a gente mostre que nosso trabalho é sério"*. E completou: *"a partir de agora, o capitão vai cuidar de você. As portas estão abertas para você. Venha quando quiser, contanto que você combine com o Capitão para que ele possa te acompanhar"*.

No dia seguinte começo minha observação da Escola, sempre pautado pela disponibilidade de horários e dias do Capitão. Esta dinâmica prossegue durante os anos seguintes do trabalho de campo. Neste contexto, noto que a periodicidade das incursões acabou sendo determinada por esta relação.

No início, o Capitão me acompanha nas salas de aula e aulas práticas. Sinto que, ainda que por um lado tenha uma dimensão da supervisão do meu trabalho e da performance dos alunos durante a minha observação, a presença dele possui também seu lado positivo, uma vez que ele se coloca sempre de prontidão para esclarecer minhas dúvidas e para uma conversa aprofundada sobre policiamento e educação, o que me ajuda a entender o funcionamento interno da Escola. Com o tempo, ele passa a deixar-me mais livre, enquanto realiza seu trabalho, não se vendo na obrigação de assistir a todas as aulas que eu assisto. Isso, de toda a forma, não exclui a minha obrigação em combinar com ele cada uma das minhas incursões.

*

Neste contexto, a documentação etnográfica apresentada por este trabalho pode ser descrita, inicialmente, como fruto de um permanente processo de negociação entre a pesquisa e pessoas que comandam a Escola Superior de Soldados. Cada incursão em campo foi precedida por um trabalho de negociação de horários e disponibilidade. Não há, portanto, observação que tenha sido realizada sem esse cuidado, ainda que, devido à grande carga de conteúdo observado, eu tenha tido inúmeros momentos de observação não supervisionada.

Como resultado desta dinâmica, as incursões acabaram ocorrendo de maneira semanal ou bissemanal, buscando sempre não interferir de maneira disruptiva com o cotidiano de trabalho realizado no território estudado. Essa periodicidade se manteve de maneira constante – apenas com breves intervalos – durante aproximadamente um ano e meio. Durante esse período, pude realizar por volta de 60 incursões na Escola, onde tive a oportunidade de acompanhar ao menos uma aula de todas as matérias dadas em contexto de sala de aula e diversas aulas de encenação do trabalho policial – nas chamadas "técnicas policiais"[3]. Dentre as poucas aulas que não tive a oportunidade de acompanhar, sublinho as aulas de "Educação Física" e "Técnicas de Direção Preventiva de Viaturas" como as principais. Além das aulas, pude acompanhar atividades de rotina dos alunos fora do período letivo, cerimônias de ritualização, homenagens à constituição de 1932 e formaturas.

Neste processo, lembro a máxima que me abre portas sempre que sou questionado sobre minha presença naquele local: "O Coronel me autorizou". Com isso, sou bem tratado e estabeleço bons diálogos com virtualmente todos os professores com quem entro em contato, salvo raras exceções.

Já nas primeiras incursões, sou confrontado pela complexidade apresentada em entender o universo da Escola Superior de Soldados e sua correlação com o trabalho de rua. A simplicidade do argumento de que os policiais são treinados para a guerra e agem da maneira que agem como decorrência de uma espécie de "lavagem cerebral" é logo substituída pela riqueza do que vejo todos os dias acontecer na escola. Encontro um treinamento profissional, sério e realizado por pessoas dedicadas. Encontro também muitos dos problemas que esperava encontrar no início da pesquisa. Sinto-me desafiado a entender um universo dinâmico e em constante contradição interna, como busco demonstrar ao longo do trabalho.

---

3 Vide currículo geral do Curso de Formação de Soldados, disponível no anexo I deste mesmo trabalho.

A formação de Soldados da PMESP torna-se então um tema etnográfico grande demais para um comparativo, especialmente pelo fato de não haver outras etnografias densas. Com isso, a parte da pesquisa sobre formação na Polícia de Chicago torna-se progressivamente mais inviável, até que acaba excluída do projeto. Nos anos seguintes, dedico-me integralmente a encontrar caminhos que ajudem a entender as dinâmicas, desafios, problemáticas e dificuldades que fomentam o dia a dia da complexa escola em São Paulo.

A experiência de campo me fez perceber que a educação na Escola Superior de Soldados não se limita ao processo de formação na escola. Mesmo os alunos que ainda estão iniciando o curso sabem que uma parte fundamental de seu treinamento será realizada quando de fato forem à rua. Na realidade, esta dimensão é tão importante que, nos últimos meses do curso, os alunos vão à rua antes mesmo de se tornarem oficialmente PMs. Isso os possibilita trazer suas dúvidas e experiências de volta à academia. Ou seja, ao invés de buscar uma separação entre a formação na escola e o trabalho de rua, me pareceu muito mais útil em termos heurísticos entender que estamos perante dois ambientes que se retroalimentam no próprio processo de formação. Procurei, assim, a compreensão do conhecimento material e imaterial produzido no Curso de Formação de Soldados da PMESP e suas dinâmicas estruturais e culturais como objetivo central do trabalho.

Minha observação etnográfica no ambiente da Escola Superior se encerra após a formatura de 2018, quando o Coronel que abriu às portas à pesquisa se aposenta. Com a mudança de comando, o Capitão que me supervisionou diz que um processo de negociação da minha entrada deve recomeçar e que este novo Coronel possuiu uma postura mais estrita. Gradualmente, o Capitão se afasta, deixando de responder mensagens e de se colocar de maneira solicita. Ao contrário de antes, um novo ciclo recomeça e entendo que a "autorização do Coronel acabou".

A maneira pela qual o trabalho de campo se desenrolou acabou sendo simultaneamente inesperada e de positiva; isso porque tive a oportunidade de realizar um trabalho de campo inédito no estado de São Paulo. Já a dimensão da supervisão da minha pesquisa apresentou ambiguidades. Por vezes, me senti estar sendo levado a ver apenas o lado "bonito" da formação policial – ou apenas o lado que a gestão de imagem da PMESP permite demonstrar. Entretanto, na maior parte do tempo, pude encontrar na companhia dos policiais que me acompanharam durante minhas observações uma ajuda paciente para me ajudar a descrever as burocracias, métodos, rotinas e objetivos dos cursos no dia-dia da Escola.

Através de outras redes, mas também de maneira informal, realizo ainda pesquisa de campo e uma série de entrevistas na Academia do Barro Branco, onde se situa a Diretoria de Ensino e Cultura da PMESP (DEC). Ali estão os responsáveis pela construção dos materiais didáticos utilizados nas escolas de formação da corporação. Lá recebo ainda os materiais norteadores do Curso de Formação de Soldados, tais como a Diretriz Geral de Ensino (DEC), Currículo geral do curso e Plano de Matérias (PDM) para todas as disciplinas. Além disso, também na Academia do Barro Branco, sou recebido por outro Coronel que me orienta na pesquisa sobre 1932 na PMESP e me fornece documentos históricos importantes para o entendimento da questão.

Muitos dos pontos fundamentais para a minha análise começaram por se manifestar no próprio processo de acesso e estadia no campo: a constante tensão entre formalidade e informalidade, cultura e burocracia e teorização e prática no trabalho policial. Como veremos a seguir, estes temas apresentam-se na dinâmica de funcionamento da Escola através de diferentes dimensões pedagógicas, políticas - ora internas, ora externas à Escola - e historiográficas, a partir de diferentes períodos: cotidiano, mas também de média e longa duração.

Ao longo deste capítulo, busco apresentar as bases teóricas para cada um destes temas, os entendendo como pontos importantes de reflexão norteadores da análise de todos os capítulos subsequentes.

O que é um Soldado da Polícia Militar de São Paulo? Situando o objeto de estudos.

A posição de Soldados é a patente mais baixa existente na Polícia Militar de São Paulo, configurando-se, assim, como a posição de entrada na corporação. Cabe notar que durante o curso de formação, o aluno é considerado um Soldado de Segunda Classe, sendo promovido a Soldado de Primeira classe após a formatura e estágio probatório.

O Soldado é também o mais mal pago pela corporação; seu salário inicial é de R$3.287,18 podendo ser acrescido para R$3.636,22 após promoção para Soldados de Primeira Classe.[4] Noto que estes dados são de novembro de 2020.

---

4 Segundo edital da Vunesp, quem realiza o processo seletivo da PMESP, disponível em: <https://documento.vunesp.com.br/documento/stream/OTcwOTgw>, acessado pela última vez 30/10/2020

Segundo dados da Secretaria de Segurança Pública de São Paulo (SSP)[5], no ano de 2019, os Soldados configuravam cerca de 36% do total do efetivo da corporação, ou seja, 30.311 pessoas, sendo a segunda patente mais numerosa atrás apenas dos Cabos (patente imediatamente acima do Soldado), que representavam cerca de 43% do efetivo, com um total de 35.613 agentes. É importante ressaltar que desde 2010, o contingente Policial Militar em São Paulo foi acrescido em mais de 30%[6] o que infla, ao menos no curto prazo, os contingentes nas posições de entrada, haja vista que o tempo é fator determinante na promoção de cargo.

Sendo a PMESP, uma organização militar do ponto de vista organizacional e hierárquico, cabe a todo policial de patente mais baixa prestar sempre continência àqueles com patente superior à sua. No âmbito da Escola Superior de Soldados, isso gera uma situação curiosa, uma vez que os alunos, sendo do extrato mais baixo da corporação, prestam continência a todos os não alunos que passam – o que é extremamente frequente. Eu mesmo recebi continência numerosas vezes em meio aos corredores da Escola.

---

5 Dados da SSP, obtidos via Lei de Acesso à Informação (LAI), divulgados em: <https://noticias.uol.com.br/cotidiano/ultimas-noticias/2019/12/31/quem-sao-os-pms-de-sp.htm>, acessado pela última vez 30/10/2020

6 Dados do Governo do Estado de São Paulo, disponíveis em: <https://www.saopaulo.sp.gov.br/spnoticias/mais-de-32-mil-policiais-foram-contratados-para-atuar-no-estado/>, acessado pela última vez 30/10/2020

Ainda que não tenhamos dados demográficos sobre o panorama social e racial especifico da patente de Soldados[7], no geral, de acordo com dados da própria PMESP em 2019, 64% dos policiais de São Paulo são brancos, 34,6% pretos ou pardos, 0,5% asiáticos e 0,009% indígenas o que configura a corporação como altamente simétrica no que diz respeito aos brancos, pretos e pardos com a média da população no estado, segundo dados da Fundação Sistema Estadual de Análise de Dados (SEADE).[8]

Outro dado interessante é a formação escolar dos PMs de São Paulo. Ainda que não tenhamos dados específicos para a patente de Soldados, no geral da corporação, cerca de 69% não possuem curso superior de graduação. Cabe notar que, atualmente, o Curso de Formação de Soldados é considerado pelo Ministério da Educação e Cultura (MEC) um curso de graduação de nível tecnólogo, o que torna a educação formal fora da polícia ainda menos atrativa para os alunos. É cabível, assim, assumirmos que a proporção de pessoas sem formação universitária seja desproporcionalmente maior na patente mais baixa da corporação.

O processo seletivo para a Escola Superior de Soldados acontece inicialmente por meio de Vestibular, como nas universidades públicas do país, este que é aplicado e corrigido

7 Conforme foi solicitado repetidas vezes à corporação durante o trabalho de pesquisa

8 Vide: <http://produtos.seade.gov.br/produtos/retratosdesp/view/index.php?temaId=1&indId=5&locId=1000&busca=#:~:text=No%20Censo%20de%202010%2C%2063,brasileira%20reside%20em%20S%C3%A3o%20Paulo>., acessado pela última vez 30/10/2020

pela VUNESP.[9] Sendo o candidato aprovado nesta fase, ele tem que passar por alguns testes de aptidão física e psicológica. Há também pré-requisitos que devem ser atendidos para a função: ter idade entre 18 e 30 anos, diploma de conclusão de ensino médio, carteira de habilitação e ter uma altura mínima de 1,60m para homens e 1,55m para mulheres.[10]

De acordo com o edital de seleção para o concurso, a função do Soldado é de realizar "policiamento ostensivo e a preservação da ordem pública, envolvendo a repressão imediata às infrações penais e administrativas e a aplicação da lei, nas diversas modalidades de policiamento, sempre primando pela defesa da vida".[11] Ou seja, já no ato da inscrição ao concurso o aluno tem claro para si que seu trabalho se dá de maneira central nas ruas, através do policiamento ostensivo.

Entretanto, sendo a posição inicial de um trabalhador na PMESP, o curso de formação de Soldados acaba configurando-se como território para o ensinamento também da parte canônica dos conteúdos exigidos para a atuação profissional. Ou seja, nele devem ser ministrados ensinamentos não apenas para a parte técnica da função como também os valores, tradições, lógicas e ritos institucionais que orientam o trabalho e o convívio na organização. Como busco demons-

---

9 Fundação para o Vestibular da Universidade Estadual Paulista (VUNESP) é uma fundação com personalidade jurídica de direito privado, sem fins lucrativos, e suas principais atividades são: planejar, organizar, executar e supervisionar o concurso Vestibular de diversas organizações públicas ou não no estado de São Paulo.

10 Edital concurso Soldados PMESP: *Diário Oficial do Poder Executivo do Estado de São Paulo*, 3 de agosto de 2019. p. 201 - 205

11 *Diário Oficial do Poder Executivo do Estado de São Paulo,* 3 de agosto de 2019: Edital concurso Soldados PMESP. p. 201

trar ao longo do trabalho, esta problemática alarga as exigências e interpretações do trabalho policial que serão exigidas ao aluno durante o Curso de formação.

A força ambivalente: perspectivas gerais sobre modelos policiais e educação na PMESP.

Ainda que no plano estrutural a PMESP seja, evidentemente, uma força sustentada sobre um *ethos* organizacional militarizado, no qual a hierarquia, uniformidade e centralização decisória constituem a estrutura de funcionamento interno, a atual prática profissional e educacional na organização aponta para uma complexidade de dinâmicas relacionais e instrumentais que derivam de uma vasta gama de modelos e expectativas sociais. O entendimento desta pluralidade é passo fundamental para perspectivar o processo formativo do Soldado da PMESP em toda sua complexidade.

A ampliação das necessidades operacionais da PMESP no período posterior à redemocratização deriva de objetivos diversos que apresentam, em sua simultaneidade, um problema estruturante para a organização, como descrevem Sérgio de Lima e Sinhoretto.[12] Por um lado, com o aumento da violência urbana que atingiu recordes de letalidade no estado no inicio dos anos 90, a repressão direta ao crime se apresentou como uma demanda política central no estado. Por outro lado, as necessidades e exigências de um estado democrático de direito urgem mudanças estruturais que provenham maior

12 Sérgio de Lima, Renato e Sinhoretto, Jacqueline. Narrativa autoritária e pressões democráticas na segurança pública no controle do crime. *Revista Contemporâea*, V.5 n1, janeiro – junho de 2015, p. 119-141.

adequação do *modus operanti* da organização com os preceitos da cidadania e democracia.

Este processo é também descrito de maneira bastante precisa por Zaluar[13], segundo a qual as obrigações sociais do contexto paulistano pós redemocratização forçaram a PMESP a repensar a sua atuação – e, consequentemente, sua formação –, aumentando assim a multiplicidade de funções em seu trabalho. Neste contexto, a instituição se vê confrontada com a necessidade de não apenas reprimir de maneira ostensiva a crescente criminalidade, mas paralelamente prestar serviços à população e contemplar, ao menos no espectro burocrático, as noções de Direitos Humanos.

Como demonstram Pinheiro e Adorno[14], entretanto, esta ampliação de demandas sociais se projeta como consequência de um processo maior da problemática da legitimidade da organização no estado, a qual essencialmente falha em lograr uma medida aceitável do uso da violência física pelo estado[15], mas busca alternativas para gerir a insatisfação da população. Como busco demonstrar neste livro, no plano da formação de soldados, esta gestão ocorre paralelamente em

13 Zaluar, Alba. "Um debate disperso: violência e crime no Brasil da redemocratização". *São Paulo em Perspectiva*, São Paulo, v. 13, nº 3, Set. 1999. p. 7

14 Adorno, Sérgio e Pinheiro, Paulo Sérgio. Violência contra crianças e adolescentes, violência social e estado de direito. *São Paulo em Perspectiva*, 1993. p. 106-117.

15 Adorno, Sérgio; Oliveira, André Rodrigues e Oliveira, Thiago R. Legitimidade Policial: Um modelo de mesuração. *Revista Brasileira de Ciências Sociais*, v. 34, nº 100, 2019.

um âmbito político e num social, fomentando paralelamente a estrutura formal e a cultura profissional.

De toda forma, podemos observar o advento de novas práticas policiais na PMESP como parte de um processo incompleto – ainda em andamento – de tensão entre cultura histórica organizacional com as necessidades sociais e demandas políticas do mundo em transformação à sua volta. Este é um processo semelhante ao descrito para a polícia norte-americana da década de 60 por *The Ambivalent Force*[16], porém com ramificações específicas do contexto local, especialmente pelos desafios que a estrutura militarizada apresenta no tange as reformas.

Como afirmam de Lima e Sinhoretto.

> Observa-se que no campo da segurança pública há um pêndulo entre medidas de modernização democrática das polícias e do sistema de justiça criminal e a retroalimentação de forças isomórficas que recolocam a violência institucional e a baixa eficiência na prevenção do crime na garantia de direitos como elementos constituintes do padrão de atuação das polícias brasileiras.[17]

Uma percepção clássica sobre inovações em organizações policiais – militares ou não - é de que estas não costumam ser incorporadas sem uma crise específica, mesmo que a inovação seja oriunda de demandas sociais bastante claras.

16 Niederhoffer, Arthur e Blumberg, Abraham (org.). *The Ambivalent force...*, *Op. cit.*

17 de Lima, Renato Sérgio e Sinhoretto, Jacqueline. Narrativa autoritária e ... *Op. cit.* p. 121

Hans Toch descreve com precisão este processo: "não é que a crise inevitavelmente gera novas ideias, mas que ela permite desenvolver novas ideias pelo fracasso das velhas".[18]

Bom exemplo desta dinâmica está no advento da Doutrina de Polícia Comunitária nas corporações policiais. Como sugeriu James Willis[19], a doutrina de policia comunitária surge, em parte, como uma tentativa de reestabelecer legitimidade a partir da confluência de dois mitos: o mito de comunidade e o mito do policial como o vigilante. Lyons[20], de maneira semelhante, entende que o estabelecimento da policia comunitária em Seattle funcionou como um mecanismo simbólico que permitiu reestabelecer a sua legitimidade para punir. A linha histórica paulista indica um processo semelhante, uma vez que a importação do modelo ocorre logo após uma grande crise no final de 1997: o escândalo provocado pela repercussão midiática da violência policial na Favela Naval em Diadema.[21] Neste contexto, a Polícia Militar encontrou no modelo comunitário uma saída para a melhoria de sua imagem frente à sociedade. Adotou então oficialmente o policiamento comunitário como filosofia e estratégia orga-

18 Toch, Hans: "Mobilizing Police expertise", in: *The Annals of the American Academy of Political and Social Violence* 452: 53-62, 1980, p. 55

19 Willis, James, *A Recent History ...*, *Op. cit.*, p. 8

20 Lyons, William. *The Politics of Community Policing: Rearranging the Power to Punish (Law, Meaning, and Violence)*. University of Michigan Press, 1999.

21 Quando Policiais Militares em serviço foram filmados praticando os mais diversos crimes durante o serviço, como: extorsão, agressão e homicídio. As filmagens ganharam repercussão nacional, devido à grande divulgação midiática das mesmas.

nizacional, criando, junto ao comando-geral, uma Comissão de Assessoramento para Implantação do Policiamento Comunitário, dirigida por coronéis da Polícia Militar e integrada por representantes de unidades da Polícia Militar e entidades da sociedade civil.[22]

Outro fator importante nesta equação é a maneira como estas inovações são incorporadas. De acordo com Gary Cordner[23], uma das noções centrais do policiamento comunitário é a revisão da verticalização das hierarquias internas dos departamentos de polícia, algo que não ocorreu em São Paulo, por exemplo. Outro ponto fundamental, ainda segundo o autor, é a criação de dados e a maior transparência na sua difusão na sociedade, fato que constitui uma problemática no Brasil de maneira geral e em São Paulo de maneira específica. Assim, embora adotando alguns dos aspectos do policiamento comunitário, como os conselhos de segurança, outros tão fundamentais como este não entraram em prática.

Neste contexto, como buscarei demonstrar de maneira aprofundada ao longo deste trabalho, entendo que o processo de incorporação de novos modelos policiais através de saberes difusos acaba por produzir tipos ideais de policiamento que coexistem na prática profissional da organização.

Para ser mais específico nos modelos que se desdobram desta dinâmica, replico a genealogia de José Vicente Tavares:

---

22 Mesquita Neto, P. de.; Affonso, B. "*Policiamento Comunitário: a experiência em São Paulo. São Paulo*". Núcleo de Estudos da Violência da Universidade de São Paulo, 1998, manuscrito.

23 Cordner, Gary: "community policing", in: Kane, Robert J. e Reisig, Michael D. (org.): *The Oxford Handbook of Policing*, NY: Oxford University press, 2014, p. 148

> Propomos que existem quatro tipos ideais de polícia, ou quatro modelos de polícia, presentes em um campo de conflitos, com disputas pela hegemonia nas organizações de ensino policial: o tipo ideal autoritário; o tipo ideal técnico-profissional; o tipo ideal de polícia comunitária; e o tipo ideal de polícia cidadã.[24]

Através da exposição etnográfica nos capítulos subsequentes buscarei debater como cada um destes modelos ocupa um espaço por vezes retórico e por vezes subjetivo do panorama formativo do Soldado da PMESP.

Assim, o atual modelo operacional na PMESP chega na escola de soldados como uma "colcha de retalhos" destas demandas quando sobrepostas aos modelos culturais históricos, aos ritos institucionais e, de maneira central, às rotinas de aprendizagem dos alunos. Esta questão é especialmente relevante quando perspectivamos a organização através de seu processo educacional e suas dinâmicas cotidianas. Afinal, neste contexto, a difusão de modelos policiais ganha centralidade também como estrutura conceitual, orientando assim tanto o currículo formal quanto as lógicas culturais.

Neste panorama que permite uma multiplicidade de sentidos, a agencia sobre a interpretação das técnicas e táticas ensinadas no curso de formação para as rotinas profissionais não recai somente no plano estrutural da corporação, mas também em todos aqueles que o intermediam. Assim, como afirma o clássico de Lipsky[25], essa dinâmica faz com as políticas públi-

---

24 Santos, José Vicente Tavares. *Dilemas do ensino policial: Op. cit.* p. 11

25 Lipsky, Michael. *Burocrátas a nível de rua.* Tradução Arthur Eduardo Moura da Cunha. Enap: Brasília, 2019.

cas sejam finalmente moldadas nas duas pontas. Ou seja, tanto num plano institucional quanto de baixo para cima. Desta forma, as decisões individuais, quando tomadas em conjunto e somadas, "se tornam o comportamento da organização".[26]

Esta lógica, na realidade, já aparece no trabalho de André Rosemberg, sobre a PM de São Paulo no século XIX.[27] De acordo com ele, a experiência de policiamento da instituição constitui desde os primórdios um modelo difuso de trabalho. As autorizações permissões sociais no trabalho de mediação da polícia com o crime e sociedade variam de acordo com o tempo – tanto no viés institucional quanto pessoal, e não apenas com as normas jurídicas ou legais.

De maneira semelhante, ao afirmar que as diversas instâncias implicadas no processo formativo possuem agência na gênese das lógicas de materialização de conhecimento, o que procuro, de maneira central, é perspectivar a formação policial tanto num plano vertical quanto horizontal.

Assim devo rejeitar a noção de instituição totalizante de Goffman para pensar quer a polícia quer suas instituições de ensino de policiais militares. Nesta, a hierarquia apareceria como tensor moral único institucional e responsável por todas as lógicas e sociabilidades que dela se desdobra.

> As exigências do trabalho com pessoas estabelecem a rotina diária para a equipe dirigente; o trabalho é realizado num clima moral específico. O pessoal da equipe dirigente precisa enfrentar

26 Lipsky, Michael. *Burocrátas a nível…, Op. cit.* p. 55

27 Rosemberg, André. *De chumbo e festim: Uma história da polícia paulistana no final do império*, São Paulo: Edusp, 2010, p. 31-34.

> a hostilidade e as exigências dos internados, e geralmente precisa apresentar aos internados a perspectiva racional defendida pela instituição.[28]

De acordo com esta lógica, a pedagogia do trabalho policial é construída através da chamada "pedagogia do sofrimento" que busca, através da desconstrução das identidades pessoais em prol de uma "lógica de caserna", imputar no trabalhador uma noção de guerra para com o público civil no dia-dia que seria própria do treinamento militar[29]. Assim, diversos trabalhos[30] sobre os cursos de formação praticados nas Polícias Militares brasileiras descrevem a construção de uma nova identidade a partir de ritos de passagens e a "mortifica-

---

28 Goffman, Erving. *Manicômios, prisões e conventos.* São Paulo: Editora Perspectiva, 2008. p. 77.

29 Mir, Luís. *Guerra Civil: estado e trauma*, São Paulo: Geração Editorial, 2004, p. 417.

30 Vide: De Sá, Leonardo Damasceno. *Os Filhos do Estado.* Rio de Janeiro: Editora Relume Dumará, 2002; Nummer, Fernanda Valli. *Ser polícia, ser militar*: o curso de formação na socialização do policial militar. Niterói: EDUFF, 2005; Sapori, Luis Flavio. "O treinamento como ferramenta de reforma policial na sociedade brasileira: perspectivas e limitações". Paper apresentado no Seminário Interpretações da Violência Urbana no Brasil, Rio de Janeiro, Universidade Federal do Rio de Janeiro, 2002; Muniz, Jacqueline. *Ser Policial é, Sobretudo, uma Razão de Ser*: Cultura e Cotidiano da Polícia Militar do Estado do Rio de Janeiro. Tese apresentada ao Instituto Universitário de Pesquisas do Rio de Janeiro como requisito parcial para a obtenção do grau de Doutor em Ciência Política – IUPERJ. 1999; Storani, Paulo. *Vitória Sobre a morte, a glória prometida: O rito de passagem na construção da identidade dos Operações Especiais do BOPE.* Dissertação de Mestrado apresentada ao PPGA – UFF, Niterói, 2008

ção do eu" – como na noção de Victor Turner[31] – como processo fundamental para a incorporação dos valores institucionais e da coesão do grupo. Estes estudos dão conta de que a formação para policial militar, primeiramente, se alicerça na "desconstrução da identidade 'civil' para a construção de uma de 'policial militar'". Nesta perspectiva, "'a pedagogia do sofrimento' presente nos cursos policiais militares e sua relação com um "*éthos* guerreiro' legitima o ideal belicista enaltecido pela cultura institucional", como afirmam França e Janaína.[32] Neste contexto, a construção de um "ethos do guerreiro" a partir da violência no treinamento coloca-se como fator central na gênese de uma "cultura institucional" totalmente voltada para lógicas de polícia ostensiva e atitudes para-legais dos policiais no trabalho de rua.

A pedagogia do sofrimento, também traz em si uma continuidade entre a contemporaneidade e o período da ditadura, ocorrida, entre outros fatores, pela manutenção do modelo militarizado. Neste contexto, a descrição do "ethos guerreiro" estaria baseada na noção de guerreiro moderno de Weber, na qual a construção do espírito corporativo se dá muito mais pela estrutura hierárquica e pelos gestos uniformizadores do que pelos feitos individuais. Como afirmam Gomes e Janaína,

> Nesse processo, constrói-se uma honra baseada numa 'ética extrínseca', contrária àquela da

---

31 Turner, Victor. *O Processo Ritual*: estrutura e antiestrutura. Petrópolis: Vozes, 1974

32 França, Fábio Gomes e Gomes, Janaína L. F, *Se não aguentar, corra...*, *Op. cit.*, p. 143

> Antiguidade, pois no caso do soldado moderno desenvolve-se nele um "espírito de corpo" ou melhor, um corporativismo com os demais indivíduos da tropa sustentado por uma voluntariedade condicionada.[33]

É fundamental notar neste ponto que não estou propondo a inexistência da "lógica da guerra" e da "pedagogia do sofrimento" na formação policial paulista – ou em outras Polícias Militares ao redor do Brasil. Como demonstra o trabalho de Márcia Leite[34], esta perspectiva é central para entender a estrutura da segurança pública nas favelas do Rio de Janeiro, por exemplo. O mesmo ocorre, certamente, na formação de grupos considerados "especiais" na PM paulista, como a Força Tática[35], a ROTA[36] e o policiamento de choque.[37]

De forma complementar, meu argumento é que a "lógica de guerra" não pode servir como um conceito *guarda-chuva* que abarca de maneira totalizante toda a pluralidade

33 França, Fábio Gomes e Gomes, Janaína L. F, *Se não aguentar, corra...*, *Op. cit.*, p. 145

34 Leite, Márcia. Da "metáfora da guerra" ao projeto de "pacificação": favelas e políticas de segurança pública no Rio de Janeiro. *Revista Brasileira de Segurança pública*. São Paulo v. 6, n. 2, Ago/Set 2012, P. 374-389.

35 "Força Tática é a denominação que recebe a fração de força de patrulha reforçada, treinada para ações táticas de polícia ostensiva e de preservação da ordem pública", de acordo com a própria PMESP, em: <https://www.policiamilitar.sp.gov.br/institucional/forcas-taticas>, acessado pela última vez em 30/10/2020.

36 Grupo de elite da PMESP, focado na realização de missões especiais de ostensividade.

37 Corpo policial especializado em controlar e dispersar multidões.

de funções e problemáticas internas que se desdobram da formação policial.

Busco demonstrar que a educação para soldado da Polícia Militar em São Paulo se dá muito mais pela construção conjunta de um imaginário cultural ambivalente e pela conformação dos corpos através da formação baseada na experiência, mais do que pela punição física e psicológica ou por um "espírito guerreiro" militarista. Isso ocorre porque, segundo minhas observações em campo, acredito que a formação na Escola de Soldados e o subsequente trabalho policial nas ruas dificilmente podem ser caracterizados majoritariamente como contextos no qual transbordam valores ligados ao virtuosismo ou à vocação, e nem mesmo à guerra.

Como descreve Didier Fassin[38], o trabalho policial se dá dentro de um espaço do cotidiano de trabalho dos mesmos e precisa ser entendido primeiramente a partir da rotina profissional. "A maior parte do tempo de trabalho dos policiais em rotinas de patrulhamento é gasta em períodos de monotonia, não de ação".[39] A pesquisa notou que na Escola Superior de Soldados – durante o curso de formação – o mesmo pode ser observado. Neste sentido, a formação policial do soldado me parece ser muito mais um exercício profissionalizante, burocrático (seja na prática da burocracia ou no trato com a burocracia) e político, do que propriamente um exercício das virtudes e vocações guerreiras.

Assim, o problema da violência nas práticas e técnicas de trabalho dos soldados da PMESP não deve ser perspec-

38 Fassin, Didier: *Enforcing Order: An ethnography. Op. Cit.*

39 Fassin, Didier: *Enforcing Order: An ethnography... Op. Cit.*

tivada somente como uma lógica pactuada como programa de estudos ou como ideologia de caserna. Podemos apontar outras questões centrais:

- Uma morfologia complexa de um programa educacional que é uma colcha de retalhos de influências políticas, modelos organizacionais, processos históricos e expectativas sociais, frequentemente ambivalentes.
- Um treino prático muito mais aberto do que fechado no uso das técnicas policiais, deixando uma margem para a interpretação e escolhas pessoais e morais imprevisíveis – e muitas vezes disfuncionais.
- Uma característica de formação muito mais assente em processos culturais que têm como horizonte a presunção do risco (e em particular o risco de morte) e não de uma lavagem cerebral (o que traria maior uniformidade ao programa de ensino).
- E, finalmente, uma heroicidade muito mais embasada pelo elemento ritual e comemorativo do que nas práticas e treinos – ou seja, tendo por base a manutenção de discursos, formas e valores do que propriamente uma orientação concreta para a cultura de trabalho.

Mas o que ensinar aos Soldados? Problemática geral

É certo que ensinar as ferramentas básicas para qualquer profissão é sempre uma tarefa ardilosa. Apesar de simples de um ponto de vista cognitivo, estas técnicas irão acompanhar o profissional durante todo o desenvolvimento de sua carreira. O problema é que, na profissão de Soldado da Polícia Militar de São Paulo, as habilidades exigidas para o trabalho não se limitam apenas ao manuseio instrumental ou ao conhecimento técnico e tático. Isso porque uma das ferramentas de trabalho mais básicas é extremamente complexa: a percepção social.

Isso ocorre, primeiramente, devido a uma tradição de policiamento predominantemente proativa, na qual o agente não apenas responde aos chamados da população para atender a problemas específicos como, principalmente, promove rondas de patrulhamento, nas quais decide-se, por meio da percepção subjetiva do policial, quem deve ou não ser alvo de interação. É importante notar que esta prática no estado de São Paulo é bastante anterior ao período da ditadura militar, tendo início na década de 1930 com a experiência original da radiopatrulha e renovada durante a redemocratização com a experiência chamada de RPP, em 1987. Ela é respaldada pela lei brasileira antes, durante e depois da ditadura – sendo mantida na Constituição de 1988.[40]

O segundo fator preponderante nesta equação é a elevada taxa de mortalidade encontrada no trabalho de rua, o que, do ponto de vista do policial, significa que o entendimento subjetivo acerca dos riscos intrínsecos que cada pessoa lhe apresenta possa ser determinante para a sua sobrevivência. Na prática, isso frequentemente acaba por constituir a segurança física do policial como uma medida de suspeição e, por consequência, o corpo do policial como uma extensão ime-

40 Pinc, Tânia: "Abordagem policial: um encontro (des)concertante entre a polícia e o público". *Revista Brasileira de Segurança Pública*, São Paulo, ano 1, edição 2, p. 12, 2007

diata da instituição, promovendo assim um senso corporativo para o gerenciamento de risco.

O terceiro fator é existência da crença cultural no chamado "tirocínio policial", ou seja, a ideia de que a experiência confere ao policial um tipo de raciocínio instintivo (e/ou intuitivo) privilegiado na detecção de atitudes criminosas. De fato, como em qualquer profissão, a prática aprimora o ofício e a experiência acaba por trazer inúmeros insumos valiosos tanto a nível pessoal quanto corporativo. Por ser subjetivo, no entanto, o tirocínio não é ensinado na escola de formação, mas sim adquirido pelo próprio policial na sua prática de trabalho, através da observação de seus colegas mais experientes, o que significa que ele é constituído e praticado a partir de modelos culturais.

Ao longo dos anos, este panorama aprofundou a prática da observação subjetiva como o "modus-operanti" padrão das polícias ao redor do país. Para se ter uma ideia do impacto disso, apenas no estado de São Paulo são realizadas, em média, cerca de 15 milhões de abordagens policiais por ano[41], o que configura esta prática como o principal ponto de contato entre o agente de lei e a população.

Não é, portanto, nenhum exagero afirmar que parte substantiva da nossa política de segurança pública é moldada de baixo para cima; ou seja, a partir das interpretações culturais dos agentes sobre a sua função e a sociedade que o cerca. Na ponta da pirâmide, isso culmina em resultados que corroboram estas interpretações culturais, uma vez que os dados produzi-

41 Pinc, Tânia: "Abordagem policial: um encontro (des)concertante entre a polícia e o público"., *Op. Cit.*

dos são em si, consequências das mesmas. Estes, por sua vez, alimentam os mapas criminológicos e retornam à sociedade ainda mais fortalecidos como conduta corporativa abalizada.

Não que as corporações policiais brasileiras tenham ignorado esta problemática como um todo. Confrontadas pela vasta gama de resultados operacionais e sociais que disto decorreram, elas agiram. As soluções, frequentemente importadas das polícias estrangeiras, foram muitas: treinamento de tiro com uso progressivo da força, métricas de sucesso baseadas em dados históricos, rotas de patrulha baseadas em mapas criminológicos, reciclagem de profissionais envolvidos em eventos problemáticos e treinamento corporal unificado são algumas delas.[42]

A solução principal, por sua vez, foi trazida pela PMESP e, posteriormente, seguida por outras PMs ao redor do país: o manual de conduta unificado, chamado de POP (Procedimento Operacional Padrão). Este busca uma padronização na atuação dos agentes da corporação segundo coordenadas técnicas específicas, visando, assim, garantir maior proximidade do trabalho do agente de rua às políticas públicas almejadas. Atento à dinamicidade exigida pelo trabalho, o POP é acessível pela intranet da PMESP e atualizável conforme o aprimoramento através de sua aplicação prática.

Com o tempo, estas soluções passaram também a informar os cursos de formação, constituindo-se como ferramentas de trabalho essenciais. Hoje, o curso inicial de polícia ostensiva é em grande parte centralizado na compreensão e

42 Zaluar, Alba. "Um debate disperso: violência e crime no Brasil da redemocratização". *São Paulo em Perspectiva*. São Paulo, v. 13, nº. 3, Set. 1999.

repetição dos preceitos do POP, à fim de formar policiais que "os reproduza de maneira intuitiva", conforme afirmou em entrevista para a pesquisa um dos coordenadores da Diretoria de Ensino e Cultura da PMESP.

No entanto, por tratar-se de uma guia de coordenadas técnicas, o POP apenas ensina o agente a lidar com o infrator já identificado, mas não provê subsídios que possibilitem maior embasamento na observação social que, ultimamente, informa a decisão de implicar ou não a um cidadão a chamada "fundada suspeita". Ou seja, novamente, enquanto os alunos buscam entender e reproduzir a parte técnica do curso de formação eles, subjetivamente, consolidam inúmeras práticas sociais como instrumento de trabalho.

É fundamental notar que as práticas culturais não constituem em si uma diretriz unificada de procedimentos e interpretações das inúmeras situações com as quais o trabalhador entrará em contato durante sua rotina profissional, mas sim um problema motivador da busca por soluções que, frequentemente, transcendem os Procedimentos Operacionais Padrão.

Neste contexto, pode-se afirmar que a formação ´promove uma vasta gama de interpretações, exigências, expectativas e modelos de policiamento frequentemente conflitantes entre si o que, por sua vez, acaba por resultar em grandes dificuldades para a plena realização do trabalho de rua.

Sem uma medida palpável e segura de sucesso no trabalho, os agentes acabam permanentemente posicionados no fogo cruzado entre os diferentes interesses políticos e ideológicos em seu trabalho. Independentemente da atitude que tomarem, acabarão frequentemente criticados e repreendidos à esquerda ou à direita. Tudo isso culmina em uma crescente e insolúvel pressão que, somada ao permanente risco de vida, baixos salários e más condições de trabalho, produz números trágicos de suicídios.[43]

Partindo da reflexão de Durão, de que policiais são, antes de tudo, "mediadores de mundos sociais"[44], ou seja, que necessitam de um entendimento plural das diversas perspectivas que emergem de seu encontro com a população para a plena realização de seu trabalho, buscarei, do ponto de vista da formação, observar como são construídos e discutidos os insumos culturais e sistemas classificatórios que orientam esta problemática, assim como questionar como se partilham as inúmeras interpretações dos mundos sociais que permeiam o contexto atual.

À luz dos acontecimentos recentes em escala global – que colocaram as polícias no centro da discussão política através de massivos protestos ao redor do mundo[45] – urge a necessidade de aprimoramentos no trabalho policial que transcendam apenas o aumento de subsídios técnicos e materiais, mas que compreendam e acompanhem a dinâmica das mudanças e necessidades sociais. À medida em que a sociedade se torna mais plural e complexa, as ferramentas da polícia precisam ser cada vez mais precisas.

Neste contexto, no presente trabalho, busco contribuir para um refinamento da compressão das dinâmicas reais de

43 Vide:<https://noticias.r7.com/sao-paulo/a-cada-10-dias-um-pm-comete-suicidio-em-sp-aponta-ouvidoria-22022019>, acessado pela última vez dia 23/10 /2020

44 *Op. cit.* Susana Durão, *Patrulha e Proximidade* ..., p. 48-52

45 Especialmente nos EUA, após o assassinato de George Floyd por um policial no estado de Minnessota.

produção, transmissão e assimilação de conhecimentos dentro do Curso de Formação de Soldados da PMESP, promovendo subsídios para uma maior compreensão geral de como a formação policial ocorre em São Paulo e, principalmente, sobre como podemos aprimorá-la.

Entre a burocracia e a dinamicidade: perspectivas culturais.

A etnografia no início deste capítulo transparece, entre outras coisas, uma característica que considero fundamental para o entendimento do funcionamento da PMESP de maneira geral: o constante conflito entre um modelo de organização altamente centralizado e burocratizado e a dinamicidade das rotinas profissionais e relações interpessoais internas. Tendo em vista que o trabalho realizado na organização ocorre invariavelmente dentro esta dialética, irei observá-lo ao longo do presente estudo sempre como algo tensionado por esta problemática, sendo, assim, um produto cultural complexo, contraditório e em constante transformação.

Isto significa que acredito que não possuímos uma "cultura policial" fixa ou monolítica na PMESP – e muito menos uma "subcultura" policial –, mas sim uma produção constante de variados insumos sobre o trabalho e suas definições retóricas que, junto com a parte burocrática, compõem o panorama em que as rotinas profissionais pessoais ocorrem.

Essa acepção, refuta a noção da chamada "*canteen culture*" na polícia, tal como frequentemente é apresentado na bibliografia clássica norte-americana e britânica: What occurs in the canteen is expressive talk designed to give purpose and meaning to inherently problematic occupational experience.

The canteen is an arena of action separate from the street, where in contrast to the latter officers act before an audience of their peers.[46]

Tendo em vista que observamos o conflito do processo cultural e o processo burocrático de construção de saberes como a "natureza" sobre a qual as diferentes gêneses culturais internas se debruçam, o produto desta dinâmica deve ambicionar também perpassar ambos os processos. Ou seja, estamos tratando de saberes tácitos que, incorporados tanto à prática de trabalho quanto às definições teóricas de policiamento no curso de formação, acabam por moldar não apenas uma gama específica de conhecimentos distintos daqueles previstos no âmbito formal, mas, de forma mais ampla, que influenciam todo o processo decisório, relacional e moral dos sujeitos na organização.

Através da exposição etnográfica nos próximos capítulos, buscarei demonstrar que esta perspectiva é central também para entender o Curso de Formação de Soldados, uma vez que ela orienta desde a construção de parte dos materiais didáticos até as práticas de transmissão e assimilação de conhecimentos no ambiente escolar, culminando no fomento de temas e visões de mundo que transcendem o imaginado de maneira centralizada no comando da corporação, ainda que, paralelamente, a parte formal não deixe de cumprir deu papel formativo.

No entanto busco refutar, no objeto de estudos, a definição clássica de *habitus* de Bourdieu, de um "sistema de disposições socialmente constituídas que, enquanto estruturas

46 Paj, Waddington. *The British Journal of Criminology*, v. 39, Issue 2, March 1999, pages 287–309

estruturadas e estruturantes, constituem o princípio gerador e unificador do conjunto das práticas e das ideologias características de um grupo de agentes".[47]

De maneira alternativa, cabe dizer que buscarei observar as práticas de formação a partir de uma visão do conceito de cultura não funcionalista e não estruturalista, abordagem semelhante à utilizada por Durão em *Patrulha e Proximidade.*[48] "Quando se passa a perspectivar a organização 'como' cultura, se problematiza a objetividade, a materialidade das fronteiras, e a própria noção de organização, que os estudos se centram nos processos em mudança contínuos das organizações. Nesta perspectiva começam a ser privilegiados os processos de produção e negociação de sentidos desenvolvidos por pessoas, nos seus quotidianos e rotinas de trabalho. O interesse está em perceber que aspectos simbólicos mobilizam a atividade nas organizações".[49]

O clássico estudo de Reuss-Ianni[50] descreve a existência de dois diferentes modelos organizacionais simultâneos dentro das corporações policias modernas: "the conflict of these two cultures is, in one respect, almost a classical case of what organizational theory describes as the opposition of a bureaucratic and organic forms of organization."[51]

---

47 Bourdieu, P. *A economia das trocas simbólicas* (5a ed.). São Paulo: Perspectiva, 2007, p. 191

48 Susana Durão, *Patrulha e Proximidade…*, *Op. cit.*

49 Susana Durão, *Patrulha e Proximidade…*, *Op. cit.*, p. 44

50 Reuss-Ianni, Elizabeth. *Two cultures of policing: Street Cops and management Cops.* Transaction Publishers, NY, 1983.

51 Reuss-Ianni, Elizabeth. *Two cultures of…*, *Op. cit.* p. 25

Tal qual afirma Dominique Monjardet[52] este conflito acaba por produzir uma face formal e uma informal; a primeira se caracterizando pelas regras explícitas que norteiam o funcionamento teórico-institucional desejado da organização e a segunda pela interpretação destas regras às necessidades sociais e relacionais com que os agentes de lei se deparam nos cotidianos de trabalho.

A descrição que fiz acima sobre minha entrada na Escola Superior de Soldados pode ser vislumbrada como um exemplo de como esta dinâmica se desvela no cotidiano da. Ainda que a autorização para a minha pesquisa tenha sido dada a partir de uma relação informalmente construída, a execução do campo só se fez possível por uma deferência estrita dos subordinados ao Coronel – que jamais questionaram sua decisão de permitir minha entrada, ou agiram para dificultar o meu trabalho.

Ou seja, por mais que as regras busquem limitar a capacidade de ação da informalidade, na prática, estas duas dimensões não necessariamente apresentam oposição. As práticas e comportamentos que de fato conduzem o trabalho no dia-dia são frequentemente um produto do hibridismo gerado a partir da interface entre os dois modelos organizacionais descritos por Reuss-Ianni[53] sobre os cotidianos profissionais. "As regras legais não são nem irrelevantes para a prática policial nem a determinam completamente", como afirma Reiner.[54]

52 Monjardet, Dominique. *O que faz a polícia*. Edusp: São Paulo, 2002. p.41

53 Reuss-Ianni, Elizabeth. *Two cultures of*..., *Op. cit.* p. 25

54 Reiner, Robert. *A política da polícia*, Tradução Maria Cristina Pereira da Cunha Marques. São Paulo: Edusp, 2004.

Isso ocorre inicialmente porque os pontos de vista sobre as necessidades profissionais e, em sentido retórico, sobre a função da organização, diferem bastante num plano interno; por exemplo, para um agente que realiza o trabalho de rua, os objetivos corporativos são radicalmente diferentes daqueles que trabalham na gestão de pessoal, assim como para aqueles que realizam o trabalho estritamente burocrático.

Por esta lógica, a facilidade encontrada pelos policiais da Escola Superior de Soldados em aceitar minha pesquisa à margem da parte burocrática da PMESP não representa, em nenhum momento, uma ameaça à forma da organização institucional. Muito pelo contrário, ao não recorrer à parte normativa, o Coronel acomoda as diferentes instâncias internas da corporação de modo que elas não tenham que expor suas inevitáveis divergências de responsabilidade sobre o assunto, o que, por sua vez, reforça a coesão dos diferentes setores ao redor de sua figura. "Diferentes níveis de organizações podem ser mais concebidos como estando em conflito intrínseco uns com os outros do que oferecendo apoio e responsividade mútua", como descreve Reiner.[55]

Como buscarei defender ao longo dos próximos capítulos, parte fundamental do trabalho na organização estudada ocorre na solução da problemática política interna que se molda a partir dos múltiplos anseios profissionais e possibilidades decisórias que emergem na simultaneidade de conflitantes modelos organizacionais. Neste contexto, o termo "*streetcorner politicians*"[56] ganha um sentido mais aprofunda-

55 Reiner, Robert. *A política da...*, *Op. Cit.* p. 135

56 Muir Jr., William K. Police: *Streetcorner politicians.* Chicago: University of Chicago Press, 1979.

do, uma vez que a instrumentalização do processo de negociação sociocultural e moral dos agentes ocorre paralelamente em um plano interno e externo à corporação.

Esta visão ecoa de maneira bastante evidente o clássico de Lipsky[57] sobre organizações burocratizadas, que afirma que as políticas públicas se moldam não apenas de maneira centralizada, como também nas práticas de trabalho.[58]

> Isso não significa que os trabalhadores de nível de rua não devem seguir regras, regulamentos e diretivas dos superiores, ou as normas e práticas do seu grupo profissional. Pelo contrário, as principais dimensões da política pública (níveis de benefícios, categorias de elegibilidade, natureza das normas, regulamentos e serviços) são moldadas por elites políticas e por gestores administrativos e políticos. Os gestores, bem como as normas comunitárias e as profissionais, estruturam as escolhas políticas dos burocratas de nível de rua. Essas influências estabelecem as principais dimensões da política pública no nível de rua e contribuem para o grau de padronização que há em políticas públicas de diferentes lugares, bem como entre programas locais.[59]

Nos próximos capítulos, buscarei não apenas demonstrar como estas lógicas funcionam na prática de trabalho na Escola Superior de Soldados, mas principalmente entender

---

57 Lipsky, Michael. *Burocrátas a nível de rua*. Tradução Arthur Eduardo Moura da Cunha. Brasília: Enap, 2019.

58 Lipsky, Michael. *Burocrátas a nível ...*, *Op. Cit.* p. 55

59 Lipsky, Michael. *Burocrátas a nível ...*, *Op. Cit.* p 56

quais são os insumos especificamente produzidos através delas e os motivos que fomentam estas lógicas tanto no plano organizacional, quanto no plano individual, seja este na figura do policial em formação ou do professor.

O Curso de Formação de Soldados: cultura e didática

De acordo com o raciocínio exposto na seção anterior, entendo que nenhum conhecimento teórico, técnico, burocrático, jurídico ou institucional apresentado no curso é emitido ou assimilado de maneira ilesa à interpretação informal das regras, assim como todo o conhecimento produzido através da experiência profissional é sempre mediado pelas diferentes dimensões da natureza institucional e normativa da PMESP.

O panorama retórico segundo o qual a formação de Soldados da PMESP é instrumentalizada ocorre, portanto, na tensão entre a natureza pública e a natureza profissional do trabalho policial. Ainda que esta problemática tenha sido observada etnograficamente na presente pesquisa, ela não pode ser descrita como uma particularidade desta escola. Na realidade, como notamos na bibliografia, esta dimensão demonstra-se fundamental em grande parte das academias de formação de polícia no Brasil e ao redor mundo[60].

60 Poncioni, Paula. *Tornar-se policial: A Construção da Identidade Profissional do Policial no Estado do Rio de Janeiro.* Tese de Doutorado, Departamento de Sociologia, Faculdade de Filosofia, Letras e Ciências Humanas, Universidade de São Paulo, 2004; Kant de Lima, Roberto [Relator] (com a colaboração de Jorge da Silva). "Formação Policial". MJ – Secretaria Nacional dos Direitos Humanos. Grupo de Trabalho para avaliar a Segurança Pública no Brasil, Niterói, 17 de julho de 1997; Sapori, Luis Flavio. "O treinamento como ferramenta de reforma policial na sociedade brasileira: perspectivas e limitações". Paper apresentado no Seminário Interpretações da Violência Urbana no

> Não se pode esquecer de olhar atentamente para o que não está formalmente estabelecido no currículo (currículo oculto). Neste caso, é necessário buscar compreender em que medida há dissonância ou consonância entre o saber formal e o saber prático e quais são as implicações destas questões na atuação legal e legítima do exercício da autoridade policial.[61]

Descrevendo o contexto baiano, Albuquerque[62] acredita na existência de um *currículo oculto*, ou seja, uma espécie de normativa informal detalhadamente conhecida e partilhada pelos professores e coordenadores que, de maneira geral, implica em maior valorização da dimensão da experiência profissional sobre a normativa do currículo.

Brasil, Rio de Janeiro, Universidade Federal do Rio de Janeiro, 2002; Muniz, Jacqueline. *Ser Policial é, sobretudo, uma Razão de Ser*: Cultura e Cotidiano da Polícia Militar do Estado do Rio de Janeiro. Tese apresentada ao Instituto Universitário de Pesquisas do Rio de Janeiro como requisito parcial para a obtenção do grau de Doutor em Ciência Política – IUPERJ. 1999; Storani, Paulo. *Vitória Sobre a morte, a glória prometida: O rito de passagem na construção da identidade dos Operações Especiais do BOPE*. Dissertação de Mestrado apresentada ao PPGA – UFF, Niterói, 2008; Fassin, Didier: "*Enforcing Order*: An ethnography of urban policing", 2013, Cambridge, UK, Polity Press.

61 Caruso, Haydée Glória Cruz; Moraes, Luciane Patrício Braga de e Pinto, Nalayne Mendonça. "Polícia Militar do Estado do Rio de Janeiro: Da Escola de Formação à prática policial", apresentado no 30º Encntro Anual da ANPOCS, 2006, p. 4.

62 Albuquerque, Carlos F. Linhares de. *Escola de Bravos: cotidiano e currículo numa Academia de Polícia Militar*. Dissertação de Mestrado da Faculdade de Filosofia e Ciências Humanas da Universidade Federal da Bahia, Salvador, 2000.

Do ponto de vista do aluno em formação, esta dinâmica faz-se fundamental para suprir o aparente descompasso entre a matéria formal e as necessidades do trabalho de rua.[63] Segundo as autoras Haydée Glória Cruz Caruso, Luiane Patrício Braga de Moraes e Nalayne Mendonça Pinto, num estudo sobre a formação policial no Rio de Janeiro, a percepção desta problemática por membros da corporação policial possui implicações até certo ponto graves no que diz respeito à construção de conhecimentos, já que obriga os policiais a criarem maneiras próprias de lidar com situações inesperadas.

> A implicação clara desta fragmentação dos procedimentos é que os policiais, no exercício diário de atendimento às demandas da população, operam sem um conjunto único de procedimentos que sustente seu trabalho; o que permite que cada um, isoladamente, crie as suas "próprias técnicas" sem dialogar com uma base comum de mecanismos profissionais, já que estes não estão previamente disponíveis.[64]

A PMESP, ciente desta problemática, tornou-se pioneira (no contexto brasileiro) ao centralizar o Curso de Formação de Soldados no Manual de Procedimentos Operacionais Padrão (POP) – que é o manual de técnicas instrumentais, corporais e táticas que orienta todo o tra-

63 Poncioni, Paula. "O modelo policial profissional e a construção da identidade profissional do policial nas Academias de Polícia do Estado do Rio de Janeiro", Apresentado no XII Congresso Brasileiro de Sociologia, p. 7.

64 Caruso, Haydée ..., *Policial Militar no Estado ...*, *Op. cit.*, p. 5.

balho na corporação, buscando garantir uma uniformidade em suas fileiras. Isso faz com que a parte formal do currículo ganhe dinamicidade, adaptando-se ao conhecimento em transformação que constitui o saber policial, sendo progressivamente incorporando à parte normativa insumos do chamado *currículo oculto*. No entanto, esta mesma dinamicidade também abre espaço para novos contextos de criação e transmissão de conhecimentos.

O que busco demonstrar ao longo dos próximos capítulos é que não acredito que exista uma separação palpável entre a materialidade de conhecimentos produzida a partir lógicas do currículo formal e as lógicas informais advindas da experiência profissional. Entendo que estas se entrelaçam na produção dos insumos culturais e, portanto, todo e qualquer conhecimento transmitido no Curso de Formação de Soldados está intrinsecamente tensionado por esta dialética.

Outra questão é a existência de um processo de gênese cultural corporativa na materialização dos saberes durante o processo de formação, ou seja, a ideia de que o curso não apenas apresenta saberes ao aluno, como também produz novos saberes a partir das interações produzidas em seu contexto. Em especial no terceiro capítulo, através da etnografia das aulas práticas, buscarei aprofundar esta questão.

Para retratar o Curso de Formação de Soldados segundo estas lógicas deverei fazer, nos próximos capítulos, o caminho inverso do panorama estruturalista. Ou seja, a partir dos resultados produzidos culturalmente (que no caso do objeto de estudos é o conhecimento transmitido) busco entender a estrutura e forma do curso, e não o inverso.

Sobre os materiais norteadores da educação realizada na ESSd

Acredito que não podemos definir o Currículo formal deste curso como sendo dotado de uma orientação específica ou unificada, mas sim como um instrumento de mediação entre as capacidades exigidas ao aluno na dimensão formal e cultural. Com isto em mente, objetiva-se entender as implicações desta dialética na estrutura educacional da Escola Superior de Soldados.

Noto, ademais, que esta discussão se encontra aprofundada no capítulo II deste mesmo trabalho. Para este momento, devo sinalizar as principais problemáticas que circundam este tema, a fim de prover subsídios para a análise teórica subsequente.

No momento, não há nenhuma norma que regule como o processo de formação de Soldados deva ocorrer de maneira específica. Isto não significa, contudo, que o planejamento do curso seja dotado de pouco controle burocrático dentro da organização. O que ocorre é que as regras que delimitam a educação realizada na PMESP são gerais para todos os cursos de formação, sejam estes de Oficiais, Sargentos ou Soldados. Estes são: a Diretriz Geral de Ensino (DGE) e a Norma para Elaboração e Revisão de Currículo (NERC), ambos legalmente regidos pela Lei Complementar no 1.036, de 11 de janeiro de 2008 (Lei de Ensino PM) e o Decreto no 54.911, de 14 de outubro de 2009.

De um ponto de visto historiográfico, pode-se afirmar que a criação e aplicação destes documentos compreende um movimento recente de adequação da prática histórica dos cursos da PMESP às exigências teóricas em âmbito nacional, mais especificamente às orientações do Ministério da Justiça, publicadas em 2000, por meio da Secretaria Nacional de Segurança Pública (SENASP), no documento intitulado "Bases curriculares para a formação de profissionais da área de segurança do cidadão."[65]

> Normativas legais têm sido produzidas com o intuito de adequar a instituição policial à sociedade em sua dinâmica atual. Assim, em 2010, foi criada a Diretriz Geral de Ensino (DGE), para agregar toda a legislação de ensino e também para tornar seus órgãos de ensino mais dinâmicos e adaptáveis às demandas sociais.[66]

Estes documentos se somam aos currículos das respectivas escolas de formação (Soldados, Sargentos ou Oficiais) para compor a normativa do curso. O currículo, por sua vez, possui duas funções básicas: delegar as cargas horárias das disciplinas exigidas legalmente para a formação e descrever os assuntos a serem debatidos nestas aulas. Para melhor entendermos este panorama, no anexo 1[67] do presente trabalho, disponibilizo de maneira resumida o Currículo para o Curso de Formação de Soldados da PMESP de 2019. Este prevê

---

65 BRASIL, Ministério da Justiça. *Bases curriculares para a formação de profissionais da área de segurança do cidadão*. Brasília: Ministério da Justiça, 2000.

66 Brunetta, Antonio Alberto. A não formação e o informal na formação da PMESP. *Rev. bras. segur. Pública*, São Paulo v. 9, n. 2, 130-140, Ago/Set 2015, p. 134

67 Vide currículo geral do *Curso de Formação de Soldados*, disponível no anexo I deste mesmo trabalho.

um tempo total de curso de 2.602 horas-aula, equivalentes a 1952 horas, sendo destas 1456 horas destinas às matérias curriculares e as demais 496 horas destinadas ao "treinamento de campo[68]" e a "atividades complementares[69]".

Como proponho no decorrer deste trabalho, entendo que o currículo pode ser vislumbrado não apenas como um guia normativo, mas principalmente como uma descrição retórica das funções, capacitações e saberes imaginados como necessários pela corporação para a profissão, constituindo-se, assim, como um guia tanto para a parte formalmente descrita quanto para a parte informal da formação e, principalmente, como um mapa para o imaginário corporativo sobre a função ideal de um Soldado.

Os primeiros parágrafos do currículo do Curso de Formação de Soldados denotam esta problemática ao descrever a função imaginada da polícia como corporação e do posto de Soldado como membro desta mesma sob diferentes perspectivas. Mais do que uma simples delegação técnica, o texto na verdade discute um ponto central, modelos de atuação policial:

1.1. Consoante aos termos da Lei Complementar nº 1.036, de 11 de janeiro de 2008 (que instituiu o Sistema de Ensino da Polícia Militar do Estado de São Paulo e dá providências correlatas), regulamentada pelo Decreto Estadual nº 54.911, de 14 de outubro de 2009, o Curso Superior de Técnico de Polícia e Preservação da Ordem Pública é desti-

68 *Idem.*

69 *Idem.*

nado a qualificar tecnicamente a Praça na graduação inicial da Polícia Militar nas seguintes competências:

1.1.1. Análise e execução, de forma produtiva, das funções próprias de polícia ostensiva e de preservação da ordem pública, em conformidade com a filosofia que norteia a polícia comunitária, além de outras atribuições definidas em lei, bem como as funções de bombeiro e a execução das atividades de defesa civil;

1.1.2. Exercício pleno e adequado do mister policial-militar, por meio do cumprimento irrestrito das leis e o respeito às autoridades constituídas, pautado na hierarquia, na disciplina e na constante integração à comunidade;

1.1.3. Atuação profissional e técnica, em conformidade com o compromisso de defesa da vida, da integridade física e da dignidade da pessoa humana.[70]

O problema é que, como descreve Tavares do Santos[71], não possuímos uma orientação unificada sobre o tipo desejado de policiamento, mas sim quatro tipos ideais: "o tipo ideal autoritário; o tipo ideal técnico-profissional; o tipo ideal de polícia comunitária; e o tipo ideal de polícia cidadã". Todos estes se encontram, de maneira fragmentada, tanto na descrição das capacitações desejadas quando, de forma aprofundada, no currículo. Buscarei me aprofundar detalhadamente nesta discussão no capítulo II.

Neste sentido, a configuração atual de capacitações e saberes exigidos no curso pode ser vislumbrada como uma ja-

70 *Idem.*

71 Santos, José Vicente Tavares. *Dilemas do ensino policial: das heranças às pistas inovadoras.* Segurança, Justiça e cidadania. n. 7 *Educação Policial.* p. 11

nela para observação não apenas do processo educacional da PMESP, como também do funcionamento estrutural da corporação em sentido amplo. Ou seja, o currículo não é apenas um projeto embasado numa visão de policiamento e sociedade centralizados na parte mais alta da corporação, mas sim um reflexo de todas as dinâmicas políticas, históricas, culturais e sociais que compõe o processo de escolha dos assuntos desejados, ou, em sentido maior, ele também é reflexo das disputas simbólicas internas e externas à corporação e à sociedade.

No âmbito do Curso de Formação de Soldados, este paradigma é espelhado na pluralidade de estratégias pedagógicas utilizadas. Ao definir como conceito formador a obtenção de "capacitações", busca-se uma medida mensurável dos saberes transmitidos no curso, configurando, assim, a experiência de aprendizagem como a transmissão de conhecimento "técnicos". Paralelamente, no entanto, o currículo prevê que a maior parte do tempo gasto na formação é em disciplinas práticas, ou seja, disciplinas em que as experiências profissionais dos professores e as impressões subjetivas dos alunos acabam sendo condutores fundamentais da aula e não apenas o conteúdo formal das apostilas. A isto, se soma ainda a parte institucional do curso, que centra a prática policial nas tradições, mitos e valores da corporação (tema que discuto de maneira aprofundada no capítulo IV).

Configura-se, assim, uma estrutura liberal de policiamento, baseada na gestão tecnicista de metas. O curso tem uma estrutura burocrática, baseada nos mecanismos estatais de controle da corporação; uma estrutura hierárquica, baseada nos valores morais corporativos militares e, por fim, uma estrutura altamente dinâmica e cultural, proveniente da junção de todas estas dimensões às exigências do trabalho de rua, sendo, assim, mutável em relação às expectativas inerentes ao jogo político de forças internas e externas à corporação.

Neste contexto, para entendermos quais são, de fato, os conteúdos difundidos neste curso, devemos primeiramente analisar a dinâmica pela qual os saberes culturais acerca da profissão são produzidos neste choque entre o formal e o informal; entre a tradição e a dinamicidade relacional do trabalho e, por fim, entre a burocracia e a experiência.

Para melhor apresentar esta problemática, discuto, no capítulo II, cada uma destas perspectivas a partir de uma análise das cargas horárias e temas propostos para as disciplinas.

Aplicação dos materiais no ambiente da ESSd

De um ponto de vista organizacional, temos como produto um Curso de Formação de Soldados formalmente organizado em cima de uma estrutura altamente burocratizada, mas que, por sua vez, agrega saberes difusos e dinâmicos concomitantemente aos conteúdos formais desejados institucionalmente. Para tanto, ele emprega duas estratégias pedagógicas básicas: o ensino teórico em sala de aula e o ensino prático através do *learn by doing*[72], ou seja, a simulação do trabalho policial no ambiente da escola.

Nas aulas teóricas, o professor deve seguir de maneira muito mais estrita o conteúdo especificado nas disciplinas. Como buscarei demonstrar no próximo capítulo, existem diversos mecanismos de controle tanto por parte da escola,

72 Vide: Gibbs, Graham. *Learning by doing: A guide to teaching and learning methods.* Geography discipline network, 2001.

quanto por parte dos alunos, que estimulam uma espécie de ambiente supervisionado para o trabalho dos professores. Entretanto, estes mecanismos são, em geral, para garantir que o conteúdo previsto no currículo seja transmitido aos alunos, não buscando, por outro lado, coibir a dimensão da experiência ou da prática cultural nestas aulas. Ou seja, pode-se entender que a própria corporação, de forma centralizada, entende a importância da experiência e transmissão cultural na formação.

Nas aulas práticas, a transmissão de conhecimento é realizada a partir da teatralização do trabalho policial. Este normalmente se dá em cenas criadas pelos professores, nas quais parte dos alunos finge ser suspeito de um crime enquanto a outra parte os policiais realizando a abordagem – mas também pode ocorrer em cenas meramente imaginárias. Esta modalidade de ensino segue o manual de conduta da PMESP[73], porém não possui apostila a ser seguida pelos professores, ou seja, são eles que criam a narrativa das cenas a serem teatralizadas pelos alunos.

Como buscarei demonstrar no próximo capítulo deste trabalho, esta modalidade de transmissão de conhecimento é central no processo de formação uma vez que une a corporalização dos saberes e técnicas do trabalho policial realizado na PMESP com o *role playing* - noto que, como desenvolvo com mais detalhes no capítulo 2, uso o conceito de *role playing* a partir da genealogia de William Skidmore, "role paying is the incomplete placing of oneself in the role of another" [74].

73 Polícia Militar do Estado de São Paulo. Manual Básico de Policiamento Ostensivo. M-14-PM, 1992.

74 Skidmore, W. *Theoretical Thinking in Sociology*, Cambridge University Press, 1979, P. 208.

Apesar de contemplar diversas matérias, tais como: Tiro defensivo na preservação da vida – Método Giraldi[75], Análise e solução de cenários policiais, Técnicas de direção preventiva de viaturas e técnicas de menor potencial ofensivo, é nos Procedimentos Operacionais Padrão (POP) que o ensino prático se encontra condensado em suas mais diversas dimensões. Como buscarei demonstrar mais à frente, o POP é possivelmente a disciplina mais importante em todo o curso de formação ministrado na ESSd.

Um ponto fundamental do *role playing* é que os alunos da escola de formação não assumem o papel apenas de policiais nas simulações, mas frequentemente são compelidos a assumirem o papel do suspeito, ou infrator da lei. O interacionismo simbólico[76] nos sugere que o *role playing* tem papel fundamental na construção do *self* uma vez que este se dá pela percepção da visão que os outros possuem sobre si próprio, e não apenas pela autorreflexão. Ou seja, a noção de si emerge dentro de um contexto de comunicação simbólica, e não a comunicação simbólica que surge a partir de noções fixadas de si. Sendo assim, a interação simbólica dos papéis assumidos nas cenas teatralizadas no curso de formação reflete tanto no entendimento dos futuros policiais acerca do que é ser policial, quanto acerca do que é ser suspeito.

---

75 Trata-se de um método de treinamento de tiro à partir do uso progressivo da força e da simulação de situações de pressão. Ganha este nome a partir de seu criador, o Cel. Nelson Giraldi. Irei analisar este método com detalhes no próximo capítulo. Detalhes em: Polícia Militar do Estado de São Paulo. Manual de tiro defensivo. M-19-PM, 1999.

76 Mead, George Herbert. "Symbolic Interactionism", in: Skidmore, W. *Theoretical Thinking in Sociology*, Cambridge University Press, 1979, p. 207

> From the viewpoint of social theory, this kind of simulation teaches the distinction of me and not--me. For in the process of playing, taking a make believe position, expectations are dramatized.[77]

Neste contexto quase lúdico de autorrepresentação, abre-se espaço para os imaginários acerca do que representa ser policial. Paralelamente, temos o manual de conduta da PMESP conformando a corporalidade do aluno. Neste ponto, a transmissão cultural dos professores experientes no trabalho de rua conforma a formação; é apenas a partir de um saber partilhado em como lidar com as diferentes exigências e pressões do papel almejado na simulação que se pode encontrar uma solução considerada favorável da cena proposta. Desta forma, devemos observar a materialidade do Curso de Formação de Soldados não apenas como como transmissão verticalizada de conhecimentos, mas também como os sistemas econômicos morais.

Didier Fassin[78] entende que a economia moral do trabalho policial se caracteriza em grande parte pela constante tensão entre os princípios de justiça e a chamada "lógica do ressentimento". Ele argumenta que muitas vezes os policiais satisfazem seu desejo moralizador frustrado pela evasão da prisão do verdadeiro culpado por um crime específico a partir da prisão de outra pessoa com características sociais parecidas ou que os policiais conhecem como recorrente criminoso. No entanto, segundo ele, esse tipo de atitude não deve ser entendido como um desvio dentro do desvio, ou tampouco

77 Mead, George Herbert. "Symbolic Interactionism ..., *Op. cit.*, p. 209

78 Fassin, Didier. *Enforcing Order: An ethnography...*, *Op. cit.*

apenas como uma proposta moral maior de justiça. Para o autor francês, esse tipo de atitude é representativo de uma economia moral do trabalho policial, esta que possui um diálogo com a instituição. Ou seja, dentro do contexto institucional da polícia nacional francesa, que ele estudou, diversas atitudes ilegais são realizadas, mas ainda que elas sejam imorais para a sociedade, são morais dentro da instituição policial a partir da "lógica do ressentimento".

Ainda que, evidentemente, essa definição não dê conta de todas as tensões morais nas lógicas pessoais – a nível micro –, Fassin defende que o aparato institucional e profissional possui relevância nas decisões morais daqueles que fazem parte do grupo e que há diferentes mecanismos internos de funcionamento institucional que tornam a "lógica do ressentimento" posição moral dominante dentro da organização. A "lógica do ressentimento", ainda segundo Fassin, possui relevância não apenas em dilemas cotidianos que surgem a partir da desconfiança dos policiais em relação a noções estatais de justiça, mas também nos próprios sentimentos morais dos policiais a nível pessoal. Neste contexto, a prática da violência tanto do policial para a sociedade, quanto interna à corporação torna-se moral, pois é justificada pelo sistema de crenças partilhadas pelo grupo.

Através dos relatos etnográficos, buscarei demonstrar que estes sistemas morais, de acordo com a definição de Fassin, são também parte fundamental da didática transmitida tanto nas aulas práticas quanto nas teóricas. Sendo assim, o conteúdo do curso deve sempre ser observado a partir da união entre seu objetivo, forma e dinâmica real de transmissão.

*

O desafio inicial para o presente trabalho consiste na observação das múltiplas gêneses culturais que emergem a partir da tensão entre as lógicas organizacionais burocráticas e culturais num plano interno. Quando perspectivadas através do processo educacional, estas lógicas ganham contornos pedagógicos, didáticos e morais que, por sua vez, produzem novos insumos culturais e definições retóricas das necessidades do trabalho policial. A análise crítica da totalidade deste processo é, portanto, o eixo condutor da observação e análise etnográfica que segue nos próximos capítulos.

Tendo em vista, contudo, que não possuímos uma genealogia substantiva de estudos de ciências humanas sobre a Escola Superior de Polícia de Pirituba, este desafio se traduz também na necessidade de se criar bases de entendimento do funcionamento prático desta mesma. Neste contexto, a pesquisa desenhou três questões centrais; estas que, na realidade, se traduzem em três formas de transmissão de conhecimento identificadas na observação etnográfica: 1- O treinamento como difusor de políticas públicas, ou seja, a didática que melhor traduz os anseios formais do curso de formação; 2- O treinamento como difusor de experiências profissionais, observado a partir da execução do *learn by doing*, através do método *role playing*; 3 - O treinamento como formador do sentido de "grupo", ou seja, as lógicas hierárquicas e as morais institucionais do curso de formação.

Como pudemos ver a partir da discussão teórica neste presente capítulo, a dificuldade em tratar destas questões se dá principalmente pelo fato de que em nenhum momento elas contradizem umas as outras; pelo contrário, entendo ser a sobreposição simultânea de todas elas que dá o eixo condutor da formação Policial Militar em São Paulo. Neste contexto, a separação destas diferentes esferas do ensino na ESSd é, neste sentido, muito mais uma estratégia metodológica do presente trabalho do que propriamente a maneira pela qual o conhecimento é produzido na dinâmica aluno – escola. É neste ponto que as narrativas observadas de maneira etnográfica se desvelam como um campo privilegiado de análise, uma vez que contemplam todas estas dimensões em sua simultaneidade.

Ao se tratar de estudo centralmente etnográfico, é importante ressaltar que nesta pesquisa me senti desafiado a encontrar soluções teóricas para o entendimento das narrativas especificas observadas nas aulas do curso de formação e não apenas para as técnicas de ensino apresentadas neste mesmo. Para tanto, o presente capítulo se dedicou também a apresentar as chaves teóricas que buscarei utilizar nos próximos capítulos; a partir de então, traçamos subtemas centrais nesta investigação, são eles: burocracia estatal e experiência profissional; corporalidade e linguagem; economias morais e identificações sociais; globalismos e localismos e história política/história cotidiana.

Capítulo II: Sala de aula: burocracia e cultura de trabalho

O currículo do Curso de Formação de Soldados (CFSd) da PMESP pode certamente ser contemplado como um espelho do funcionamento estrutural da corporação. Mas, ao contrário do que esta deseja, isso não ocorre porque ele cumpre o papel de transmitir de maneira inalterada ao aluno todos os valores, técnicas, práticas e conteúdos didáticos almejados teoricamente, mas sim porque sua conformação e aplicação reflete as mais diferentes tensões políticas, ideológicas e culturais inerentes ou internas à mesma. A partir da exposição dos mecanismos de construção do currículo, do currículo em si e da observação de cariz etnográfico de sua aplicação na sala de aula buscarei, neste capítulo, promover subsídios teóricos e empíricos para maior aprofundamento na discussão desta afirmação.

Tal qual exposto no capítulo anterior deste trabalho, acredito que o curso de formação de Soldados seja composto por variados subsídios materiais e imateriais que, postos em prática, transcendem o ensino previsto apenas no plano didático formal. Se, por um lado, o manual de procedimentos operacionais (POP) apresenta uma linha condutora normativa bastante clara para a parte operacional do trabalho, por outro lado, os elementos culturais endógenos à organização também cumprem seu papel formativo. O resultado é um processo híbrido, no qual estas tensões produzem diferentes e, por vezes, contraditórias concepções de pedagogia e de policiamento, reflexos deste processo.

Por isso, entender o curso apenas como "um meio de difusão de políticas públicas que incidem na conduta individual do policial na rua"[1], seria não apenas largamente incompleto como também conflitante com uma dinâmica central de funcionamento das organizações policiais, que é a latente tensão entre formalidade e informalidade[2], advinda da dinamicidade inerente à prática de trabalho.

Seria igualmente incompleto, por outro lado, assumir que a transmissão de conhecimentos pela experiência possui maior peso na formação do que a parte teórica. Todo o conteúdo observado nesta pesquisa é produto da permanente tensão entre estas duas dimensões do trabalho policial, refletidas na formação. Neste viés, ainda que de natureza predominantemente burocrática, o currículo oficial do curso de Soldados deve também ser contemplado como o resultado de um processo de criação, formatação, transmissão, discussão e assimilação de saberes, tensionado pela prática cultural.

A partir desta reflexão, busco uma alternativa analítica à afirmação de Dores e Campos sobre o projeto pedagógico da PMESP, de que este "busca um rumo, uma direção. É uma ação intencional, com um sentido explicito, com um compromisso definido coletivamente. Todo projeto pedagógico é, também, um projeto político por estar intimamente articulado ao compromisso sociopolítico com os interesses reais e coletivos da população majoritária. É político no sentido de compromisso com a formação do cidadão para um tipo de

1 Pinc, Tânia M. *O uso da força não letal pela polícia nos encontros com o público*. Dissertação de Mestrado apresentada ao DCP – USP, São Paulo, 2006, p. 31.

2 Monjardet, o que faz a polícia..., *Op. cit.* p.41.

sociedade".[3] Isso porque, ainda que seja evidente haver uma definição teórica de policiamento que ocupa espaço majoritário nas concepções da organização, o currículo pode também ser contemplado como a materialização de um jogo de forças instável, divergente e por vezes contraditório em sua natureza interna. Na realidade, como buscarei demonstrar ao longo deste capítulo, a tensão entre a expectativa sociopolítica hegemônica na organização e a prática real do currículo se configura como uma problemática central do processo educacional da PMESP.

De um ponto de vista historiográfico, esta construção espelha a tensão latente na corporação entre movimentos históricos de longa e de curta duração. Ou seja, a configuração que observamos do curso de formação durante a pesquisa etnográfica (2016-2017) não resulta apenas do peso do tempo e tradição de ensino nesta instituição secular. Ela é também um reflexo de acontecimentos pontuais importantes para a corporação[4], configuração momentânea das políticas de segurança pública, observações sociais das necessidades do trabalho de rua reincorporadas ao currículo de maneira formal e informal e configuração cultural-institucional das práticas profissionais.

É certo que, no caso específico do estado de São Paulo, esta dinâmica é atenuada pela monopolização do PSDB na

---

3 Dores, Cláudio Alencar; Campos, Alzira Lobo de Arruda. O projeto político-pedagógico para a formação de sargentos da polícia militar do Estado de São Paulo. *Pesquisa em Debate*, edição especial, 2009, p. 22-23.

4 Como, por exemplo, o escândalo midiático dos ocorridos na Favela Naval, em 1997, que precedeu a incorporação da Doutrina de Polícia Comunitária na PMESP.

governança do estado nos últimos 25 anos,[5] o que acarretou em maior estabilidade ideológica nas políticas de segurança pública. Entretanto, ainda assim a estrutura de composição de currículo permitiu que o mesmo absorvesse fortes impactos das mudanças políticas a nível nacional, municipal e corporativo – como buscarei demonstrar detalhadamente ao longo do capítulo. A isto soma-se ainda toda a dinâmica subjetiva dos membros da organização, que apresenta impactos profundos na composição da parte cultural do trabalho.

Como busco demonstrar, acredito que esta dialética possui profundos impactos também na construção da corporalidade do aluno para o trabalho policial. Isso ocorre porque a maior parte da carga horária das disciplinas ministradas no Curso de Formação de Soldados é delegada a disciplinas de caráter prático e trabalhadas de forma a, a partir da repetição, tornar tácitos os procedimentos previstos no manual de conduta da PMESP, o chamado POP.[6] Em entrevista para este trabalho, um dos coordenadores do Departamento de Ensino e Cultura (DEC) da PMESP[7] explica esta parte do processo educacional aos olhos da corporação: "as matérias práticas são trabalhadas a partir do espírito da repetição e da continuidade. Quando a gente fala em prática de tiro, a ideia é construir corporalmente o instinto da execução correta", descreve.

Para melhor navegar pela larga discussão que se desdobra no processo que se desenha entre a concepção e a aplicação do currículo em sala de aula, o capítulo foi divido em três partes:

5 Entre 1995 a 2020 (momento de encerramento deste texto).

6 Tema que desenvolvo de maneira aprofundada no próximo capítulo.

7 Em entrevista para a presente pesquisa.

o processo de concepção, a configuração atual do currículo (no momento da pesquisa) e a sua aplicação em sala de aula.

Primeiramente, a partir da descrição dos mecanismos de escolha dos temas, busca-se demonstrar o processo segundo o qual os diferentes interesses, expectativas e tensões estruturais que se encontram no cerne da corporação se materializam na didática do curso de formação, orientando não apenas o conteúdo teórico, como também agindo de maneira normativa para os limites da prática cultural.

Em segundo lugar, a partir da exposição do currículo geral e da análise das cargas horárias, deve-se demonstrar quais são estes conteúdos formais apresentados aos alunos, criando uma espécie de "fotografia" da didática da formação realizada na ESSd na temporalidade da pesquisa.

Por fim, a partir da soma dos planos de matéria utilizados no Curso de Formação de Soldados e a descrição etnográfica de sua aplicação, busca-se investigar como estes materiais didáticos e normativos são novamente permeados pela cultura de trabalho na prática do ensino, enfim chegando ao aluno em formação.

Dinâmica geral do currículo do Curso de Formação de Soldados

Não há nenhuma norma que regule como o processo de formação de soldados deva ocorrer de maneira específica. Isto porque os documentos que norteiam a educação realizada na PMESP são gerais para todos os cursos de formação, sejam estes de oficiais, sargentos ou soldados. São eles: a Diretriz Geral de Ensino (DGE) e a Norma para Elaboração e Revisão de Currículo (NERC), ambos legalmente regidos pela Lei Complementar no 1.036, de 11 de janeiro de 2008 (Lei de Ensino PM) e o Decreto no 54.911, de 14 de outubro de 2009. "O currículo da ESSd é construído através de uma prática cultural e histórica" conforme descreve um dos coordenadores do DEC.

A Diretriz Geral de Ensino (DGE) corresponde ao documento que agrega toda a legislação interna de ensino da Polícia Militar paulista. Baseada na Lei de Diretrizes e Bases da Educação Nacional, a DGE busca realizar a transição entre o modelo institucional, tradicionalmente praticado nas escolas de formação da PMESP, com as orientações do Ministério da Justiça, publicadas em 2000, por meio da Secretaria Nacional de Segurança Pública (SENASP), no documento intitulado "Bases curriculares para a formação de profissionais da área de segurança do cidadão".[8] "Vale dizer que a DGE engendra uma combinação bastante específica entre um tradicionalismo internamente instituído, sustentado pelo 'espírito policial-militar' e as orientações de fundamentação pós-moderna, oriundas da normativa federal, de modo a tornar explícita a dificuldade da instituição em efetivamente modernizar seus processos de formação",[9] explica o pesquisador Brunetta.

Deve-se atentar, entretanto, para o fato de que este documento possui um caráter não apenas normativo, como também retórico, haja vista que nele se definem quais as capacitações de interesse da corporação em relação ao aluno,

---

8 BRASIL, Ministério da Justiça. *Bases curriculares para a formação de profissionais da área de segurança do cidadão*. Brasília: Ministério da Justiça, 2000.

9 Brunetta, Antonio Alberto. *Reforma intelectual da Polícia Militar.* Tese de Doutorado, UNESP/Araraquara, 2012, p. 110.

expondo, de maneira teórica, as expectativas sobre a plena realização do ensino policial em São Paulo. Ainda que à primeira vista as definições contidas no documento pareçam ser de uma natureza apenas normativa, noto que elas refletem de maneira aprofundada os objetivos e modelos de policiamento cristalizados através do jogo de forças internas e externas à corporação no momento da redação do mesmo.

A NERC, por sua vez, possui a função especifica de orientar como devem proceder os tramites burocráticos no âmbito da conformação dos currículos, assegurando que estes sigam as exigências previstas pela instituição e pelo estado. Ainda que este processo pareça altamente engessado, é na maneira de se lidar com estes procedimentos que se materializam os mecânismos do jogo de interesses e expectativas dos diferentes atores sociais que compõem o currículo, como demonstrarei ao decorrer do capítulo.

De acordo com a DGE enviada à pesquisa pela Diretoria de Ensino e Cultura da PMESP (DEC), são expressas as capacitações necessárias para a educação policial de forma ampla.[10]

> O ensino profissional da Polícia Militar de São Paulo, consiste em conhecimentos peculiares ao exercício das funções policiais-militares, divididos nas áreas de conhecimento abaixo, que formam as matérias policiais-militares e também as de execução coletiva de atividades operacionais de defesa interna e territorial:

10 Diretriz Geral de Ensino da PMESP. Cedida à pesquisa pela DEC.

- Tática: destinado a capacitar o policial militar no emprego combinado de forças;

- Técnico-policial: voltado diretamente às funções de polícia ostensiva e de preservação da ordem pública, de modo a desenvolver a consciência e aprimorar o desempenho profissional do policial militar, abrangendo desde preceitos doutrinários até padrões procedimentais, destinados a capacitá-los ao desempenho do serviço e ao uso dos equipamentos;

- Legislação: para dotar o policial militar dos conhecimentos necessários ao desempenho da função, englobando todas as normas que regem o tipo de serviço;

- Institucional: destinado a desenvolver no policial militar os valores éticos, os deveres morais e cívicos e os princípios institucionais necessários ao exercício de cargo, função e atividades;

- Moral: visando sedimentar a cultura ética voltada à adesão espontânea à disciplina, valores e deveres policiais militares;

- Política: com o objetivo de acompanhar a evolução histórica e as categorias do pensamento político para fortalecer as convicções democráticas e de cidadania.

> -Científico: voltado diretamente à produção de conhecimento metodológico direcionado à atividade policial, de bombeiros e de defesa civil.[11]

Mesmo valendo para todas as diferentes esferas da formação policial, estas capacitações possuem importância fundamental na conformação do currículo da ESSd, isso porque são elas que provém o subsídio inicial e os limites que deverão ser utilizados na formação de Soldados. Ou seja, ao definir o modelo de policiamento praticado, a DGE age no curso como um plano norteador, sendo o currículo do curso específico o plano pedagógico.

O Curso de Formação de Soldados é oficialmente chamado de "Curso Superior de Técnico de Polícia Ostensiva e Preservação da Ordem Pública", de acordo com o documento que o norteia, o currículo geral.[12] Isso ocorre porque ele, devido à quantidade de horas-aula e às capacitações incluídas no programa, é reconhecido pelo Ministério da Educação (MEC), como um curso superior técnico. "Isso surge a partir de uma demanda dos alunos, que muitas vezes tinham que cursar uma nova faculdade já estando em trabalho de rua para atender as exigências de determinados concursos", conforme afirmou em entrevista um Capitão da ESSd que ajudou a pesquisa.[13]

Este currículo é dividido em duas partes: a geral e a específica, chamada de Plano Didático de Matérias (PDM). "No mundo pedagógico escuta-se falar muito do PPP (Plano Político Pedagógico), o nosso currículo é quase isso, só fal-

11 DGE mais recente no momento da pesquisa, gentilmente cedida pela DEC.

12 Conforme cedido à pesquisa pela DEC.

13 Em entrevista.

ta uma coisa para alcançarmos esta norma que é o perfil do egresso. Isso não se tem ainda devido ao fato de o ingresso ao curso de formação ser realizado de forma terceirizada. (Ou seja, por concurso público aplicado pelo Estado). Fora isso, temos tudo. É uma maneira peculiar de lidar com a documentação", como afirmou o coordenador da DEC entrevistado.

A parte geral do currículo vai definir, inicialmente, os objetivos do curso e o seu regramento; desde os horários de aula até os sistemas avaliativos. Nesta parte, tem-se também a grade curricular, indicando as matérias e as cargas horárias. A grade curricular é desmembrada em um PDM para cada matéria, ou seja, cada matéria é organizada na forma de assuntos específicos, que constam de maneira formal no currículo geral. Todos os assuntos discutidos no ambiente de sala de aula passam por um controle estrito através da aprovação do PDM em todas as esferas interessadas na conformação do currículo. A estes assuntos, ademais, são delegadas horas-aula de maneira específica, tendo, assim, um tempo previsto para se tratar de cada tema.

De maneira semelhante à DGE, a grade curricular traz uma definição dos objetivos do curso, ou seja, quais capacidades são entendidas pela corporação como necessárias para a plena execução do trabalho policial, só que no caso, especificamente para o posto de soldado. Neste sentido, pode-se afirmar que tanto por esta definição, quanto pela escolha das disciplinas ensinadas aos alunos e as relativas importâncias dadas a estas através das cargas horárias, a parte geral do currículo possui o caráter de apresentar o que a corporação acredita ser o ideal do trabalho policial do soldado em caráter teórico. Cabe notar, entretanto, que esta composição é grandemente difusa e mutável, conforme descrito mais adiante neste mesmo capítulo.

Segundo a parte geral do currículo vigente no momento da pesquisa,[14] aprovado pelo despacho no PM3-026/03/18, de 04 de dezembro de 2018, o objetivo do Curso de Formação de Soldados da PMESP consiste em:

> Capacitar tecnicamente o Praça na graduação inicial da Polícia Militar, nas seguintes competências:
>
> - Análise e execução, de forma produtiva, das funções próprias de polícia ostensiva e de preservação da ordem pública, em conformidade com a filosofia que norteia a polícia comunitária, além de outras atribuições definidas em lei, bem como as funções de bombeiro e a execução das atividades de defesa civil;
>
> - Exercício pleno e adequado do mister policial-militar, por meio do cumprimento irrestrito das leis e o respeito às autoridades constituídas, pautado na hierarquia, na disciplina e na constante integração à comunidade;
>
> - Atuação profissional e técnica, em conformidade com o compromisso de defesa da vida, da integridade física e da dignidade da pessoa humana.[15]

14 Currículo geral do Curso de Formação de Soldados, disponível no anexo I deste mesmo trabalho.

15 *Idem.*

Estas competências serão divididas nos Planos De Matéria (PDM) em um tempo total de 2.602 horas-aula, equivalentes a 52 semanas, ou 1952 horas. Destas, 1456 horas são destinas às matérias curriculares e as demais 496 horas destinadas ao "treinamento de campo"[16] e a "atividades complementares"[17] dentro do expediente escolar. O mais interessante sobre estas atividades complementares é o fato de que a maior parte delas ocorrem fora do expediente escolar e, portanto, não constam no número total de horas do curso e tampouco são guiadas pelo PDM. Atualmente, a PMESP divide o currículo do curso de formação de Soldados em dois Ciclos de Ensino (CENS) que, basicamente, equivalem aos semestres letivos. A importância disto se dá principalmente porque ao final do primeiro CENS, os alunos deverão escolher se desejam seguir na carreira de "Polícia Ostensiva", "Policiamento ambiental", ou "Bombeiro e Defesa Civil", realizando o segundo semestre do curso de maneira separada e especifica a esta escolha.

No presente trabalho, focamos a análise no curso de "Polícia Ostensiva". Este se divide nas seguintes áreas de ensino:

16 *Idem.*

17 *Idem.*

Gráfico 1: Grade de horários do Curso de Formação de Soldados. Valores em hora-aula

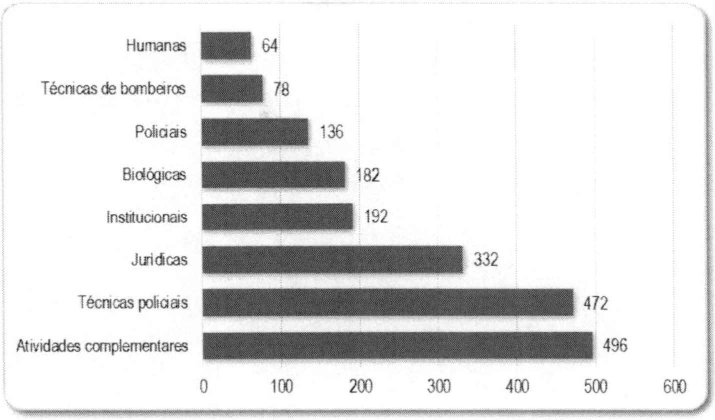

100% = 1952

- *Institucionais*: caracterizadas por conhecimentos, habilidades e atitudes inerentes à formação militar do Soldado PM; carga horária de 192 horas.

- *Humanas*: caracterizadas por conhecimentos das Ciências Humanas; carga horária de 64 horas.

- *Biológicas*: caracterizadas por conhecimentos da medicina e educação física: 182 horas.

- *Jurídicas*: caracterizadas por conhecimentos das Ciências Jurídicas, específicos para o desenvolvimento das atividades de polícia ostensiva e de preservação da ordem pública e para as atividades de bombeiros e de defesa civil; carga horária de 332 horas.

- *Policiais*: caracterizadas por conhecimentos doutrinários de polícia ostensiva e de preservação da ordem pública; carga horária de 136 horas.

- *Técnicas Policiais*: caracterizadas por conhecimentos técnicos de polícia ostensiva e de preservação da ordem pública; carga horária de 472 horas.

-*Bombeiros*: caracterizada por conhecimentos sobre o funcionamento estrutural do Corpo de Bombeiros; carga horária de 30 horas.

- *Técnicas de Bombeiros*: caracterizadas por conhecimentos técnicos das atividades de bombeiros e de defesa civil; carga horária de 48 horas.

De acordo com as divisões das modalidades de ensino propostas na presente pesquisa, a transmissão de conhecimentos no âmbito de "teorização" dá conta de 608 horas, enquanto a transmissão de conhecimentos através da prática (teatralização) compreende 560 horas. As institucionais (ritualização) compreendem "apenas" 288; entretanto, cabe notar que atividades como a cerimônia de homenagem à chamada "Revolução Constitucionalista de 1932" e outras ocasiões cívicas fazem parte das 496 horas de atividades complementares que ocorrem dentro do expediente escolar (lembrando que a maior parte das atividades complementares ocorrem fora do expediente escolar e, portanto, não constam na caga horária total do curso).

Gráfico II: Grade de horários por método de ensino
Valores em hora-aula *

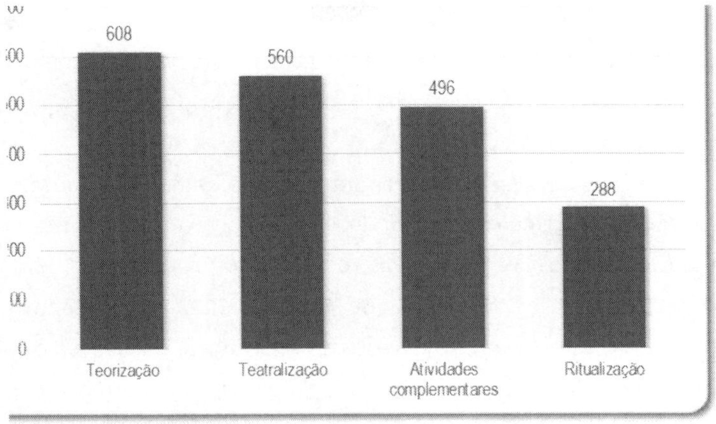

*segundo as definições propostas no cap. 2 da presente pesquisa.
100% = 1952

Como se constrói o currículo ministrado na ESSd?

A parte geral do currículo é inicialmente esboçada pela própria escola, esta que é subordinada à DEC (Diretoria de Ensino), sendo ela escola de Sargentos, Oficiais ou Soldados. No contexto da pesquisa, a ESSd foi responsável por elaborar uma minuta, posteriormente assinada por um Oficial experiente de dentro da própria escola e, então, repassada à DEC. "A particularidade de criar o desenho inicial do currículo pertence à escola porque ela conhece as dificuldades, os cotidianos e as regras que, quando criadas centralmente, acabam engessando o processo executório", descreve um dos comandantes da DEC.

Na DEC é realizada uma revisão e uma releitura desta proposta com o objetivo da adequação às normas gerais e às políticas institucionais vigentes no momento do currículo. Feita esta revisão, tem-se um produto que, enfim, é enviado à autoridade competente a instituir um currículo na PM, que é o Subcomandante da corporação; este que, por sua vez, realiza novas correções atingindo, enfim, o produto final que é executado na Escola.

As diretrizes do Governo do Estado entram na conformação do currículo a partir do alinhamento do subcomandante com o Governador, em meio a este processo de dinâmica das revisões. Matérias que são mais afetas ao momento político, ou ao momento institucional vão ser inseridas com uma carga horária maior ou menor a partir da orientação expressa do comando da corporação, assim como temas que devem ser incluídos ou excluídos.

Este processo na realidade é menos linear do que aparenta na descrição teórica, pois possui múltiplas idas e vindas com o objetivo de alinhar tanto os interesses da instituição, da área de ensino, da Escola e do Governo do Estado. Ou seja, pode-se dizer que na conformação do currículo se travam as batalhas políticas da oficialização das linhas institucionais da PMESP.

> Na prática, ocorre assim: você manda uma proposta curricular para o subcomandante e ele devolve falando, por exemplo: tem que ter mais policiamento comunitário aqui, porque é um projeto do governo e a instituição quer que isso se dissemine. Então a gente adequa esta grade a esta demanda – aí volta à Escola para construir um PDM com uma carga horária maior. Nunca a proposta inicial se adequaria com as demandas

> políticas de maneira total; por isso este processo é demorado.

Descreve um dos comandantes da DEC.

Projetos políticos refletidos na PMESP, como a implementação do policiamento comunitário e dos Direitos Humanos, ou do escalonamento da polícia de força ostensiva em detrimento da investigativa sob o governo Alckmin, refletem na evolução dos currículos de Formação de Soldados. Os currículos são, neste viés, reflexos da consolidação de políticas institucionais que vão sendo repassadas à corporação e permeando o entendimento do aluno sobre o que é se fazer polícia. Na verdade, isso ocorre porque o currículo é, antes de tudo, um instrumento da política de segurança pública estadual.

Entretanto, a passagem das políticas públicas ao currículo formal não pode ser vista sem uma noção crítica das dinâmicas de funcionamento interno da organização, isso porque, como descrito anteriormente, todos os conteúdos formais são sempre permeados pela prática de trabalho e o jogo de forças que compõe sua parte estrutural.

Bom exemplo disso é a inserção da noção de policiamento comunitário à PMESP e, posteriormente, ao currículo da ESSd. Noto que tamanha é a importância desta noção, ao menos no plano teórico, que ela se encontra na definição das capacitações necessárias à educação policial tanto na DGE quanto no currículo geral (como vimos acima). Entretanto, quando transpassada ao funcionamento prático da rotina da escola, ela é relegada à sala de aula apenas, deixando o ensinamento corporal centralizado na noção de policiamento ostensivo e nas normas institucionais. "Sendo uma novidade, surge a necessidade de melhor aprender como o processo se adequa à rotina da Escola para depois vislumbrar como seria um exercício prático disto. Ademais, o exercício prático parte da experiência do trabalho na rua, que retorna à Escola através da experiência", como descreve um dos comandantes da DEC.

Tendo em vista que a aplicação do policiamento comunitário como doutrina na PMESP data de 1997, pode-se afirmar que a experiência de rua de fato não retornou à escola de maneira prática por opção explicita. Esta dinâmica expressa de maneira bastante clara a relação entre formalidade e informalidade no âmbito da relação entre currículo, políticas públicas e formação de Soldados, uma vez que o desejo manifesto da corporação de maneira central é notadamente o de incluir a doutrina de polícia comunitária. Entretanto, este desejo é concomitantemente conflitante com a prática de trabalho, que prefere delegar este tema ao âmbito teórico. "Na prática, o PM odeia fazer policiamento comunitário", conforme me afirmou um coronel que possui posição alta na DEC.

Quando transpassada à prática do cotidiano da escola de formação, esta divergência entre objetivos formais e cultura de trabalho compõe um produto novo; ou seja, uma doutrina teoricamente voltada ao policiamento comunitário, mas notadamente ostensiva em todos os aspectos de interação com a população[18]. Isto infere na gênese de um modelo sui-generis de policiamento que não pode mais ser delegado a alguma raiz específica e unificada de expectativas sobre o trabalho policial. Na figura do aluno isto possui contornos

18 Me aprofundo neste tema no próximo capítulo, quando, a partir da educação prática, demonstro a corporalização do modelo de polícia.

especificamente difíceis, já que estas expectativas conflituosas acabam por incidir em seu próprio exercício profissional e corporalidade treinada.

Como se escolhem os assuntos discutidos em sala de aula?

O Plano de Matéria (PDM) (onde os assuntos a serem discutidos em sala de aula encontram-se discriminados) possui uma dinâmica razoavelmente diferente da grade curricular; isso porque entende-se que, na escola, o corpo docente se constitui como autoridade capacitada em cada matéria. Estes são incumbidos de apresentar uma proposta à escola para cada disciplina.

No entanto, estes docentes podem criar o plano para a disciplina apenas dentro daquilo que já foi delimitado pelo currículo geral. Isso é feito em equipes, ou seja, há uma série de professores para cada matéria. Este grupo condensa suas ideias em um produto único, que refaz todo o processo da parte geral; passando pelo crivo do oficial competente da Escola, à DEC e, por fim, ao subcomandante da PMESP. A união da parte geral ao PDM é o que compõe o currículo de maneira formal.

Finalizado este processo burocrático, tem-se uma guia de tópicos a serem debatidos dentro de cada disciplina específica. Isso, entretanto, não compõe uma apostila, uma vez que este sistema foi abolido pela PMESP em prol de um sistema de bibliografia. A diferença é que a apostila tinha uma literatura especificamente elaborada para o curso, o que não ocorre mais. Atualmente toda matéria possui, no final do PDM, uma especificação bibliográfica de onde são retiradas as informações repassadas na sala de aula, servindo como suporte científico e jurídico deste conteúdo. Na prática, a diferença é pequena, já que o PDM traz os tópicos de importância em cada assunto e toda a dinâmica e ser realizada pelo professor na aula.

Porém, como comenta um dos coordenadores da DEC: "Infelizmente, não há verbas para dar a bibliografia a todos os alunos. O que existe são bibliotecas de acesso permitido a todos. O que, como se sabe, não é grandemente utilizado. O objetivo da abolição das apostilas é de que o ambiente não seja de decoreba, mas sim de raciocínio, permitindo que o aluno extrapole conteúdo do PDM. O PDM, portanto, é norteador, e não limitador".

No entanto, a Diretoria de Ensino e Cultura exige por meio da DGE que o professor siga o PDM. Para garantir que isso seja feito, há uma avaliação da Escola, dos alunos e da DEC sobre desempenho do professor neste ponto específico, evitando, por exemplo, que o professor falhe em transmitir todos os conteúdos contidos no currículo formal. O professor, no entanto, não é obrigado a seguir a ordem especifica da sequência de assuntos do PDM. Apesar de já haver cargas horárias definidas para os assuntos, há alguma maleabilidade neste ponto. Podendo, a critério dele, extrapolar em alguns assuntos e reduzir em outros. Contanto que todos os assuntos sejam administrados.

A escolha dos professores é regida por um boletim geral, conforme a norma da PMESP. Na Escola de Soldados, todos os professores são Policiais Militares, o que não ocorre nas demais escolas da PM. Na academia dos oficiais, por exemplo, quase 50% são civis. Até por força de lei, a PM precisa selecionar civis para suas escolas de formação e estes civis precisam apresentar vínculo com o Estado, para fins remuneratórios. A grande maioria dos civis nas escolas da PMESP atuam em matérias ligadas ao Direito.

É feito um edital de chamamento para civis. Qualquer pessoa que cumpra os requisitos acadêmicos, formativos e de experiência – e que possuam vínculo empregatício com o estado – pode se candidatar. O concurso é feito apenas em análise documental, e a partir de então constitui-se um banco de dados de docentes autorizados a dar aulas na PMESP. Estes que escolhem onde querem dar aulas e não a corporação.

Uma publicação exige um nível mínimo de formação para os Policiais Militares que são professores das escolas da PM. Por exemplo, na matéria de psicologia, o docente precisa ser formado em psicologia, mesmo sendo PM. No entanto, a mesma exigência não ocorre para as matérias práticas, já que não há um campo de estudos específico na qual ela se enquadre. Tem requisitos profissionais também; por exemplo, o método Giraldi precisa ter sido cursado por um professor específico e tem requisitos de experiência; por exemplo, de horas de trabalho oficiais na área.

Estes integrantes do corpo docente são avaliados dentro das escolas a partir de uma série de critérios objetivos e subjetivos que estão publicados no boletim geral da PMESP. São eles: titulação acadêmica, experiência profissional, disponibilidade de aulas, avaliação dos alunos e avaliação da escola. Ou seja, a medida de excelência se dá também pela participação ativa do docente no ambiente escolar e na rotina da escola – correção das provas no prazo, participação nas reuniões de docentes, atividades extracurriculares e avaliação subjetiva dos alunos. Lembrando que esta medida, ademais, orienta toda a progressão de carreira dele como professor.

O próprio currículo prevê como esta avaliação deverá ser realizada.[19]

> Os alunos serão submetidos à resposta voluntária, mas estimulada, de questionários que avaliem o Sistema de Ensino de forma global, por meio da atribuição de notas parciais a cada quesito, bem como a cada professor, diante de quesitos particulares que compõem as competências desejadas pela administração escolar e de seus docentes.

Atual grade curricular no momento da pesquisa[20]

Para informar de maneira mais precisa o atual desenho do Curso de Formação de Soldados da PMESP (CFSd), coloquei em anexo[21] o currículo do ano de 2019 de forma resumida, contendo, entretanto, a carga horária completa das disciplinas cursadas, assim como a descrição geral destas mesmas (conforme consta no documento oficial) e seus principais objetivos pedagógicos. Lembro que, como explicado anteriormente, os assuntos discutidos dentro destas disciplinas encontram-se especificados no PDM, tema que será investigado no próximo tópico deste mesmo capítulo.

---

19 Vide currículo geral do Curso de Formação de Soldados, disponível no anexo I deste mesmo trabalho.

20 Datada de dezembro de 2018.

21 Vide currículo geral do Curso de Formação de Soldados, disponível no anexo I deste mesmo trabalho.

Os alunos que iniciaram o CFSd em 2019[22] encontraram uma configuração de grade curricular um pouco diferente daqueles que fizeram o mesmo curso no momento da observação etnográfica da presente pesquisa, em 2016-2017.[23] A primeira diferença foi a adição da capacitação básica da "medicina legal", ainda que com apenas 16 horas. De forma estrutural, esta pequena adição possuiu um impacto significante, uma vez que acarretou a abolição da área de ensino denominada por "administrativa" em detrimento da adição da "biológica". Isso gerou um "rearranjo" dos assuntos dentro das capacitações e a Educação Física deixou de compor o quadro das disciplinas institucionais em prol das biológicas. As matérias administrativas, por sua vez, foram transpassadas para as "institucionais" e "jurídicas". A segunda diferença foi a diminuição do número dos chamados Ciclos de Ensino (CENS), que possuíam periodicidade trimestral e, no novo currículo, tornaram-se semestrais, o que constitui uma mudança meramente organizacional do currículo, com pouco impacto para o aluno.

Do ponto de vista das temporalidades, no entanto, a comparação entre os currículos denota que as mudanças no espectro político oriundas das eleições de 2018 – tanto no governo federal quanto no estadual – não provocaram de maneira imediata rupturas significativas, nem na parte estrutural do currículo, nem nas concepções de policiamento propostas no mesmo. Tendo em vista que estes governos apenas assumi-

22 Grade curricular de dezembro de 2018, cedida à pesquisa pelo DEC.

23 Grade curricular de fevereiro de 2017, cedida à pesquisa pela Escola Superior de Soldados.

ram o poder em janeiro de 2019, se sobressai o fato de que a corporação aguarda diretrizes formais em âmbito estatal para incorporar as dialéticas políticas, o que, por sua vez, gera um descompasso entre a formação e a prática policial no primeiro ano de um novo governo. A observação etnográfica, neste contexto, auxilia nesta discussão, uma vez que oferece subsídios para o entendimento das lógicas informais de inclusão destas dialéticas.

Ainda que diversas declarações em esferas governamentais indiquem uma predileção pelo policiamento de ostensividade,[24] tanto a disciplina de "Direitos Humanos e Ações Afirmativas" como a "Doutrina de Polícia Comunitária" permanecem com suas cargas inalteradas, assim como as mais diferentes definições sobre o trabalho do Soldado se mantém com a descrição de "compromisso de defesa da vida, da integridade física e da dignidade da pessoa humana". Isso orienta duas reflexões bastante importantes para o presente capítulo: 1- a inclusão das políticas públicas na parte formal do Curso de Formação de Soldados da PMESP é um processo mais lento e, neste sentido, mais conservador[25] do que a dinâmica política do estado ou país, mesmo que as orientações estatais sejam bem aceitas pela corporação em sentido amplo; 2- a transposição de pautas políticas para o contexto da formação é um processo também realizado através da prática cultural de trabalho inserida no currículo através da mediação da experi-

24 Vide: https://www1.folha.uol.com.br/poder/2018/10/a-partir-de-janeiro-policia-vai-atirar-para-matar-afirma-joao-doria.shtml, acessado pela última vez em 02/06/2020.

25 Noto que, nesta frase, o uso deste termo aparece não em seu sentido político ("conservadorismo"), mas sim no sentido literal, indicando a aversão a mudanças.

ência e, sendo assim, o entendimento pleno da dinâmica entre escola – corporação – política – sociedade carece da observação etnográfica para análise.[26]

O impacto estrutural no currículo causado pela inclusão de uma disciplina de 16 horas que sequer possui tema de interesse político explicita estes dois pontos. Primeiro porque ilustra o fato de que, quando um tema a ser incluído na formação apresenta algum tipo de urgência operacional ou política, restam poucas alternativas ao corpo docente e à organização da escola que não o longo processo burocrático. Como iremos notar na observação da grade curricular a seguir, deve entender-se que o único espaço para "maleabilidade" no programa se encontra nas atividades de treinamento de campo e nas atividades complementares. Estas, ainda que também necessariamente regidas pelas descrições de especificidades do currículo, apresentam uma definição um pouco mais ampla e subjetiva de si do que as atividades do currículo normal, o que permite aos professores maior inclusão de temas. Daí a enorme importância da descrição etnográfica das mesmas. A segunda maneira de atingir a dimensão mais dinâmica do trabalho policial, no âmbito da formação, dentro da configuração burocrática institucional, é através do ensino pela experiência, o que, por sua vez, gera subsídios imateriais e culturais para o trabalho na organização.

A inconstância dos modelos pedagógicos e teóricos de policiamento, neste sentido, pode ser percebida apenas em temporalidades maiores; quando olhamos para o currículo de 2011-2014. De acordo com o material apresentado no trabalho de Antônio Alberto Brunetta notamos uma evolução muito grande; especialmente pela ausência de programa pedagógico à

26 Trato deste tema de maneira específica no próximo capítulo.

época, este que foi modernizado a partir da troca das apostilas pelo PDM, tal qual descrito anteriormente. O currículo deixou de ser apenas normativo para ser mais didático. Brunetta descreve ainda a centralidade da perspectiva socioconstrutivista na retórica daquele currículo "a medida que 'experiências de aprendizagem' definem os primeiros tópicos de todos os objetivos particulares das matérias",[27] perspectiva esta que foi obliterada do currículo atual em prol do pragmatismo tecnicista de descrever as "competências adquiridas" de cada disciplina como preceito norteador da mesma.[28]

Podemos assim observar uma guinada recente na abordagem central das diretrizes de ensino contidas do currículo da PMESP de acordo com um modelo de educação liberal tecnicista[29], difundido no Brasil nas mais diferentes esferas do ensino superior privado. Este modelo de educação foi denominado por Aranha pela sua

> Preocupação com a avaliação a partir dos aspectos observáveis e mensuráveis da conduta e o cuidado com o uso da tecnologia educacional, não somente quanto à utilização dos recursos avançados da técnica, mas também quanto ao planejamento racional, que tem em vista alcançar os objetivos propostos com economia de tempo, esforço e custo.[30]

27 Brunetta, Antonio Alberto. Reforma intelectual da ..., *Op. cit.* p. 124.

28 Consultar anexo 1.

29 Duarte, Newton. *Sociedade do conhecimento ou sociedade das ilusões? Quatro ensaios crítico-dia- léticos em filosofia da educação*. São Paulo: Autores Associados, 2008.

30 Aranha, M. L. *Filosofia da educação.* 2ª. ed. São Paulo: Moderna, 1996, p.176.

No âmbito das concepções de policiamento, esta proposta pedagógica encontra consonância nas lógicas do "policiamento de metas",[31] tido também como uma das inovações importantes das últimas duas décadas na PMESP, uma vez que se utiliza da mesma proposta de avaliação de aspectos mensuráveis do trabalho a partir dos preceitos citados acima.

No entanto, é fundamental para esta reflexão notar que o currículo não compõe exatamente um projeto sociopolítico centralizador da organização, mas sim um espelho de sua dinâmica político-social interna. Esse argumento é reforçado pela diversidade de abordagens de ensino presente na definição de ensino contida na DGE:

> Considera-se ensino, nos termos da legislação que o rege na Instituição o conjunto de atividades organizadas para transmissão metódica da área de conhecimento 'Ciências Policiais de Segurança e Ordem Pública' destinada ao policial militar para incorporação de saberes, práticas, atitudes e valores indispensáveis ao exercício das funções atribuídas aos integrantes dos Quadros da Polícia Militar.[32]

Ao definir o ensino sob um parâmetro quese centra na obtenção de capacitações mensuráveis, obliterando a transmissão cultural e reforçando o ensino subjetivo dos "valores

31 Vide: Greene, Jack R: *Zero Tolerance and Policing* in: Kane, Robert J. e Reisig, Michael D. (org.): *The Oxford Handbook of Policing*, Nova York: Oxford University press, 2014, p. 172- 196, ou Drake, L. M.; Simper, R. The measurement police force eficiency: an assessment of U.K. home office policy. *Contemporary Economic Policy*, v. 23, n. 4, p. 465-482, 2005

32 DGE atualizada 2019, p. 6.

e atitudes", a DGE nos mostra que o currículo se encontra entre a prática histórico-cultural da organização e o projeto de metas palpáveis do ensino liberal técnico.

O que as cargas horárias dizem sobre as concepções de policiamento?[33]

Para melhor produzir insumos para a análise do currículo, devemos contemplá-lo sob os seguintes aspectos centrais: a divisão de cargas horárias entre matérias orientadas para o policiamento comunitário, policiamento ostensivos e institucionais e a utilização das chamadas Atividades Complementares – que compõem pouco menos da metade do tempo da formação de soldados da PMESP. A partir deste quadro, busca-se contemplar um panorama geral da composição das estratégias de ensino utilizadas pelo currículo.

A aplicação prática destes subsídios materiais e imateriais durante o Curso de Formação de Soldados, e seus resultados no aluno em formação, deve ser debatida a partir da etnografia realizada ao final deste capítulo e nos dois subsequentes.

Como descreve Peter Manning, "police work can also be conceptualized as the actual distribution of police energy in the form of time allocated to given tasks"[34]. Ou seja, como a natureza do trabalho policial é bastante difusa e variável de acordo com as expectativas públicas, políticas, organizacionais, sociais e culturais que a circundam, é frutífero analisar, a partir da divisão temporal do trabalho, seus interesses e defi-

33 Sugere-se a contemplação do anexo antes da leitura desta discussão.

34 Manning, Peter K. *Police work: The social organization of policing.* Michigan State University Press, 1977, p. 28

nições sobre as prioridades da organização. O objetivo desta discussão é, neste viés, a partir da divisão de cargas horárias no currículo de formação, entender quais as definições e objetivos de policiamento desejáveis para o curso. O fato de esta divisão de cargas horárias ser realizada, no âmbito do curso de formação, de maneira exclusivamente teórica (diferentemente da divisão de cargas horárias do trabalho de rua que contempla diversas situações emergenciais que fogem do escopo da organização) nos abre espaço para um entendimento aprofundado das noções teóricas de policiamento desejadas ou positivamente almejadas pela organização no processo de conformação do documento curricular.

A dificuldade inicial desta análise se dá no fato de que diferentes metodologias de ensino – assim como formas de transmissão formais e informais de conhecimentos – aparecem sempre interligadas entre si. Sendo assim, o que observamos, a partir da etnografia do curso de formação, é o produto da soma destas dimensões ao longo do processo cultural específico da organização, o que, por sua vez, é diferente da observação de alguns autores em defesa da existência de um "projeto de policiamento"[35] de caráter institucional.

Neste contexto, as definições heurísticas apresentadas não almejam ser absolutas; ou seja, carecem de discussão para melhor precisar as definições pelas quais pretendemos enquadrá-las no presente trabalho.

Por exemplo, os policiamentos comunitário e ostensivo surgem interligados em diversos momentos do curso, gerando

35 Dores, Cláudio Alencar; Campos, Alzira Lobo de Arruda. *O Projeto Político ...*, *Op. cit.*

um modelo "híbrido" por assim dizer; o mesmo ocorre nas formas de transmissão de conhecimentos que, mesmo privilegiando a cultura de trabalho, são orientadas pelo currículo formal, ou vice-versa. Desse modo, deve-se notar que as divisões propostas possuem o objetivo de embasar criticamente a discussão sobre a grade curricular formal, privilegiando o diálogo desta dimensão com os demais capítulos. Não se pode definir de maneira absoluta a natureza das aulas que, como deve ser notado e será etnograficamente demonstrado, é frequentemente múltipla e difusa.

Matérias práticas x sala de aula

Ainda que exista educação corporal na sala de aula e educação teórica nas aulas práticas, deve-se olhar, nesta discussão, para quais métodos possuem predominância didática em cada contexto.

Ou seja, aqui encontramos duas maneiras distintas de olhar para o ensino do trabalho policial: pensar o policiamento (na sala de aula) e atuar física e performaticamente no policiamento (na representação de cenários). Isto infere em diferenças na estratégia de transmissão de conhecimentos; enquanto se trabalha com um plano pedagógico designado especificamente para a disciplina nas matérias de sala de aula, nas aulas práticas utiliza-se a cartilha normativa de procedimentos da PMESP o que, por fim, acaba por conferir às matérias de sala de aula menor maleabilidade por parte do professor. Não obstante, é notável na observação etnográfica a predileção dos alunos e professores pelas aulas práticas, como se estas que ensinassem, de fato, a ser policial, tornando as matérias de sala de aula quase uma obrigação burocrática.

Em ambas as dinâmicas de ensino (prática e sala de aula) podemos encontrar elementos que contribuem na construção de corpo e instrumental teórico para o trabalho de maneira paralela, ainda que com diferentes proeminências. Neste contexto, tal como a formação realizada em sala de aula, a formação prática reflete as diferentes e, muitas vezes, conflitantes expectativas sociais, culturais e institucionais da corporação. Mas isto é feito de forma alternativa. Estas questões são centralmente tratadas de maneira subjetiva nas aulas práticas, ou seja, através de seu encontro com a prática de trabalho no âmbito da transmissão de conhecimentos pela experiência, ou através da repetição como método pedagógico de corporalização de técnicas e práticas institucionais e culturais, como analisado de maneira aprofundada no próximo capítulo.

Das 1456 horas-aula do currículo regular – isto é, sem contar as atividades complementares -, cerca de 748 horas são dedicadas ao ensino prático, sendo as demais 708 ao ensino em sala de aula. Neste contexto, apresenta-se um curso bastante equilibrado no que tange estas duas estratégias pedagógicas. Entretanto, quando somadas as demais 1.146 horas do total das Atividades Complementares (durante e fora do expediente escolar), a disparidade entre matérias práticas e teóricas aumenta bastante. Em suma, a grande maioria do ensino no curso de soldados é baseado na prática da função Policial Militar, como veremos detalhadamente ainda neste capítulo.

Matérias orientadas para o policiamento comunitário, policiamento ostensivo e institucionais

Esta discussão incide inicialmente na problemática da definição do termo "policiamento comunitário". Isto porque, se seguirmos as definições consagradas na blibliografia norte-americana sobre o tema de Skogan,[36] segundo o qual

> Community policing is not a set of specific projects; rather, it involves changing decision making processes and creating new cultures within police departments. It is an organization strategy that leaves setting priorities and the means of achieving them largely to residents and the police who serve in their neighborhoods.[37]

Peter Manning apresenta reflexão semelhante, segundo o qual "Community policing requires no essencial structure or hierarquy, except that decentralization and democratic relations are favored[38]" e "Community policing directly rejects the mobile, shift-based, specialized, distant-role and crime-focused model and urges de police to become active in the communities"[39], concluiremos que não podemos, de fato, classificar nada deste trabalho como "doutrina de policia comunitária". Esta visão, inclusive, foi comigo compartilhada por um Coronel de alto escalão do DEC quem afirmou que "a PM odeia fazer policiamento comunitário de verdade e a ensina errado no curso de formação".[40]

Neste contexto, o que encontramos no curso são estratégias isoladas de policiamento comunitário sobrepostas a

---

36 Skogan, Wesley G. *Police and community in Chicago: A tale of three cities.* Oxford University Press, 2006.

37 Skogan, Wesley G. *Police and community in ...*, *Op. cit.* p. 4.

38 Manning, Peter K. *Police work: The social organization ...*, *Op. cit.*p. *12.*

39 Manning, Peter K. *Police work: The social organization ...*, *Op. cit.* p. *12.*

40 Durante pesquisa etnográfica.

uma forma de se realizar policiamento já vigente. Por isso, essas estratégias ou programas não inferem em uma transformação estrutural no ambiente organizacional, político ou histórico da instituição. Como descreve Brunetta.[41]

> A matriz do que poderia ser chamado de novo policiamento, o comunitário, parece apresentar-se muito mais como meio de reconstrução da imagem desgastada da polícia, do que como intenção de promover alterações estruturais no seu *modus operandi* considerando a impossibilidade de dispensar o uso da força.

Ainda assim, pode-se argumentar que a importação destas estratégias – tanto na prática policial quanto no curso de formação – possui impacto na atuação policial na medida em que acaba por acarretar novas demandas imaginadas para o trabalho. Ao descrever o processo de implementação do policiamento em Chicago, Skogan evidencia uma experiência semelhante à dos CONSEGs[42] em São Paulo. Ilustrando esta questão, ele relata:

> One of the consequences of police opening themselves up to the public is that inevitably they get involved in more and different issues that they did in the past. If police reply 'that's not our res-

41 Brunetta, Antonio Alberto. Reforma intelectual da ..., *Op. cit.* p. 28

42 Vide: <https://www.policiamilitar.sp.gov.br/comunidade/conseg>, acessado pela última vez dia 02/06/2020

> ponsibility' and try to move on, no one will come to the next meeting.[43]

Quando estas demandas retornam à formação no âmbito do curso, acabam por configurar um modelo híbrido de policiamento, predominantemente ostensivo, porém moldado pelas especificidades das demandas que o circunda. Neste contexto, ainda que o policiamento comunitário de maneira específica seja apenas ensinado em uma disciplina, há disciplinas que se utilizam de estratégias de policiamento comunitário – como pude observar na aula de Direitos Humanos, durante a pesquisa etnográfica na escola. Sendo assim, para melhor precisar a divisão de lógicas de policiamento propostas neste tópico, irei caracterizar como disciplinas que ensinam policiamento comunitário todas aquelas que tragam predominância de lógicas do mesmo, ainda que estas também possam incluir, e a maioria das vezes incluem, técnicas de policiamento ostensivo.

No âmbito das disciplinas institucionais, noto que o ensino dos ritos, mitos e normas da PMESP se sobrepõe ao currículo formal, sendo norteador das relações sociais dentro da escola. Por exemplo, sempre que um superior passa à frente de um aluno, o último deve prestar continência, em qualquer momento ou ambiente da escola. Ainda assim, há disciplinas em que esta dimensão toma centralidade no conteúdo ensinado, sendo assim, devemos classificar como "institucionais" estas especificas, ao menos para a presente análise.

---

43 Skogan, Wesley G. *Police and community in ...*, *Op. cit*, p. 10

Há, ademais, disciplinas que não entram neste debate porque não são especificamente sobre policiamento, mas sim da formação intelectual e pessoal do aluno. Entre essas disciplinas estão: Comunicação e Expressão, Psicologia, Medicina Legal e todas disciplinas jurídicas. Por fim, há disciplinas que não apresentam predileção por nenhum modelo de policiamento e não podem entrar nesta distinção, são elas: Educação Física e Escrituração Profissional.

Gráfico III: Matérias orientadas para o policiamento comunitário, policiamento ostensivo e institucionais: Valores em hora-aula*

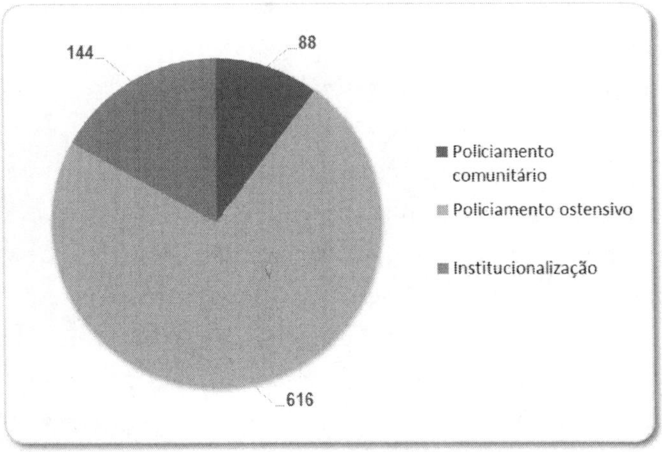

*segundo as definições propostas no cap. 2 da presente pesquisa.
100% = 848

Colocado deste modo, notamos uma grande disparidade em favor do policiamento de ostensividade no currículo de formação soldados. Enquanto o policiamento comunitário possui apenas 88 horas, as lógicas de ostensividade dão conta de 616 horas. As disciplinas institucionais, no contexto proposto para análise, por sua vez, somam 144 horas.[44]

Jurídicas e teoria do trabalho policial:

Para esta análise realizo uma distinção básica entre matérias diretamente ligadas à operacionalidade e matérias de formação intelectual, ou seja, aquelas de conteúdo exclusivamente instrumental ao trabalho de rua e aquelas que fazem o aluno pensar sobre os mundos sociais que permeiam a relação dele, como indivíduo e Policial Militar, com a sociedade. Neste contexto, todo o ensinamento de técnicas policiais, manejo instrumental específico para o trabalho de rua e disciplinas institucionais serão definidas como "operacionais". As demais serão entendidas como "formação intelectual".

As jurídicas, neste contexto, ocupam um papel bastante interessante no Curso de Formação de Soldados. Pode-se dizer, primeiramente, que o ensino de noções básicas de variadas ramificações do direito constitui o cerne da formação intelectual do Soldado de Policia Militar de São Paulo. Isto não apenas porque as "jurídicas" compreendem quase a metade das horas-aula realizadas em sala de aula; 344 de um total de 708 horas-aula, mas principalmente porque, das horas-aulas restantes, apenas 72 horas são atribuídas a disciplinas que privilegiam a formação intelectual do aluno de maneira dissociada da prática do trabalho de rua.

---

44 Noto que a definição de "Institucionais" aqui proposta é ligeiramente diferente da proposta pelo próprio currículo da PMESP, tal qual explicado no texto. Para a definição da corporação, as institucionais dão conta de 194 horas-aula, haja visto que soma-se os cursos de escrituração profissional I e II.

Gráfico 4: Jurídicas, intelectuais e teoria do trabalho policial. Valores em hora-aula **

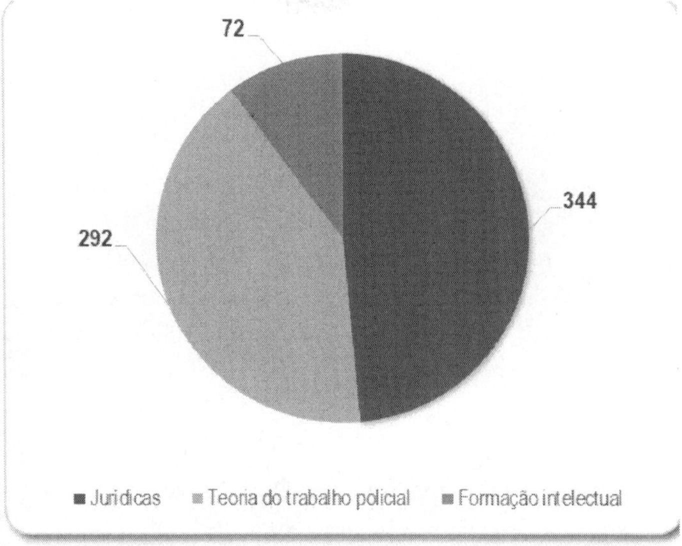

**Dentre as disciplinas ministradas em sala de aula, segundo definições.
100% = 708

Van Maanen enxerga os agentes policiais como "observadores e classificadores dos mundos sociais"[45], uma função quase antropológica e altamente complexa numa sociedade plural e desigual. Durão descreve esta problemática de maneira bastante precisa:

> Os policiais são observadores sociais de mundos em mudança, a uma escala local e a uma esca-

45 Van Maanen, John, *The Asshole*, in Manning, Peter K. & Van Maanen, John (eds), *Policing. A View from the Street*, New York: Random House, p. 221-38.

> la global. Este é um dos dados do mandato que faz diferir o grupo de outros corpos profissionais como os militares – essa presença social polimórfica, os "públicos" e citadinos com quem estão em contacto permanente mesmo dentro do quadro de exercício da actividade. Nas rotinas do patrulhamento, os polícias lidam com os tais leigos com quem não partilham os mesmos valores, mas cujos valores e sentimentos são convidados a, de alguma forma, escutar, mediar, constranger, não apenas a punir. A polícia está encastrada numa sociedade de forte diferenciação que é suposto policiar.[46]

No entanto, quando olhamos o curso de formação, notamos que virtualmente toda a educação voltada para este tema aparece como que concentrada na análise jurídica.

Neste sentido, há uma noção de que as disciplinas jurídicas são, ao menos no ideal da formação, o "meio-campo" entre a operacionalidade e a análise intelectual dos mundos sociais e demandas individuais às quais os alunos irão futuramente se confrontar, haja vista que as ramificações de direito ensinadas no curso de formação incidem diretamente no entendimento dos limites e bases de sustentação legais do trabalho de rua.

Não obstante, as jurídicas são todas dirigidas ao trabalho operacional, buscando traçar, a partir de um ideal burocrático, os limites, objetivos e deveres das interações do agente com o público. Ou seja, delega-se às regras descritas nas diferentes vertentes do direito, ensinadas na Escola Superior, o

46 Susana Durão, *Patrulha e Proximidade ...*, *Op. cit.*, p. 383

trabalho de preencher a difícil tarefa de analisar e lidar com os diferentes mundos sociais. Este processo pode ser descrito pelo que Manning caracteriza como a burocratização do contato policial com a sociedade pela "retorica da profissionalização": "The rhetoric of professionalism is the most important strategy employed by the police to defend their mandate and thereby to build self-esteem, organization autonomy and cohesiveness"[47]; "police professionalism cannot be easily separated from the bureaucratic ideal", completa.

É evidente, no entanto, que a normatividade jurídica é incapaz de, na prática, prever ou suprir respostas a todas as necessidades ou situações reais que compõem toda a dinâmica do trabalho de rua. Neste ponto, temos mais uma vez a necessidade da produção de subsídios imateriais para o currículo, ou seja, a transmissão de conhecimentos pela experiência. A problemática nesta discussão se dá porque, como debatido ao longo deste capítulo, a dimensão burocrática aparece sempre ligada à cultura institucional, produzindo um resultado híbrido. Observamos assim um fenômeno interessante nestas aulas: o ensino paralelo das regras e de como lidar com as regras sem que elas interfiram em seus objetivos profissionais.

A prática cultural e a transmissão de conhecimentos pela experiência de outros policiais supre ainda toda a discussão sobre a discricionariedade no curso de formação. Para isso contribui o fato de toda a discussão prevista no currículo formal a respeito da mediação policial com os mundos sociais ser inteiramente delegada ao direito, o que não oferece espaço para a discussão séria sobre aplicação da lei e discricio-

47 Manning, Peter K. *Police work: The social organization ...*, *Op. cit.* p 120

nariedade. Não há em nenhum tópico do Plano de Matéria (PDM) de todas as matérias ministradas na ESSd, algo que fale formalmente sobre a discussão deste tema. Durante a observação etnográfica do curso observei o tema ser debatido apenas uma vez, em caráter não oficial, curiosamente novamente retoricamente resolvido pelo discurso legalista: "Discricionariedade? Você tem que pensar assim: posso ultrapassar essa linha? Não? Posso pegar 30 anos por isso", afirmou um professor.

Atividades complementares

Entender a importância dada a diferentes visões e funções profissionais ligadas ao policiamento a partir da análise das cargas horárias dentro do expediente escolar pode ser bastante inconclusivo caso não levemos em consideração as atividades complementares. Isso porque estas atividades equivalem a uma porção muito significativa do tempo que um aluno passa na ESSd; 1.146 horas de um curso de 2602.

Tal qual discutido anteriormente neste mesmo capítulo, as atividades complementares possuem a particularidade de conter descrições mais generalizadas de suas funções e, sendo assim, permitem maior maleabilidade da escola e dos docentes ante a organização burocrática do PDM e do currículo geral. Neste sentido, elas podem tanto reforçar tendências contidas no panorama formal da formação quanto mudá-las, funcionando como uma adaptação às necessidades e interesses percebidos na dinâmica da função policial e nas demais lógicas internas da organização.

De maneira geral, a grande maioria destas horas é delegada à realização de "serviços internos da unidade" e "à disposição da administração escolar" (somadas dão conta de 533 horas, 384 para serviços internos da unidade e 149 à disposição administrativa) descrições que, a princípio, não apresentam grande especificidade pedagógica, ou seja, tratam de colocar o aluno em funções de apoio à escola, visando suprir necessidades de contingente não atendidas pelo estado. Durante a observação etnográfica entrei em contato com diversos alunos na realização destas funções, já que sempre que precisava ir para algum lugar havia sempre alguém, em atividade complementar, para me acompanhar. Esta dinâmica é comum na ESSd; sempre que alguém precisa de serviços subalternos, há algum aluno à disposição, o que mostra que a carga horária não é necessariamente totalmente preenchida para todos os alunos. No entanto, há uma grande parcela destas horas que ocorre fora do horário letivo. Isso é bastante evidente quando olhamos para a especificação dos serviços internos da unidade:

> É destinada a proporcionar ao ocupante da graduação inicial de praça da PMESP capacitação para a realização das atividades próprias de guarda de instalações (Sentinela da Subunidade e Unidade, Aluno de Dia à Subunidade, Patrulha a Pé e Motorizada.[48]

Ou seja, grande parte destas horas são destinadas à realização do policiamento e segurança da própria escola; e esta torna-se, assim, uma maneira bastante interessante de se

48 Vide currículo geral do Curso de Formação de Soldados, disponível no anexo I deste mesmo trabalho.

aprender o trabalho policial, policiando o seu próprio meio de aprendizagem em um modelo de ronda e sentinela. No segundo semestre do curso, no segundo ciclo de ensino, os alunos que escolheram a carreira de polícia ostensiva passam a realizar 110 destas horas na rua, acompanhando policiais formados. Neste momento, não há mais apostila pedagógica (isto seria impossível na rua) e, assim, os alunos aprendem o trabalho policial centralmente a partir da transmissão de conhecimentos pela experiência; tratando de colocar em prática as diretrizes do manual de Procedimentos Operacionais Padrão (POP) e o aprendido no "Tiro defensivo método Giraldi".

Neste contexto, pode-se afirmar que na configuração atual das atividades complementares a divisão de cargas horárias obedece à tendência do currículo como um todo; são majoritariamente voltadas ao ensino técnico de lógicas e práticas do mesmo estilo de policiamento ostensivo teoricamente e corporalmente ensinado no restante do curso, tendo proeminência na transmissão cultural de técnicas. A estas horas são somadas, ainda nesta visão de policiamento, as 110 horas delegadas ao aprimoramento técnico nas chamadas "habilitações complementares" de armas e munições, novas tecnologias, condução de veículos e agentes de trânsito.

As semelhanças com o restante do currículo não param por aí: o segundo enfoque a dominar a carga horária das atividades complementares é o aprimoramento das dimensões institucionais do treinamento, que dá conta de 247 horas, entre a chamada "Educação Institucional" e entre os "Treinamentos e Solenidades Militares", estas que ganham espaço no currículo no segundo semestre.

Tabela 1: Atividades complementares
(dentro e fora do expediente escolar)

Institucional	247	Educação institucional	203
		Treinamentos e solenidades militares	44
Policiamento ostensivo	176	Participação operacional	120
		Habilitação complementar – Armas e munições	8
		Habilitação complementar – Condução de veículos	40
		Habilitação complementar – Novas tecnologias	8
Abertas	597	Serviços internos da unidade	384
		À disposição da administração escolar	149
		Integração ao ambiente profissional	24
		Maneabilidade básica	32
		Palestras de complementação do ensino	8
Outras	126	Habilitação complementar – Agentes de trânsito	54
		Observação jurídica	16
		Participação Comunitária	8
		Avaliações	48

Plano de Matéria (PDM) e execução em sala de aula: cenas do Curso de "Direitos Humanos e Ações Afirmativas"

Para melhor entendimento desta sessão, sugiro a consulta do anexo 2[49] do presente trabalho, que é o Plano de Matéria para a disciplina de "Direitos Humanos e Ações Afirmativas", ministrada em 48 horas-aula, no primeiro Ciclo de Ensino do Curso de Formação de Soldados da PMESP.

A partir da exposição etnográfica da aplicação deste plano didático no ambiente de sala de aula da Escola Superior de

49 Vide *PDM completo para a Disciplina Direitos Humanos e Ações Afirmativas. Anexo II deste mesmo trabalho..*

Soldados buscar-se-á entender não apenas como o conteúdo didático formal é interpretado e materializado pelo professor e recebido pelos alunos, mas também como as diferentes dinâmicas de transmissão de conhecimento, assim como de formas de trabalho policial – descritas ao longo do capítulo –, se entrelaçam no âmbito do curso de formação criando um produto técnico/cultural único, que é característico da organização. Para a presente discussão, devemos nos ater a este plano de matéria específico de Direitos Humanos e Ações Afirmativas, subsidiando a discussão na observação etnográfica de aulas desta mesma disciplina. Isso ocorre devido à larga extensão do Curso de Formação de Soldados (2.602 horas), o que tornaria impossível a análise minuciosa do currículo de forma integral. Neste sentido, a estratégia de pesquisa para este tópico é identificar os temas que aparecem de maneira mais relevante nas disciplinas de sala de aula de forma geral dentro da dinâmica da disciplina observada.

A escolha da disciplina de Direitos Humanos e Ações Afirmativas, ademais, ocorre porque nela encontramos o cerne de uma discussão fundamental para o presente trabalho, que é a inclusão de estratégias essencialmente ligadas ao policiamento comunitário dentro de uma formação majoritariamente voltada para lógicas organizacionais de operacionalidade ostensiva, o denominado "crime focused policing."[50] Uma vez que estas estratégias pontuais não se constituem como mudanças estruturais internas à PMESP e tampouco apresentam impacto em sua relação com a sociedade de

50 Vide: Manning, Peter K. *Police work: The social organization …, Op. cit*, p. 29

forma ampla, elas acabam por se constituir, por vezes, como contraditórias para o aluno em formação tanto, na construção do entendimento de suas funções e medidas de sucesso no trabalho, como, principalmente, em sua corporalidade.

Não obstante, noto na observação etnográfica ser evidente a predileção dos alunos pelas aulas práticas e para aquelas voltadas ao policiamento de ostensividade. Não apresentam esta inclinação necessariamente por apelos ideológicos, mas sim pelo fato delas estarem mais de acordo com o restante das noções de policiamento, corporalidade e sucesso no trabalho constituídas de maneira hegemônica no curso de formação e na cultura de trabalho da organização. Além disso, esta inclinação relaciona-se a concepções preconcebidas de policiamento imaginadas pelos alunos antes de ingressarem na profissão.

Como argumenta Manning,

> Police, like any other reasonable organization faced with an environment they cannot control, an indifferent audience seldom moved to cooperative action, and massive discrepancies between their claims and their accomplishments, have resorted to the dramatic management of the appearance of effectiveness.[51]

Neste sentido, podemos olhar para o ensino destas estratégias pontuais no Curso de Formação de Soldados não necessariamente como instrumentais ligados ao controle direto do crime, contraditórios às noções de policiamento do-

51 Manning, Peter K. *Police work: The social organization ..., Op. cit.* p. 32

minantes no curso, mas sim como o gerenciamento dramático das necessidades sociais ligadas à organização, ou seja, como a própria manutenção do modelo vigente através do gerenciamento paralelo da legitimidade e da efetividade.

Isto ocorre em duas facetas: primeiramente no plano teórico, em que propagandeia-se à sociedade a tendência para a aproximação à "comunidade" por parte da organização (que de tempos em tempos torna-se o modelo desejável) mantendo-se, assim, a legitimidade das concepções gerais e culturais do trabalho já realizado; e, em segundo lugar, no contato direto do policial com a sociedade, uma vez que o escopo de ações exigidas do trabalho policial para com a sociedade frequentemente se alarga e se molda aos ambientes políticos e sociais que a circunda.

Nota-se, por fim, que estas dinâmicas de gerenciamento de técnicas de operacionalidade policial (aproximação e ostensividade) não são estranhas aos participantes do curso – tanto professores quanto alunos. Ao contrário, parece haver um entendimento tácito de que, a certo nível, elas fazem parte na natureza burocrática e profissional do trabalho.

Sobre a Dinâmica da hierarquia em sala de aula:

Sento-me ao fundo da sala de aula almejando que minha presença interfira o mínimo possível no andamento da aula. O professor é um homem pardo de meia idade bastante magro e de cabelos raspados, fardado, realiza a chamada de maneira burocrática. Os alunos já estão todos sentados, cadernos abertos, respondendo de maneira enérgica à chamada de seus nomes. Eis que um aluno chega atrasado à sala de aula: *"Senhor, permissão para entrar na sala de aula, senhor"*. O professor olha para ele, olha para mim com um leve sorriso e responde: *"qual o motivo deste atraso, senhor?"*, ao que o aluno responde: *"Atividade complementar, senhor, estava à disposição da administração"*. *"Permissão concedida"*, responde, e continua *"depois do que o senhor fez no aniversário de casamento, a gente precisa sempre perguntar onde estava, né?"*, todos riem, inclusive o aluno e o professor.

O professor então olha para mim e me explica: *"É uma piada interna nossa. Vê se pode, Thomas... teve o aniversário de casamento desse rapaz e com quem ele passou? Com os amigos, tomando cerveja, é claro"*, todos seguem rindo, *"Qual você acha que foi a reação da mulher dele?"* – me pergunta – *"rapaz, se ainda é a atual já está no lucro"*, respondo, ao que escuto *"ela veio aqui procurar ele e ninguém achava o cara... um barraco"*.

"Pessoal, este aqui é o Thomas Monteiro, ele está fazendo uma pesquisa sobre a nossa Escola e vai participar da nossa aula de hoje", e me pede para, por favor, explicar a minha pesquisa para todos, tal qual faço em quase todas as aulas que assisto, independentemente de já ter assistido outras aulas com a mesma turma ou não. Eu o faço afirmando que agradeço a recepção e espero não atrapalhar a dinâmica da aula. A aula então começa com um vídeo de policiais trabalhando em bases comunitárias sobre o fundo de uma música de elevador (estilo muzak). Em meio a cenas de projetos sociais designados para crianças carentes, aparecem fotos de policiais em momentos de descontração, rindo, se abraçando e abraçando essas crianças.

Finalizado o vídeo, o professor fornece aos alunos dados nacionais oficiais de violência contra crianças e adolescentes e passa a, de maneira a seguir a ordem dos assuntos descrita no

PDM[52], a cobrar os alunos sobre cada um dos assuntos, questionando-os acerca das respostas corretas. A aula decorre, portanto, nesta mesma dinâmica até o final, entre a burocratização tecnicista dos assuntos do PDM e a aparente descontração.

Por via de regra, o ensino aplicado em sala de aula na Escola Superior de Soldados possui uma dinâmica bastante curiosa. Incialmente, se apresenta com um conhecimento extremamente verticalizado, através da dimensão burocrática do PDM, visando tornar a figura do professor uma autoridade acrítica. Esta distância entre instituição/aluno se repete na estrutura hierárquica do modelo militar nas relações do dia-dia, colocando professores e superiores sempre visivelmente acima do aluno; por exemplo, para falar em sala de aula, o aluno deve sempre se levantar e aguardar instruções do professor, ou se um aluno se atrasa, precisa prestar continência ao professor separadamente e aguardar em pé autorização para sentar-se (ou não).

No entanto, se olharmos para a dinâmica das relações interpessoais para além dos ritos organizacionais (o que pode ser feito apenas na observação etnográfica), notamos um fenômeno diametralmente oposto. É observável a permissão de uma socialidade bastante horizontalizada entre os alunos e o

---

52 Para a primeira aula do curso é: Convenção Internacional sobre os Direitos da Criança e ECA, Histórico de criação do ECA; objetivos da Lei; Diferença entre criança e adolescente; Direito à convivência familiar e comunitária; Medidas protetivas de acolhimento familiar e de acolhimento institucional; Adoção – formas, requisitos objetivos e características (ato personalíssimo, ato excepcional, ato irrevogável, ato incaducável, adoção é plena e constituída por ato judicial) e Adoção à brasileira, Adoção Direta ou *Intuitu Personae.*

corpo docente que os permite questionar, discutir e até brincar com o professor. Esta dinâmica possui bastante consonância com a teoria de Celso de Castro[53] sobre a criação de grupos de pares entre as diferentes patentes em uma organização militar através da ideia de mobilidade social hierárquica, ou seja, tem-se a ideia de que aquele que agora é seu superior já foi Soldado, como aqueles a quem ensina.

É precisamente na quebra da dinâmica institucional pela aproximação de diferentes hierarquias dentro da organização que se abre espaço para a troca de conhecimentos a partir da experiência; neste sentido, a dimensão informal possui não apenas o sentido pedagógico descrito ao longo deste capítulo como também um sentido coercitivo organizacional fundamental. É a partir da transmissão cultural que se criam os sentimentos morais partilhados.

Sobre as discussões extracurriculares e os sentimentos morais partilhados culturalmente

O assunto da aula é particularmente sensível para a profissão policial:

> Declaração dos Princípios Básicos de Justiça Relativos às vítimas da criminalidade e de Abuso de Poder, aprovada em 29 de novembro de 1985. Abordagem prática sobre os princípios. Contemporaneidade e análise de transversalidade. Código de Conduta e Uso da força.[54]

---

53 Castro, Celso. *O espírito militar: um antropólogo na caserna.* Rio de Janeiro: Editora Zahara, Rio de Janeiro, 1990, p. 13-17

54 Consultar anexo 2.

Não há, no entanto, um clima de tensão no ar; ao contrário, a dinâmica segue na toada que é característica na ESSd: um misto de formalidades a nível organizacional e descontração no plano interpessoal. O professor passa pelos assuntos conforme descritos no PDM de maneira quase burocrática, tratando de explicitar os pormenores do manual de orientação de Procedimentos Operacionais Padrão e as demais recomendações normativas da PMESP e da legislação Federal sobre os limites do uso da força no trabalho de rua.

No entanto, quando o professor entra na discussão sobre as auditorias, exemplificando as punições que podem ser aplicadas aos policiais em diferentes casos, há uma pergunta que muda toda a dinâmica da aula: *"Professor, mas o senhor acha certo um policial culpar o outro por um erro?"*. *"Pois é, isso o PDM não fala"*. Noto então que não estamos mais navegando pelo caminho estreito do PDM e da legislação específica discutida nesta aula, mas sim na transmissão de conhecimentos pela experiência de trabalho de rua do professor. Acho curioso o fato de a minha presença na sala de aula não possuir impacto algum sobre a exposição de assuntos que poderiam ser considerados de foro interno para a organização. Talvez estejam acostumados com a vigilância e nem liguem mais para ela, penso, ou talvez a didática informal – conflitante ao proposto no currículo e na DGE – já esteja naturalizada a ponto de não provocar constrangimentos.

"O problema todo aqui é que vocês têm que ficar atentos à corregedoria. Se vocês não seguirem tudo isso o que eu falei aqui o que vai acontecer? Vai para auditoria, aí 'o polícia'[55] *se ferra.*

---

55 Noto que na ESSd é padrão no linguajar informal chamar todo trabalhador policial de "o polícia" ou no plural "os polícia (sic)".

Toma todo tipo de sanção e a carreira que vocês estão construindo vai por água abaixo", afirma o professor. "*É complicado, você está lá dando a vida para prender um ladrão que em dois dias vai estar na rua de novo. Qual a vontade que dá?*", pergunta à sala. "*Vontade é de descer o cacete, né?*" retruca um aluno ao que todos riem. "*Pois é*", prossegue o professor, "*mas eu vou falar por experiência agora: estou na PM há 30 anos e uma coisa tenho que falar: quem sobrevive é quem sabe ficar na dele*". "*Tem muita gente querendo te ferrar: de repente você participa de uma ocorrência e tem que dar entrevista, aí vai lá e dá uma opinião pessoal, a mídia cai em cima; ou pior, vacila nos procedimentos e acaba caindo na auditoria. Ou, de repente, aquele colega invejoso quer a sua cabeça. Por isso que eu digo, o policial que quer aparecer muito não dura. Eu sei que tem essa questão de discricionariedade... é complicado, mas você tem que pensar assim: posso ultrapassar essa linha? Não? Posso pegar 30 anos por isso*".

A aula, que já está quase no final, prossegue com alunos e professor trocando histórias sobre policiais que "ultrapassaram a linha". Neste momento, temos através de uma discussão extracurricular uma interpretação moral diferente da proposta pelo currículo e pela legislação que o embasa, mais focada na experiência profissional específica do trabalho na corporação. Fassin[56] considera esta percepção hostil do policial em relação aos mais variados setores da sociedade que possuem algum tipo de ingerência na organização como sentimento matriz da construção de uma cultura moral própria destes trabalhadores. A chamada "lógica do ressentimento", ainda segundo o autor francês, ao gerar um sentimento comum aos integrantes do grupo e rejeitado pelos de fora, acaba

56 Fassin, Didier. *Enforcing Order: An ethnography...*, *Op. cit.*

possuindo caráter coercitivo central, uma vez que delimita claramente que o trabalho realizado não é apenas uma função profissional, mas sim uma visão moral partilhada.

A importância desta reflexão se faz notória em um ambiente que transita de maneira permanente entre formalidade/informalidade. Isso significa que a dimensão informal do currículo é também delimitada por preceitos morais sociais amplos, ainda que particulares à cultura organizacional. Seria um engano, entretanto, acreditar que estes aparecem de maneira dissociada à parte legal e formal do currículo; muito pelo contrário, ela trata, de maneira geral, de adequar a normatividade burocrática e tecnicista à dinâmica cultural. Não obstante, o interesse pela solução jurídica segue como parte fundamental do curso, uma vez que ela informa – mas não subscreve – os limites dos sistemas morais constituídos culturalmente.

Sobre a lógica da autopreservação como tensor moral

Durante uma das últimas aulas do curso de Direitos Humanos e Ações Afirmativas, notando que já está bastante avançado na matéria em relação ao tempo, o professor divaga em conversa quase informal com os alunos: *"Veja bem, vocês talvez já tenham começado a sentir os efeitos disso; se ainda não, logo vão entender o que eu quero dizer, mas é que vocês estão num caminho sem volta. Eu lembro de uma aluna minha que me disse que não conseguia mais ir ao mercado do bairro dela – aonde ela ia desde criança – porque depois que se formou polícia não conseguia se desligar da quantidade de ladrão que tinha andando por lá. Com isso eu quero dizer que vocês não são policiais quando estão vestindo a farda e fazendo escala, são o tempo todo e atitude de policial é o tempo todo. Você muda a forma de olhar; você para de olhar primeiro para o rosto da pessoa para olhar para as mãos. Sempre olha para a expressão do cara que tá no caixa da loja antes de estacionar o carro. Você está sempre ligado".*

Ao que prossegue *"vocês veem essas recomendações que a gente dá no POP e às vezes pensam que a gente tá querendo encher vocês com regras, mas isso é experiência. Por exemplo, tem alguém aqui que anda de moto?"*. Dois dos alunos levantam a mão e são logo repreendidos: *"Moto não é transporte de polícia! Vocês já sabem disso e insistem... Funk, pelo menos, ninguém escuta mais, né?"*, todos riem. *"Eu já durmo com a arma embaixo do travesseiro"* afirma uma aluna, ao que é interrompida por outro aluno, *"mas isso aí é muito perigoso, vai o 'nóia' já tá dentro do seu quarto e acha a arma primeiro que você? Por isso que fiz um esquema com o marceneiro de construir uma caixinha escondida dentro do box da cama, que fica certinho no alcance da minha mão"*. O professor então intercede: *"depois me passa o contato desse marceneiro, ele é barateiro?"* e depois conclui: *"mas eu mesmo já estou tranquilo em relação a isso, aqui em Pirituba tem muito ladrão, mas o pessoal sabe que na minha casa tem um Sargento da Polícia Militar"*.

Reiner discute de maneira aprofundada este processo a partir da chave-teórica da legitimidade: *"Muitos policiais estão cientes de que seu trabalho desenvolveu neles uma atitude de suspeição constante, que não pode ser desligada. A Suspeição é produto da necessidade de manter certa atenção de problemas, de perigo potencial e de pistas de crimes. É uma resposta ao perigo, a elementos de autoridade e eficiência do ambiente, e também um efeito do sentido de missão. Os policiais precisam desenvolver mapas cognitivos detalhados do mundo social, de forma a poderem prever e lidar rapidamente com os comportamentos de um grande número de pessoas, em diferentes contextos, sem perder a autoridade em nenhum desses enfrentamentos".*

Entretanto, a partir da presente pesquisa etnográfica, prefiro observar a problemática da suspeição constante a partir de duas questões fundamentais; ambas a serem discutidas de maneira mais aprofundada no próximo capítulo: a primeira é a introjeção da corporalidade construída a partir do treinamento na subjetividade do aluno dentro e fora do escopo profissional; a segunda é a narrativa da autopreservação como tensor moral central do grupo. Neste sentido, destaca-se a corporalização de um manejo social que, ainda subjetivo, possui um componente retórico cultural bastante marcado e específico, ou seja, os modelos culturais de construção corporal não estão apenas no treinamento institucional e na dimensão prática, como também na formação intelectual do curso. Sua função social, no contexto do presente trabalho, é primordialmente a coesão do grupo e não exatamente a legitimidade da instituição.

Durante o próximo capítulo buscarei argumentar porque acredito que a narrativa da autopreservação se constitui como o argumento moral (físico e subjetivo) que permeia todo o senso de coletividade dentro da corporação no âmbito do curso de formação de Soldados. De maneira resumida, entendo ser esse o discurso comum em todas as diferentes e frequentemente conflitantes concepções de policiamento e expectativas profissionais a que o aluno do ESSd é exposto. Neste contexto, ao praticar a coesão de grupo no âmbito da formação ao redor da lógica "não morra", os sistemas morais se alargam em escopo maior do que o da legislação, à medida em que o corpo a ser defendido pelo policial em serviço deixa de ser a sociedade para se tornar o próprio corpo do trabalhador.

A partir de então, os sistemas morais culturais ganham proeminência, elevando a experiência como forma de conhecimento e a informalidade no trato com a parcela burocrática do trabalho a um lugar de centralidade heurística na compreensão das problemáticas relacionadas à dinâmica da função policial.

*

Como pudemos ver a partir desta exposição, entender a transmissão de conhecimentos em sala de aula no Curso de Formação de Soldados precede de duas dimensões básicas: a observação dos mecanismos de consolidação do currículo formal e a dinâmica prática de sua aplicação em sala de aula. Ainda que estas dimensões estejam intrinsecamente interligadas na materialização do conhecimento finalmente recebido pelo aluno entre elas há toda a prática organizacional da PMESP. Por isso, o conhecimento formalmente apresentado para o curso de formação não pode ser observado em nenhum destes dois extremos; ele não é nem a concepção almejada e unificada pelo topo da pirâmide e nem a transmissão orgânica da experiência de trabalho na base. De forma alternativa, sua substância material e imaterial só pode ser contemplada como o resultado de toda a dinâmica dos processos que compõem a organização como um todo.

Ela é, neste viés, largamente contraditória em praticamente todas as dimensões observadas: pedagogicamente esta é descrita em uma concepção liberal tecnicista, pois visa alcançar metas mesuráveis da participação educacional. Porém, a pedagogia aplicada baseia-se, em grande parte, na dimensão experiencial, ao menos do ponto de vista do aluno, como notamos a partir da observação da divisão das cargas horárias.

Retoricamente, o curso é descrito como estando em "conformidade com a filosofia que norteia a polícia comunitária[57]". Todavia, ele é quase inteiramente voltado para lógicas de policiamento de ostensividade e de metas e técnico-jurídicas quando trata do intermédio dos mundos sociais e antropológicos inerentes ao trabalho policial. Todavia, paralelamente, ele fomenta sistemas morais culturais coercitivos. Por fim, a pedagogia do curso é descrita sob um parâmetro técnico da "execução de capacitações", mas centralmente é composta pela conformidade à natureza institucional da organização e fiel à permanência de suas práticas históricas.

Seria um erro, no entanto, delegar estas problemáticas exclusivamente à escola de formação de Soldados, à DEC, ou sequer aos materiais utilizados na mesma. Estas podem ser consideradas intrínsecas à corporação de forma específica e às esferas do poder público de maneira ampla. Soma-se a isso, ademais, as necessidades práticas de uma parte dos policiais, os soldados, que possui pouca, senão qualquer medida de sucesso palpável na profissão, entre elas o enfrentamento de elevado risco de morte.

De fato, quando olhamos para o complexo quadro que compõe o trabalho Policial Militar no estado de São Paulo, podemos notar a parte material do Curso de Formação de Soldados como uma dimensão profissionalizada. Esta tem mostrado, ao longo dos anos[58], evoluções pontuais muitas vezes a favor não apenas da corporação ou do poder público, mas

57 Consultar anexo I do presente trabalho.

58 Como podemos notar na comparação com as diretrizes de 2011, presentes no trabalho: Brunetta, Antonio Alberto. Reforma intelectual da ..., *Op. cit.*

também dos alunos, o que, por sua vez, demonstra que mesmo as lógicas formais da corporação caminham em sentidos plurais, podendo muitas vezes contrariar decisões hierárquicas.

A partir da análise da parte prática do Curso de Formação de Soldados da PMESP, no próximo capítulo, busco principalmente descrever as implicações destas contradições tendo não mais a corporação como foco, mas sim o corpo físico do trabalhador.

Capítulo III: Atores sociais e atores policiais: a teatralização na formação de Soldados da PMESP

O presente capítulo pretende contemplar a formação policial aplicada na Escola Superior de Soldados de Pirituba (ESSd) à luz de uma de suas dimensões centrais: a dinâmica das teatralizações do trabalho de rua realizadas durante o curso de POP (Procedimentos Operacionais Padrão)[1].

A partir do Plano de Matéria (PDM) da disciplina[2] e do material produzido através da observação etnográfica durante o trabalho de campo, buscar-se-á discutir de maneira mais aprofundada e prática as questões apontadas como centrais para este estudo nos dois capítulos anteriores, tais como: Quais são, de fato, os conteúdos (didáticos e culturais) transmitidos durante o curso de formação de Soldados da PMESP? Como estes conteúdos são assimilados por este aluno na conformação de seu corpo e linguagem para o trabalho? E, por fim, será que o curso de formação possui a dimensão de construção de uma ideologia de grupo?

Para tanto, o capítulo trará a descrição de cinco aulas de POP, selecionadas dentre as dezenas observadas durante a pesquisa. Selecionei estas aulas por representarem, na minha análise, territórios profícuos para a exposição de conceitos

---

1 Tal qual explicado no primeiro capítulo.

2 Consultar o anexo III deste mesmo trabalho.

que entendo serem fundamentais para o entendimento da dinâmica de aula e conteúdo transmitido aos alunos neste curso de forma ampla.

Desta exposição – e de sua subsequente discussão bibliográfica – pretendo expor o que considero ser uma ideia central deste trabalho. Defendo que os diferentes, frequentemente conflitantes modelos de polícia e as expectativas acerca do trabalho pessoal dos agentes englobados na atual formação de soldados da PMESP têm efeitos. Estes se traduzem em perspectivas conflitantes acerca do sucesso operacional e profissional, quando vistos da perspectiva do trabalhador, o que, por sua vez, reflete de maneira nociva no corpo físico e na atuação deste mesmo, aumentando a pressão social e identitária no exercício da função.

Defendo assim o argumento de que a única narrativa sobre o sucesso do trabalho policial, que perpassa todas estas expectativas conflitivas de maneira simultânea ao longo do Curso de Formação de Soldados, é a da autopreservação física. Ao perpassar ambas as lógicas culturais e burocráticas do processo de formação, a autopreservação acaba se constituindo como o principal tensor moral da formação de maneira ampla. Paralelamente, ela se torna o eixo central da cartilha de POP, transformando o corpo físico a ser protegido pelo trabalho do Policial Militar, em primeiro lugar, no do próprio agente; o da corporação, em segundo lugar e da sociedade, em terceiro. Através da exposição etnográfica, ao longo do capítulo, trago diversos insumos para esta afirmação.

Noto, ademais, que embora cada cena possua alguns pontos centrais a serem abordados na discussão, diversas outras questões paralelas emergem das mesmas. Neste contexto, através da descrição apresento a vasta gama de dinâmicas e relações sociais internas e externas ao grupo estudado, planos de enunciação discursiva e interações próprias da cultura de trabalho e sociabilidade produzidas naquele ambiente. Tendo em vista a multiplicidade de sentidos que uma investigação assim desperta, o trabalho não ambiciona a uma compreensão "completa" de todas as interações sociais observadas. Como nota Taniele Rui, em trabalho etnográfico sobre a chamada região da "cracolândia",[3] no centro de São Paulo

> (É) impossível apreender todas as interações existentes no local. Igualmente impraticável é tentar elencar qual dessas interações é mais relevante para a caracterização. São múltiplas, diversas e heterogêneas.[4]

De maneira alternativa, o capítulo se propõe a construir um panorama das dinâmicas próprias do trabalho realizado na Escola Superior de Soldados de Pirituba, trazendo novos insumos às problemáticas observadas sob um âmbito teórico no capitulo 1 e na prática da formação realizada em sala de aula, no capítulo 2.

Ademais, tendo em vista que, segundo a genealogia de Durão, "policiais são antes de mais nada mediadores de mundos sociais",[5] onde se exige aos futuros policiais que realizem

---

3 Taniele, Rui. Vigiar e cuidar: notas sobre a atuação estatal na "cracolândia", *Revista Brasileira de Segurança Pública*, São Paulo, v. 6, n 2, 336-351, Ago/set, 2012

4 Rui, Taniele, *Vigiar e cuidar...*, *Op. cit.*, p. 337

5 Susana Durão, *Patrulha e Proximidade ...*, *Op. cit.*, P. 48-52

esta mediação ou emprestem aparência de a realizar,[6] o presente trabalho busca interpretar, no âmbito do treinamento, a construção conjunta dos sistemas de interpretação destes mundos sociais. Noto, entretanto, como veremos nas descrições a seguir, que as possibilidades interpretativas destes mundos sociais pelos alunos são de grande amplitude, especialmente quando damos atenção às subjetividades percebidas por eles nas interações com os demais atores sociais que circundam o trabalho policial.

Partindo da reflexão de Van Maanen de que "cultura não é visível, mas feita visível através de sua representação",[7] nos vemos diante de um ambiente especialmente fértil para o entendimento das dinâmicas culturais do trabalho policial em São Paulo – dentro e fora da ESSd. Isso porque no presente trabalho o conceito de "representação" ganha um duplo sentido, tendo em vista que, no curso de POP, a representação dos mundos sociais que permeiam o trabalho policial é realizada de maneira intencional e explícita nas encenações de cenários policiais durante as aulas e não apenas de maneira implícita nas relações sociais do dia-dia.

Outra questão fundamental para o presente capítulo é o contexto histórico em que a observação etnográfica ocorre. Primeiramente, nota-se que ela precede as últimas eleições presidenciais e governamentais (outubro de 2018). Ou seja, ainda que o currículo (até o presente momento[8]) tenha sofri-

---

6 Manning, Peter. *The Police Mandate: Organizational Analysis,* Routledge, 2018

7 Van Maanen, John. *Tales of the Field: On writing ethnography.* Chicago: Chicago University press, 2001, p. 3 (tradução livre).

8 Afirmação datada de março de 2020.

do apenas alterações pontuais (e não estruturais) em relação ao currículo observado na pesquisa etnográfica, há uma possibilidade de que a orientação de policiamento incentivada nas aulas tenha sofrido impactos tácitos oriundos das mudanças políticas.[9] Ademais, esta não foi a única mudança política a ter impacto direto no contexto observado. Após o término da observação etnográfica, o Coronel quem abriu as portas da academia para mim e que geria a ESSd durante o período de observação se aposentou, o que deu lugar a uma reestruturação no cotidiano da Escola.[10]

Tendo em vista que a ESSd é a escola que mais forma policiais no Brasil,[11] é evidente a constituição da mesma como referência neste setor, especialmente no estado de São Paulo. Ou seja, ainda que não possamos precisar o quanto a observação realizada no presente trabalho compreende a formação policial paulista em um âmbito mais lato, me parece notório que esta tem um peso representativo bastante central.

No objetivo da compreensão das temporalidades presentes na observação etnográfica, ademais, devemos notar que há outros movimentos históricos relevantes ao estudo que não apenas o de grandes acontecimentos pontuais que geram

9 O então governador do estado de São Paulo, João Dória, afirmou no dia 02/10/2018 que, segundo seu comando, a polícia iria "atirar para matar". O atual presidente do Brasil, Jair Bolsonaro, afirmou também que dará "carta branca para a PM matar", no dia 14/12/2017.

10 Como me relatou o Capitão, em conversa particular

11 A ESSd é a maior escola de formação de Policiais do Brasil em números absolutos, formando cerca de 5.000 policiais por ano, segundo dados oficiais da PMESP, disponíveis em: http://www.policiamilitar.sp.gov.br/, acessado pela última vez 31/01/2019.

consequências claras e imediatas, como o caso das mudanças na esfera política. Movimentos mais lentos e estáveis possuem também grande relevância na atual configuração da PMESP e, por consequência, da Escola Superior de Soldados.

No âmbito das concepções de policiamento, por exemplo, podemos notar uma inclinação para a concepção de uma polícia cidadã, por exemplo com a criação do "Tiro defensivo Método Giraldi",[12] da própria cartilha dos POP,[13] na aproximação ao modelo japonês de bases comunitárias e aos CONSEGS,[14] desafio este que é imposto inicialmente pela redemocratização e pela Constituição de 1988, mas que encontra diversos pontos de inflexão. De maneira ampla, ao longo dos últimos 30 anos, são notórias políticas públicas voltadas para esta concepção de policiamento e eventos pontuais de caráter negativo para a imagem da PMESP[15] que forçam a corporação a trabalhar na "gestão da legitimidade". [16]

Entretanto, notamos paralelamente o advento da concepção de gestão empresarial para o policiamento urbano, o chamado "policiamento de metas",[17] modelo este importado a

12 Trata-se de um método de treinamento de tiro à partir do uso progressivo da força e da simulação de situações de pressão. Ganha este nome a partir de seu criador, o Cel. Nelson Giraldi, ex PM.

13 Entrarei em detalhes mais à frente.

14 Conselhos de reunião de bairro, baseados no modelo norte-americano de Polícia de proximidade, mais detalhes em http://www.policiamilitar.sp.gov.br/comunidade/conseg, acessado pela última vez 31/01/2019.

15 Como o massacre do Carandiru e o caso da Favela Naval, para citar alguns exemplos notórios.

16 Willis, James, *A Recent History ...*, *Op. cit.*, p. 8.

17 Willis, James, *A Recent History ...*, *Op. cit.*, p. 5.

partir da experiência da chamada "tolerância zero". Ademais, há ainda um progressivo investimento em armamentos – o que por sua vez, indica um aumento da noção de ostensividade. Este movimento é acompanhado de crescente investimento na Polícia Militar no Estado, em detrimento à Polícia Civil neste mesmo período.[18]

É ainda de notar o impacto das políticas inclusivas no vestibular que seleciona os alunos da ESSd. Esse dado sublinha especialmente o aumento do número de mulheres nas mais distintas posições na instituição,[19] mas não só. Mudanças aparentemente insignificantes nas regras de ingresso à instituição podem trazer grandes impactos nas dinâmicas sociais da Escola, como por exemplo, a política sobre tatuagens. Durante a observação etnográfica diversas vezes pude ouvir relatos de alunos formados que ainda não estavam em trabalho de rua devido a terem em seus corpos tatuagens.[20]

Soma-se ainda a estas duas temporalidades a dimensão do cotidiano, esta que emerge frequentemente nas interações sociais

---

18 Dados apontam que a Polícia Civil do estado de São Paulo perdeu cerca de 3 mil vagas durante a gestão de Geraldo Alkmin, iniciada em 2011, enquanto a PM manteve uma taxa de ocupação de 95%. Vide levantamento do G1 em: http://g1.globo.com/sao-paulo/noticia/2016/11/pm-fica-estavel-e-policia-civil-de-sp-perde-3-mil-policiais-na-gestao-alckmin.html, acessado pela última vez dia 31/01/2019.

19 Dados da Secretaria de Segurança Pública de São Paulo dão conta de que de 1998 para 2016 a porcentagem de mulheres na polícia aumentou de 6% para 15%. Disponível em https://www.ssp.sp.gov.br/, acessado pela última vez dia 31/01/2019.

20 Durante a observação, um rapaz relatou estar em processo de liminar contra o estado de São Paulo para conseguir ir à rua como PM, pois estava proibido por suas tatuagens.

entre os diferentes atores observados na escola e elucida o caráter institucional que permeia estas interações. Como iremos notar mais adiante no presente capítulo, os relatos frequentemente trazem os diferentes movimentos históricos à tona. A etnografia e a subsequente análise carregam, portanto, o desafio de transitar concomitantemente nestas diferentes temporalidades.

Procedimentos Operacionais Padrão (POP), o que são?

> No Brasil, o fundamento legal do uso da força pela polícia não especifica as ocasiões em que ela deva ser usada e tampouco o grau que deva ser aplicado. Umas das razões é a incapacidade dos legisladores de preverem tais circunstâncias. O grau de força a ser utilizado será determinado pelo policial no momento do encontro. Essa capacidade lhe foi atribuída também por lei – é o poder discricionário, que o autoriza a escolher quando e como usar a força.[21]

Criada em 2002, a cartilha dos Procedimentos Operacionais Padrão (POP) visa atingir a universalização de técnicas corporais e instrumentais entre os integrantes da PMESP, assim como de seus procedimentos de interação com o público. Para este fim, a cartilha traz uma imensidão de orientações acerca das mais diferentes dimensões do trabalho policial de rua, tais como: angulações corporais, técnicas de manuseio da arma de fogo, táticas de sujeição de "suspeitos"

21 Pinc, Tânia: "Abordagem policial: um encontro (des)concertante entre a polícia e o público", *Revista Brasileira de Segurança Pública*, São Paulo, ano 1, edição 2, p. 12, 2007.

e o chamado "uso progressivo da força" como eixo central da atuação policial. A partir destes parâmetros técnicos unificados, busca-se conferir maior padronização no trabalho da PMESP como um todo, o que, por fim, acredita-se acarretar maior segurança aos envolvidos na ação da abordagem policial – tanto público quanto o policial. É notóroa a falta de especificidade acerca dos limites do uso da força por parte do policial na legislação brasileira, como descrito no parágrafo acima. Desse modo, a cartilha procura estabelecer parâmetros claros para que "a decisão do policial seja discricionária e não arbitrária"[22], segundo afirma a pesquisadora Tânia Maria Pinc, o que, por sua vez, porpicia maior respaldo jurídico das ações dos policiais – contando que estes sigam corretamente os procedimentos do POP.

A cartilha do POP sucede outra inovação, pelo menos em contexto brasileiro, no treinamento policial trazida pela PMESP): o método de tiro defensivo Giraldi. Este se trata de um treinamento de tiro que se baseia no conceito de "uso progressivo da força" – tópico que é bastante caro nas discussões acadêmicas sobre policiamento em países como os EUA e a Inglaterra, por exemplo.[23] O "uso progressivo da força" parte do princípio de que o uso da força por parte do policial deva ser coerente com o nível de resistência e perigo que lhe é apresentado. Caso não haja nenhum risco eminente à integridade

---

22 Pinc, Tânia, *Abordagem policial: um encontro ..., Op. cit.*, p. *13*

23 Vide: Bittner, E. *Aspectos do trabalho policial*. Trad. Ana Luísa Amêndola Pinheiro. São Paulo: Edusp, 1990 (Série Polícia e Sociedade, 8) e Willis, James: "A Recent history of the Police", in: Kane, Robert J. e Reisig, Michael D. (org.): *The Oxford Handbook of Policing*, Nova York: Oxford University Press, 2014, p.4

física do policial, este deve utilizar-se de um escalonamento no grau de força. Este escalonamento de forças começa pela comunicação verbal até – apenas após a utilização de todas as demais esferas do uso da força – o uso da arma de fogo.

No âmbito do treinamento, o método de tiro defensivo Giraldi se baseia em colocar o policial em situações nas quais ele tenha que tomar decisões rápidas e sob pressão, utilizando-se sempre do princípio do escalonamento de uso da força. Ou seja, treina-se não apenas o manuseio técnico da arma de fogo, mas também a capacidade do policial na tomada de decisões sob pressão. O curso de POP também é estruturado a partir desta mesma lógica de atuação policial. Tendo em vista que todo o posicionamento corporal em relação ao risco, as técnicas de manuseio do armamento, as técnicas verbais e as expectativas da ação policial se baseiam nos preceitos especificados na cartilha de POP, podemos afirmar que estes dois cursos (Tiro defensivo e POP) se complementam na adequação do corpo e subjetividade do trabalhador em formação.

De acordo com as chaves conceituais propostas no primeiro capítulo deste livro, ambos os cursos se encaixam na dinâmica "role playing"[24] de transmissão de conhecimento; são trabalhados a partir da elaboração e posterior teatralização de cenas do trabalho policial, o que por sua vez, abre espaço para uma proeminência da transmissão de conhecimentos pela experiência.

O treinamento através de técnicas de simulação de realidades (aqui vislumbradas no âmbito da teatralização) de cenas é um método bastante comum em polícias ao redor

24 Skidmore, W. *Theoretical Thinking in Sociology*..., Op. cit., p. 208.

do mundo,[25] assim como nos demais estados brasileiros.[26] Entretanto, a PMESP é precursora no Brasil em aliar este tipo de treinamento a uma cartilha unificada de procedimentos (POP). Nota-se, ademais, que esta carta de procedimentos é frequentemente atualizada – inclusive por sugestão dos próprios policiais em serviço.[27] Ou seja, esta carta de procedimentos carrega em si reflexões sobre a dinâmica do trabalho policial numa sociedade complexa. Podemos entender que os POP, portanto, além de trazerem a unificação das técnicas, buscam oficializar a dimensão da transmissão de conhecimentos adquiridos a partir da experiência.

O POP e as concepções de policiamento

> O Pop ainda não possui um método pedagógico. A cartilha que rege este trabalho é, na realidade,

---

25 Vide: Shinder, Debra Littlejohn, Maximizing the Effectiveness of Role-Play Scenario Training Exercises in Development of Police Crisis Intervention Skills, *Journal of Police Crisis Negotiations*, 1: 2, 19-27, 2001; Teahan, John E., Role playing and group experience to facilitate attitude and value changes among black and white police officers, *Journal of Social Issues*, v. 31, Issue 1, 1975.

26 Vide: Poncioni, Paula. *Tornar-se policial ... Op. cit.;* Caruso, Haydée Glória Cruz; Moraes, Luciane Patrício Braga de e Pinto, Nalayne Mendonça: *Polícia Militar do Estado do Rio de Janeiro ... Op. cit.;* Nummer, Fernanda Valli. Ser polícia, ser militar: o curso de formação na socialização do policial militar ... *Op. cit.*; Storani, Paulo. *Vitória Sobre a morte, a glória prometida: O rito de passagem na construção da identidade dos Operações Especiais ... Op. cit.*

27 Atualmente estas atualizações são realizadas na intranet da PMESP, sendo passiveis de acesso por todos os policiais e policiais em formação, como me foi demonstrado por um importante Capitão da ESSd.

> normativa. A metodologia de ensino prossegue a mesma em relação ao tiro: continuidade, repetição e incorporação das técnicas.[28]

A cartilha de POP, devido à vasta quantidade de conhecimento tático, técnico e organizacional que possui, encontra-se disponível apenas na intranet da Polícia Militar de São Paulo, por alegadas razões de segurança pública. Pode-se argumentar que, ao manter este conhecimento agregado reservado à organização, preserva-se um pilar fundamental do monopólio da força pelo estado; o conhecimento tático e técnico operacional. Entretanto, diversos trabalhos[29] demonstram que há vasto intercâmbio deste conteúdo com o mercado de segurança privada, o que nos obriga a observar novos fluxos do uso legitimado da força. De toda forma, cabe afirmar que, para a atual pesquisa, a inacessibilidade a este mesmo em seu caráter integral na temporalidade da pesquisa nos obriga a trabalhar centralmente com o Plano de Matérias da disciplina de POP,[30] o qual apresenta todo o conteúdo programático da disciplina, mas não apresenta procedimentos técnicos em si; para isso, faz seguidas referências ao manual, com hiperlinks para a intranet.

Tivemos, entretanto, acesso ao manual de POP de 2009. Tendo em vista a grande transição feita no ensino da PMESP deste ano para 2019,[31] não podemos aferir uma con-

---

28 "Conforme explica em entrevista um importante sargento da DEC.

29 Durão, Susana. Violências privadas como se fossem direitos públicos. Perspectivas Antropológicas, MANA 19(2), 2013, p. 277-302.

30 Consultar anexo III.

31 Tal qual descrito no capítulo 2 deste mesmo trabalho.

tinuidade do mesmo para o curso atual em sua integralidade. Entretanto, cabe afirmar que as definições técnicas básicas são sim transversais às duas temporalidades, afinal seguem modelos anteriores à própria criação do manual. Neste viés, a cartilha do POP será utilizada de maneira principalmente ilustrativa para discussões suscitadas pela observação e pelo PDM, mas nunca como eixo condutor analítico principal.

O currículo de 2019 para a formação básica de soldados da PMESP prevê um total de 2.602 horas aula, totalizando 50 semanas. Destas, 1456 horas são destinas às matérias curriculares, sendo o restante destinado a atividades de "treinamento de campo"[32] e "atividades complementares".[33] Dentre estas horas da grade curricular, conforme discutido no capítulo anterior deste mesmo trabalho, 748 horas são destinadas às chamadas para matérias "práticas",[34] ou seja, treinamentos corporalizados para o contato direto com a população nos quais o padrão cultural institucional possui proeminência. Dentre estas disciplinas, 488 horas são destinas às chamadas "técnicas policiais",[35] as quais compreendem os POP, direção de viaturas, técnicas de menor potencial ofensivo e tiro no método Giraldi, ou seja, todas aulas em que as diretrizes corporais no manual do POP são o eixo condutor normativo. Isso pode ser observado de maneira categórica no PDM para cada matéria, uma vez que em suas bibliografias constam quase que exclusivamente referências ao

32 Currículo oficial do curso de formação de Soldados da PMESP do ano de 2019, vide anexo 1.

33 *Idem.*

34 Definição de acordo com a discussão realizada nos capítulos anteriores deste mesmo trabalho.

35 De acordo com definição do próprio currículo da PMESP, vide anexo 1.

manual de POP. Podemos afirmar, portanto, que cerca de um terço de toda a formação de um Soldado em São Paulo se dá no treinamento e repetição dos POP, com o intuito de as tornar o mais tácito possível.

A dimensão da repetição como método de ensino deve, neste contexto, ser contemplada também como fundamental para esta análise. Tal como explicou em entrevista para a pesquisa um membro de alto escalão do Departamento de Ensino e Cultura da PMESP (DEC): "As matérias práticas são trabalhadas a partir do espírito da repetição e da continuidade. Quando a gente fala em prática de tiro, a ideia é *construir corporalmente o instinto da execução correta*".[36]

Tendo em vista a vasta carga horária descrita acima, e os modelos pedagógicos aplicados, devemos levar em consideração que a transmissão subjetiva de modelos corporais culturais próprios à organização possui larga proeminência no ensino do POP e de todas as disciplinas relacionadas a ele. Sendo assim, nos vemos frente a um ensino que é paralelamente norteado por uma cartilha específica e altamente influenciado por modelos culturais-históricos. Isso, contudo, não apresenta grande contradição já que a cartilha possui em sua gênese (entre outras coisas) uma oficialização da dimensão cultural institucional praticada. Essa dimensão é criada a partir do mesmo *modus operandi* específico da corporação e permanentemente atualizada através de casos reais nos quais a cartilha se mostrou ineficaz.

Um ponto importante a ser ressaltado sobre esta dimensão do treinamento é que ela é fundamentalmente focada

36 Em entrevista para a presente pesquisa.

na concepção de combate ao crime mediante o uso da força ativa ou reativa, mas nunca preventiva. Como anteriormente expliquei, as disciplinas voltadas para o ensino das lógicas de policiamento comunitário, direitos civis e relações públicas são ministradas em sala de aula seguem um viés teórico. Não há treinamento corporalizado com objetivos de tornar este conhecimento um saber tácito e incorporado, portanto, para orientar a conduta do PM em serviço de apoio à população.

Ainda que a pesquisa não tenha encontrado nenhuma estatística oficial sobre quanto tempo de fato é gasto durante o trabalho policial em São Paulo em situações de encontro com atos ilícitos, diversas pesquisas sobre rotinas de policiamento no mundo[37] apontam que este tempo é ínfimo quando comparado com o tempo gasto nas demais obrigações da rotina de trabalho policial.

> Do trabalho que merece registo no policiamento, só uma parcela é de ordem criminal. Ficar pela primeira distinção do trabalho policial, oferecida sobretudo pelas chefias e administrativos, seria reduzir as possibilidades de uma análise mais coerente do trabalho policial na ordem e do que esta nos revela dos valores do trabalho em situação, nos encontros e ocorrências das rotinas policiais.[38]

Tendo em vista o argumento de que as teatralizações representam a esfera do curso na qual os mais variados co-

---

37 Vide: Fassin, Didier, *Enforcing order* ..., *Op. cit.*; Willis, James, *A Recent history* ... *Op. cit.*

38 Durão, Susana, *Patrulha e proximidade* ..., *Op. cit.*, P. 187

nhecimentos "se materializam" no corpo do trabalhador Policial Militar, o que isso nos diz acerca da concepção de policiamento ensinada no curso?

O Plano de Matéria de Procedimentos Operacionais Padrão I e II, utilizada no ano de 2019,[39] além de indicar as diversas situações a serem simuladas ao longo do curso – tema que iremos trabalhar detalhadamente ao longo do capítulo – traz, na descrição das "competências procedimentais"[40] uma indicação de modelos de policiamento desejáveis para a disciplina. Neste sentido, devemos lembrar do caráter central desta mesma na formação corporal do aluno para o trabalho de rua. De acordo com esta, o objetivo central da disciplina é capacitar o aluno a:

> 1- Reconhecer atitudes suspeitas e proceder a abordagem pessoal em pessoas sob fundada suspeita, fiscalização de Polícia e infratores da lei.
> 2 - Instrumentalizar as posições da arma durante os diferentes tipos de abordagem.
> 3 - Utilizar corretamente as algemas e conhecer as disposições legais para o seu emprego.
> 4 - Praticar técnicas de abordagem veicular.
> 5 - Atuar nas ações de polícia ostensiva e de preservação da ordem pública dentro dos padrões operacionais estabelecidos na PMESP, primando pelo escalonamento do uso da força, emprego progressivo e seletivo de meios e respeito aos Direitos Humanos".

39 Cedida à pesquisa de maneira amistosa por membros da ESSd

40 De acordo com a terminologia utilizada no próprio currículo, disponível no anexo I.

A primeira conclusão mais prática para a visão de policiamento descrita no POP seria de que ela evidencia uma inclinação para a ostensividade como método central de proteção à sociedade. Ou seja, corporalmente treina-se o policial a praticar o seu trabalho a partir de uma abordagem focada exclusivamente na reação à criminalidade a partir de uma postura proativa e reativa, mas nunca preventiva.

No entanto, entendo que há mais uma problemática a ser contemplada na construção deste modelo de corporalidade, que é da lógica da autopreservação como tensor moral e cultural, oficializado pelo aparelho corporativo dentro do manual de conduta do POP. A narrativa acerca do foco do trabalho policial deixa então de ser primeiramente o da entrega de seu corpo – no momento do trabalho – para a proteção da sociedade, tornando-se a da preservação do seu corpo e segurança ao nível pessoal. Neste contexto, entender o curso de formação de soldados como estando voltado centralmente para o ensinamento de lógicas policiais ostensivas ou "militarizadas" me parece um discurso que falha em explicar a complexidade da situação.

Durante a minha observação pude notar que o ensino preferencial pelo uso da força ostensiva na situação de encontro entre policial e população, na maior parte das vezes, não aparece no plano do discurso racional, mas sim através da incorporação de técnicas embasadas na narrativa do medo, ou da proteção pessoal do policial, como em: "ser policial é uma profissão de risco". Ou seja, a observação me leva a supor a possibilidade de que haja uma desconexão entre a visão de policiamento teorizada no material didático e a absorvida pelos alunos através das experiências culturais e organizacionais no ambiente da ESSd e da adaptação ao trabalho de rua. Pretendo demonstrar este processo complexo através das descrições etnográficas.

Sérgio Adorno descreve esta problemática a partir da chave conceitual do risco:

> (..) do ponto de vista dos Policiais, seu "risco epidemiológico" se materializa, principalmente, nos confrontos armados, nos quais se expõem e podem perder a vida. É certo que o risco é inerente à natureza das operações policiais. Não é menos certo, porém, que orientações institucionais, emitidas pelas autoridades hierarquicamente superiores e não raro lastreadas em políticas governamentais de segurança pública podem agravar esse quadro se risco.

Talvez pela temporalidade, ou talvez pelo caráter interno do documento, o manual de POP de 2009 vai muito mais longe ao apresentar algumas interessantes divagações acerca do modelo de trabalho policial desejável, estas que reforçam a construção da narrativa do medo e da necessidade da autopreservação como argumento unificado entre os conflitantes modelos expostos ao longo do curso. Estas orientações valorativas nos ajudam também a pensar sobre os preceitos técnicos corporais para a ação policial.[41] Como pode ser lido no material:

> Ser policial é uma atividade de grande risco. Hoje em dia, o infrator da lei não respeita o

41 Tais como angulações de corpo, métodos de manuseio da arma, técnicas de submissão de "suspeitos", utilização de procedimentos não letais, além de muitos outros, como pretendo demonstrar a partir das descrições.

> policial. O policial é que tem que se fazer respeitado: Através de postura, ATENÇÃO e conhecimento. Exemplo de postura: você entra numa loja e ninguém vem te atender, todos os vendedores ficam conversando no fundo da loja. Ninguém gosta. Normalmente você vai embora e descontente, falando mal. ATENÇÃO: Por ser uma atividade de risco, andamos em cima de uma linha muito fina, se escorregarmos, ou morremos ou vamos presos. Não pode vacilar. Em 95% dos casos com morte de policial em serviço é causado por erro de procedimento do próprio policial ou da equipe. Preso porque o policial age com a emoção ou não cumpre o que a lei determina.[42]

Esta divagação indica, ademais, a preponderância de um modelo "técnico-profissional"[43] não apenas na concepção pedagógica do curso de formação (tal qual discutido no capítulo anterior), mas também parte do *modus operandi* organizacional de forma ampla. É de salientar a referência ao "vendedor" que estranha a presença do policial, mas fica ainda mais evidente na assunção de que em 95% dos casos com morte de policial em serviço é causado por erro de procedimento do próprio policial ou da equipe, uma vez que coloca o trabalhador como parte de uma engrenagem sistêmica que necessita de operadores deste sistema para funcionar. Esta visão é largamente conflitante com a concepção de policiais como "mediadores de mundos sociais".

---

42 Apostila de Pop de 2009, obtida pela pesquisa.

43 De acordo com a genealogia de José Vicente Tavares dos Santos, em: Santos, José Vicente Tavares. *Dilemas do ensino... Op. cit.* p. 11

Esta é uma outra contradição importante que incide na formação corporal do policial; ele é paralelamente exigido – como iremos ver a partir da etnografia – a realizar estes dois papéis opostos quando confrontado com as ocorrências do mundo real, ou até mesmo nas teatralizações. Como descrito no capítulo anterior, esta mediação acaba sendo delegada a um misto da interpretação jurídica destes mundos sociais com a cultura organizacional transmitida através da experiência.

A seguir, irei realizar a descrição de seis teatralizações observadas pela pesquisa, estas que se traduzem, no presente trabalho, em quatro relatos. A partir destes relatos, buscarei subsídios para a discussão dos seguintes pontos que considero como fundamentais no entendimento do conteúdo transmitido dentro do curso de POP da PMESP de maneira ampla: a construção coletiva e imaginária de mundos sociais que permeiam o trabalho policial; o processo de teatralização dos POP e suas implicações nas concepções de policiamento praticadas no estado de São Paulo; as narrativas contraditórias acerca do papel da polícia na sociedade e suas implicações na construção dos corpos individuais destes trabalhadores; e, por fim, a autoproteção como tensor moral do grupo. Estes pontos serão, ademais, os eixos condutores das discussões que irei conduzir no decorrer do capítulo.

Cena 1: moradora de rua impedindo um comércio de ser aberto

Na entrada do pátio maior, aos fundos da Escola Superior de Soldados de Pirituba, encontro uma aglomeração de Policiais Militares fardados assistindo à montagem de uma cena. É a primeira aula de POP que vou acompanhar e ainda não sei bem o que me espera. Em meio à descontração da maioria dos ali presentes, noto que um policial mais velho instrui 4 jovens com vestimentas civis – uma mulher e 3 homens - sobre os papéis que deverão protagonizar nas cenas. Os três rapazes, de maneira quase contrastante com o ambiente no qual se encontram, vestem roupas que, em outro contexto, poderiam ser descritas como símbolos de identificação de jovens de "periferia";[44] rapazes morenos com tênis esportivo, calça jeans, camiseta de surf e boné. Essa identificação prévia de um imaginário coletivo sobre estes símbolos trará repercussões dignas de nota mais à frente, no desenrolar das cenas. A moça veste uma roupa que chama atenção não pela suntuosidade, mas sim pela extrema simplicidade.

A moça então se deita em um colchonete, ao fundo do local onde será teatralizada a aula, enquanto dois dos rapazes ficam em pé a sua frente. Ela tem uma garrafa vazia em sua mão e alguns pertences que identificam de maneira vaga um morador de rua: uma mochila velha e cobertor. Há um momento de silencio na "plateia" – da qual neste momento faço parte, assim como o policial mais velho que instruiu a cena. Ele então avisa no rádio que a cena vai começar.

Os dois rapazes que estavam frente à moça começam a puxá-la pelos braços dizendo que precisam abrir a sua loja e a

---

44 Utilizando a genealogia das fronteiras imaginárias de Gabriel Feltran em: Feltran, Gabriel. "Periferias, direito e diferença: notas de uma etnografia urbana". *Revista De Antropologia*, *53*(2), 2012, p. 568

presença dela estaria impedindo isso; que, ademais, já haviam chamado a Polícia e esta já estava chegando. A moça grita dizendo que não iria sair dali e que deixassem ela "em paz".

Eis então que, do fundo do pátio, vem um carro de polícia *cantando pneu* e para em frente à cena de forma enérgica, apontando a viatura a 45 graus em relação à moça. Os dois policiais descem, armas em punho, na posição sul. Conforme mostra o desenho representativo do manual dos POP.[45]

Ilustração: posição Sul

Ilustração: abordagem a pessoa em atitude suspeita

Os dois rapazes então se dirigem de maneira enérgica em direção aos policiais dizendo, quase aos gritos, que foram eles que chamaram a polícia pois precisam abrir a loja e a "mendiga" está deitada em frente ao portão. Os policiais então gritam para os rapazes se acalmarem e encostarem as costas na parede lateral, a partir de onde poderiam se explicar com mais calma. Um dos rapazes então rebate: *"Fui eu que te chamei, porque você está me tratando assim?"*. O policial apenas

45 Ilustração proveniente do manual de POP, datado do ano de 2009

ignora a pergunta e volta a ordenar: *"Encoste aqui, por favor e me passe seus documentos"*.

Enquanto um dos policiais conversa com os dois rapazes que supostamente são os donos (ou funcionários) da loja que precisa ser aberta, o outro se dirige à moça deitada. Ele então remove a garrafa de seu alcance e revira sua mochila ao mesmo tempo que a interroga: *"Qual o seu nome? Quantos anos você tem? O que está fazendo aqui? Você está com seus documentos?"* A moça, ao invés de responder às perguntas, fica nervosa: *"O que você está fazendo com as minhas coisas? Devolve a minha garrafa!"*, grita ela. O policial então pergunta se ela tem condições físicas de se levantar, mas a moça se recusa e não sai do seu lugar. O policial que está próximo à moça deixa então as coisas com o outro policial – que a esta altura está sendo pressionado pelos dois rapazes: *"Preciso abrir logo, estou perdendo tempo de negócios aqui"* – e volta para a moça. Dessa vez ele a pega pelo braço e a ordena que se levante do chão. A moça então começa a gritar: *"Você está me machucando! Está doendo!"*.

Eis que então surge um terceiro rapaz, com um celular em mãos, filmando a cena. Este elemento inesperado causa visível apreensão nos policiais. O rapaz que está usando a força para obrigar a moça a levantar então para e a deixa no lugar. O policial que se encontra perto dos rapazes rapidamente o aborda e o ordena que pare filmar, ao que o rapaz não obedece, falando para a gravação: *"Aqui, mostrando para vocês a truculência da PM"*. O policial, visivelmente irritado, retira então o celular da mão do rapaz e o manda encostar com os outros rapazes no muro mais próximo à viatura, enquanto pede por seus documentos.

Os policiais então chamam uma ambulância para a moradora de rua, que continua deitada no chão. O policial que está com os rapazes afirma que todos os documentos estão checados e que nenhum deles possui "passagem".

O policial mais velho – que agora nota-se claramente ser o professor - intervém na cena questionando: *"Então fechou a ocorrência?"*, ao que um dos policiais responde que sim, que já fizeram tudo o que estava em seu poder, mesmo apesar de a moça ainda estar deitada na frente do comercio. Os rapazes voltam a reclamar aos berros pela não abertura do comercio. Então o policial mais velho volta a intervir, agora de maneira irônica: *"Façam o documento da ocorrência e esperem 40 minutos aí até a ambulância chegar"*.

A encenação acaba e, em parte por força da ironia do professor, em parte pela dinâmica normal das aulas na ESSd, o clima automaticamente torna-se totalmente descontraído. Um deles brinca com a moça que estava participando na cena: *"Não larga mesmo a garrafa, hein? Você ficou bem de nóia"*. Ela responde: *"Não vou facilitar para eles não!"*. Em meio às brincadeiras, um dos alunos provoca: *"Também, escolheram os dois com mais cara de bandido para a cena!"*, *"Ainda mais com esse bonezinho"*, completa o outro aluno. Todos riem.

Para a segunda dupla, a cena se desdobra de maneira semelhante pois é usado exatamente o mesmo caso. Noto de imediato que os policiais incumbidos de solucionar a cena não estavam no grupo daqueles que assistiram à primeira encenação. A atuação desta dupla é mais enérgica e agressiva. Quando os rapazes vão reclamar da dificuldade de abertura do seu negócio são prontamente "enquadrados" – em outras palavras, confrontados com armas apontadas e revistados. Os policiais também dão pouca chance de resistência para a moça deitada no colchonete; ela tem sua garrafa removida e é prontamente levantada. Embora ela grite alto: *"Você está me machucando"*, ela é ignorada pelos policiais. Os policiais a encostam na parede com o restante dos rapazes, mas não a revistam, afinal tratam-se ambos de policiais homens. O rapaz que aparece para filmar a cena é também "enquadrado" prontamente e tem seu celular removido praticamente no momento em que o liga.

Os pertences da moça – como colchonete, cobertor e mochila – são atirados para o chão, com a ordem de "pode levar e ir embora". A moça pergunta: *"Mas para onde eu vou?"*, ao que os policiais nem respondem.

Os documentos dos rapazes são então removidos e a ordem é dada: *"Pode abrir a sua loja que vamos ficar mais uns minutos aqui para garantir que está tudo certo"*. O celular é devolvido ao rapaz que estava filmando a cena, que é mandado embora, com a seguinte advertência *"toma, antes que eu mude de ideia e te leve para o DP"*.

O policial mais velho intervém então: *"a cena está resolvida? E a moça, vai para onde?"* ao que os atuantes respondem: *"Cena resolvida, senhor. O negócio já pode ser aberto e a moça pode ir para onde ela quiser!"*. O policial-professor então volta a perguntar: *"Mas a moça não está precisando de atendimento médico?"* E um deles responde: *"Eu avalio que não, senhor. Ela está ficando de pé, está falando o nome e tudo mais. Prefiro deixar a ambulância para quem precisa"*. O professor conclui: *"Ok, faça o registro da ocorrência e me envie até amanhã"*. Assim, o ambiente volta a se descontrair, à medida em que todo aguardam a preleção do professor.

Findadas as duas simulações, o professor reúne todos aqueles que estavam assistindo à aula para discutir as cenas e os desfechos. *"A gente escolheu montar essa cena para vocês porque esse é um tema que está acontecendo muito ultimamente, especialmente desde que o prefeito Dória iniciou as operações na região da 'Cracolândia'"*. De notar que esta aula aconteceu na semana das ações iniciais de retirada de moradores de rua em região associada ao tráfico de crack perto da Estação da Luz, no centro de São Paulo, então prefeito da capital, João Dória, em junho de 2017. Por este dado se percebe a influência dos cursos políticos do Estado na formação dos policiais. *"O que eu tenho a dizer é que as duas duplas foram muito bem. Tomaram caminhos diferentes para lidar com a situação, mas ambas estão aprovadas"*.

Com a dispersão dos alunos, o professor se dirige a mim em particular. Me pergunta se tenho dúvidas sobre a aula, ou se identifico algum tema que gostasse de aprofundar. Digo que gostei bastante da maneira como trabalham a operacionalidade – sendo esta a primeira aula avançada de POP que assisto – e que vejo esta como uma cena bastante complexa de ser resolvida. Ele me diz, então, que há uma grande dificuldade em transmitir o certo e o errado quando se trata de resolução de cenas, mas não em um sentido moral – pois a moral todos sabem qual é a certa. Ele continua dizendo que a dificuldade se dá na transmissão do que a sociedade e a lei exigem em cada situação. *"A gente tem um problema aqui que é o de que muita gente não pôde estudar nas melhores escolas. Isso se estende até para o preenchimento de formulários, por isso que eu sempre exijo a correção das ocorrências, que é uma maneira de ensinar a eles também a escrever melhor. Aí você pega uma lei que muda todo ano, e um aluno que não teve uma educação básica muito avançada, e fica muito difícil fazer ele assimilar tudo isso"*. Notando a sua abertura para conversar, eu questiono: *"Mas na situação qual seria a solução certa? Era para ter "enquadrado" os rapazes? E a moça, deveria ter sido mandada para a ambulância?"*. E o professor continua: *"Olha, a gente não tem uma resposta certa para isso, porque o objetivo do exercício é também trabalhar o olhar do policial. Tanto aqui, como na rua, quem vai decidir isso é ele. A gente tenta descontruir essa ideia de que se o cara é mais "moreninho" ou tá com um certo tipo de roupa ele deve ser enquadrado; o problema é que isso é uma coisa que eles já trazem para cá"*.

O *role playing* na construção das identificações; o corpo policial em oposição aos demais atores sociais

Escolhi estas duas cenas, primeiramente, para ilustrar o papel do "role playing"[46] na teatralização dos diversos "personagens" que circundam o trabalho policial. Tendo em vista que aqueles que representam os demais atores sociais que fazem parte do que se imagina do trabalho policial no âmbito das representações teatralizadas no curso de POP – seja este suspeito da abordagem ou apenas um cidadão em interação com a polícia – são também PMs em formação, podemos assumir que o trabalho de encenação das técnicas policiais também passa pela construção de categorias imaginadas acerca destes diversos "outros". Aqui, entretanto, observamos algo mais; o POP não apenas obriga os policiais em formação a identificarem e categorizarem determinados atores sociais, como também os leva a realizar uma interpretação com seus próprios corpos, construindo assim na ação essas persona-

46 Noto que utilize este termo de acordo com a definição realizada no cap. 1 desta mesma.

gens. Neste sentido, pode-se argumentar que a corporalidade treinada para a função de Policial Militar é construída não apenas pelo treinamento repetitivo dos diversos padrões especificados no POP, e pela transmissão cultural por parte dos professores, mas também através de treinamentos repetitivos de representação dos corpos dos "outros". "*From the viewpoint of social theory, this kind of simulation teaches the distinction of me and not-me. For in the process of playing, taking a make believe position, expectations are dramatized*",[47] como destaca Mead.

O fato de não haver método pedagógico planejado não significa, contudo, que o curso não produz um sentido pedagógico ao aluno. Neste contexto, a construção teatralizada e categorizada da sociedade na formação policial – como nas cenas observadas pela pesquisa – pode também ser interpretada a partir da noção de jogo de Norbet Elias,[48] no sentido de compor uma combinação provisória e dinâmica das relações sociais, baseada em um sistema complexo de interdependências entre os diversos participantes.

> Se quatro pessoas se sentarem à volta de uma mesa e jogarem cartas, formam uma configuração. As suas ações são interdependentes. Neste caso, ainda é possível curvarmo-nos perante a tradição e falarmos do jogo como se este tivesse uma existência própria. É possível dizer: 'O jogo hoje à noite está muito lento!'. Porém, apesar de todas as expressões que tendem a objetivá-lo, neste caso o decurso tomado pelo jogo será obviamente o

---

47 Mead, George Herbert. "Symbolic Interactionism ..., *Op. cit.*, p. 209

48 Elias, Norbert. *Introdução à Sociologia*. Lisboa: Edições 70, 1999.

> resultado das ações de um grupo e de indivíduos interdependentes. Mostrámos que o decurso do jogo é relativamente autónomo de cada um dos jogadores individuais, dado que todos os jogadores têm aproximadamente a mesma força. Mas este decurso não tem substância, não tem ser, não tem uma existência independente dos jogadores, como poderia ser sugerido pelo termo 'jogo'. Nem o jogo é uma ideia ou um 'tipo idea', construído por um observador sociológico através da consideração do comportamento individual de cada um dos jogadores, da abstração das características particulares que os vários jogadores têm em comum e da dedução que destas se faz de um padrão regular de comportamento individual.[49]

De acordo com esta lógica, a teatralização dos diferentes corpos não está criando apenas um ideal imaginado sobre o que é ser policial; está criando um padrão de configuração social num sentido mais amplo. Ou seja, o curso de POP ensina não apenas o que é ser policial, mas também discute qual a configuração de sociedade almejada na intervenção policial.

Esta trama ganha complexidade quando posta no plano da observação etnográfica, uma vez que nos leva a entender que as identificações destes diferentes atores sociais não obedecem às lógicas binárias da subsequente execução penal (culpado/inocente), traduzidas como trabalhador/ladrão, ou suspeito/vítima em muitos trabalhos sobre as polícias no Brasil.[50]

---

49 Elias, Norbert. *Introdução à ...*, *Op. cit.*, p. 141-142.

50 Vide: Feltran, Gabriel. "Periferias, direito e diferença ..., *Op. cit.*, p. 156; Caldeira, Teresa Pires do Rio. *A política dos outros: o cotidiano dos*

Na verdade, uma das grandes qualidades do POP é colocar o estudante frente a cenas em que estas identificações se multiplicam, incentivando o policial em formação a passar pelo desafio de lidar com situações para com as quais não possui resposta prévia, sendo no papel do policial ou de algum outro ator social que representa.

A problemática inicial aqui se dá pelo fato de que esta representação precede de uma construção imaginada dos demais personagens participantes da cena. Ora, se para representar os PMs há todo o manual do POP, as fardas e as orientações de transmissão cultural por parte dos demais PMs, para representar um outro personagem, não há nada além da livre imaginação dos alunos e as orientações por parte dos professores, ou seja, a cultura coletiva organizacional. Entretanto, podemos afirmar que nesta cena as expectativas dramatizadas acerca dos demais personagens foram, ao menos em parte, atendidas; o que pode ser evidenciado pela fala dos alunos assistindo a cena: *"Não larga mesmo a garrafa, hein? Você ficou bem de nóia"*.

A metodologia do treinamento, neste viés, não possui o seu foco apenas na construção de um sujeito político de valores partilhados com a sociedade ou a corporação policial a partir da legitimidade e autoridade da mesma (no sentido de Benjamin[51]). Isso não é suficiente quando olhamos pelo ângulo da formação do Policial Militar para sua função, haja

---

moradores da periferia e o que pensam do poder e dos poderosos, São Paulo: Brasiliense, 1984.

51 Benjamin, Walter. Critique of Violence in: Bullock, M. e Jennings, M. W. (edts.). *Walter Benjamin: Selected writings., v. 1.* Cambridge: Harvard University Press, 1996, p. 236-252

vista a problemática dos diferentes e conflitantes interesses e modelos de sucesso compreendidos em seu trabalho.

De forma a expandir as classificações jurídicas dos mundos sociais (estas que embasam a parte burocrática da formação), a gênese coletiva das configurações identitárias organizacionais é permeada pelas dicotomias formalidade/informalidade e burocracia/cultura. Ou seja, é apenas dentro de um trabalho mais amplo e difuso de coerção social institucional que se enquadram, paralelamente, o corpo do trabalhador e a corporação. Nesta chave, o treinamento se faz efetivo na medida em que a construção imaginária do policial como parte do grupo pode compreender as variadas e conflitantes configurações sociais de base dos alunos e dos mundos sociais com os quais estes irão se confrontar.

Este complexo sistema classificatório dos diversos "mundos sociais" em que os PMs atuam contribui, ademais, para a construção das lógicas e sentimentos morais conjuntos dos alunos durante a formação. Buscarei discutir este tema de maneira detalhada mais adiante neste capítulo – a partir de descrições de outras cenas.

Outro ponto fundamental é notar que estas representações ocorrem em um panorama onde todos os corpos envolvidos na cena apresentam uma potencial violência, tanto como perpetradores quanto como vítimas. Assim, o mundo representado no POP é um de um risco permanente tanto para policial quanto para a sociedade com quem ele interage. Curioso notar neste panorama, que o próprio policial não se abstém da posição de perpetrador desta violência, mesmo em um plano conceitual.

Neste contexto, podemos perspectivar esta narrativa a partir da genealogia de Meg Stalcup e Limor Samimian-Darash,[52] segundo a qual violência pode ser também experimentada como uma perspectiva normal do dia-dia através de um estado crônico de insegurança. Baseando-se na genealogia de Taussig,[53] Christian Krohn-Hansen[54] este raciocínio sugere ainda que em sociedades em que a insegurança e a sensação de medo são narrativas comuns do dia-dia, cria-se uma série de incertezas epistemológicas; nestes contextos, as bases fundamentais dos conceitos que temos como universalistas sobre os estados democráticos contemporâneos, como separação entre vida e morte, sociedade e natureza e realidade e ficção caem por terra.

> In societies of extreme fear and violence, what for the most part appears elsewhere to be an elitist problem is radically expanded into an everyday problem and a force among the masses; what are normally ontological and epistemological topics among a minority of intellectual experts are more than 'just' a philosophical problem. A culture of extreme fear implies that ontological thoughts is an everyday activity for the crowd. Questions about what distinguishes human from animal,

---

52 Sammian-Darash, Limor e Stalcup, Meg. Anthropology of security: Cases of counterterrorism in the United States, *Anthropological theory,* 2017, v. 17, p. 60-87

53 Taussig, M., Shamanism. *Colonialism, and the Wold Man: A Study of Terror and Healing.* Chicago,:The University of Chicago Press, 1987.

54 Krohn-Hansen, Christian. The Anthropology of Violent Interaction. *Journal of Anthropological Research,* v. 50, nº. 4, 1994, p. 367-381

> truth from lies, or civilizing development from savage underdevelopment become habitual.[55]

Cena 2: abordagem ao pedestre suspeito e ao veículo suspeito

Duas aulas de POP acontecem simultaneamente no pátio externo aos fundos da Escola Superior de Soldados de Pirituba. A primeira impressão é de que os alunos estão em níveis diferentes em suas respectivas aulas, isso porque apenas os de uma das aulas se encontram fardados – o que significa que já estão realizando trabalho de rua como Policiais Militares ao mesmo tempo em que concluem o curso. Sou apresentado pelo Capitão aos professores das duas aulas. Combino realizar a observação paralela de ambas as aulas livremente. O Capitão então afirma que possui outros afazeres e me deixa lá sob a supervisão dos professores.

Como a aula dos alunos iniciantes já está começando, converso com o professor da aula avançada. O diálogo segue num tom bastante ameno e informal; falamos sobre o meu trabalho, meus trabalhos passados no mundo acadêmico e sobre como é seguir uma carreira na pesquisa. Somos interrompidos por um aluno da escola – ainda não fardado – que presta continência a nós dois e chama o professor de "Tenente". Ele mesmo se dá conta do erro e, jocosamente – mas sem falar nada – começa a fazer algumas flexões, se impondo um castigo comum nestes meios. Ele se levanta rindo e afirmando que ainda não se acostumou com a subida de patente do professor (que se tornara Capitão na semana anterior).

55 Krohn-Hansen, Christian. The Anthropology of Violent ..., *Op. cit.*, p. 376

Figura 1: Aluno iniciante tenta seguir os padrões de abordagem do manual de POP.

O professor explica-me então a cena que iremos ver. Os alunos devem chegar numa viatura, atrás do carro civil (que, como posso ver, é um Monza com vidros pretos) de modo a realizar a abordagem e revista do mesmo. A ideia é, portanto, treinar além das diretrizes do POP, o curso de direção policial – que estes alunos já haviam concluído. O professor disse-me: *"E aí vai ter uma surpresinha para eles; dentro do Monza tem uma arma escondida. Vamos ver se eles acham!"*

Enquanto vejo os preparativos finais, vou para a outra aula que está sendo realizada simultaneamente em outra parte do pátio. Trata-se de um "enquadro" com revista a um transeunte "suspeito". A aula já está em prosseguimento e, por isso, eu apenas observo, sem conversar com ninguém. O nervosismo dos alunos transparece devido ao fato de que esta é uma aula muito inicial no plano de estudos.

A cena é bastante simples: um rapaz – trajando roupas civis – vem caminhando pela rua, momento em que ele deve ser abordado pela dupla de policiais. Estes devem utilizar os procedimentos corretos para fazer a revista e buscar no banco de dados por antecedentes criminais. Irão, neste momento, descobrir que o "suspeito" está na verdade foragido da justiça; este deve então ser algemado e conduzido à viatura policial. Noto que a descoberta da necessidade de prisão do suspeito não é uma surpresa nesta cena. Todos os alunos já sabem deste desfecho.

Enquanto uma dupla se prepara para a realização da cena, vejo diversos alunos praticando-a uns com os outros, com foco especial na parte da colocação das algemas, o que compõe outra cena também inusitada. Vejo diversas pessoas algemando umas às outras de maneira enérgica. Diferentemente da descontração da aula mais avançada que estava ocorrendo em simultâneo, ali ao lado, o clima aqui era de total tensão e concentração. Percebo então que se trata de uma das primeiras provas daquela turma no POP.

Já na primeira dupla, noto uma dificuldade dos alunos em utilizar-se da entonação de voz enérgica que é característica dos policiais em trabalho de rua. Eles mandam o rapaz parar e encostar, mas este, sentindo a hesitação na ordem, segue caminhando. Um outro policial vem pelo outro lado, empunhando a arma na cara do "suspeito" e o enquadra de forma bastante agressiva. Enquanto um dos policiais questiona o suspeito, o outro mantém a arma apontada para ele. É logo corrigido por outros alunos que gritam: "posição sul",[56] ordem que é confirmada pelo professor.

O policial que está realizando o interrogatório então descobre que o sujeito sendo revistado possui passagem pela polícia, a posição sul é logo mudada de volta para o ângulo de 45°. O outro policial prontamente chama reforços pelo rádio e se aproxima do suspeito, a fim de prestar apoio ao colega. O professor então para a aula e com um tom de sermão, explicando que a posição na qual os policiais se posicionaram em relação um ao outro os colocam em risco no caso de um disparo acidental. Ele então entra na cena e corrige o posicionamento, dando então prosseguimento à prova.

Os alunos têm muita dificuldade para colocar as algemas no suspeito. Ele também faz de tudo para dificultar o trabalho deles; enrijece os braços, briga com eles e ameaça fugir. O professor então entra novamente em cena e coloca o suspeito com as pernas bem distantes uma da outra e explica: "Assim, se ele tentar correr, é só empurrar que ele cai". Com bastante dificuldade e reclamações de dor do rapaz que está sendo algemado, os alunos conseguem, enfim, colocar o rapaz algemado dentro da viatura.

Saio correndo para a outra aula pois noto que a encenação já está começando. Me posiciono em posição cômoda para observar a cena – já que há bastante gente (cerca de 15 pessoas) em volta observando a cena também, em sua maioria alunos ou professores – o professor pede então para eu sair de

---

56 Referindo-se à angulação da arma em relação ao suspeito durante a abordagem. "Posição sul" é quando o suspeito não apresenta nenhum tipo de perigo eminente e, portanto, a arma deve ser apontada para o chão, diminuindo o risco de um disparo acidental.

onde estou. Eis que então, de trás de mim, arrancam dois carros, um Monza de vidros escuros e uma viatura da PMESP. Chegando à posição onde eu estava, a viatura bruscamente fecha o Monza e dois policiais descem fardados de armas em punho, exclamando: *"Polícia! Desce do carro!"* Do carro, descem dois rapazes e uma moça. Estes são colocados na parede de maneira eficiente e profissional.

Figura SEQ Figura * ARABIC 3: Técnica do "terceiro olho", segundo a apostila de POP.

Os procedimentos são seguidos à risca – inclusive quando estes encontram uma arma escondida no porta-luvas; prontamente mudam a posição da arma para o chamado "terceiro olho"[57] e se posicionam nas diagonais dos "suspeitos". Chamam por apoio pelo rádio, inclusive citando a necessida-

57 Técnica de manuseio do armamento prevista no POP que consiste em manter a arma de fogo frente aos olhos em posição de disparo rápido. Esta indica o mais alto grau de periculosidade percebido pelo PM.

de de uma policial mulher para seguir com a revista da mulher suspeita. Logo, colocam as algemas com facilidade e os rapazes no carro. São seguidos de aplausos dos colegas.

Em meio aos alunos que assistem à aula, escuto conversas sobre o trabalho policial. Noto que estes policiais já estão em fase de trabalho de rua. Falam sobre a "operação verão", discutindo em quais praias gostariam de trabalhar e se pretendem alugar uma casa lá para curtir uns dias ou se ficarão no alojamento da PM.

Logo, a cena recomeça com uma nova dupla. A perseguição é praticamente igual, os policiais descem da viatura seguindo os procedimentos de condução da cena a partir da verbalização (como no manual de uso progressivo da força). Entretanto, desta vez os três passageiros do carro descem com armas em punho apontando para os policiais e gritando: *"Polícia Civil! Baixe as armas, cuzão*[sic]*!"*. Os policiais ficam atônitos. Ainda com armas apontadas, mandam os supostos policiais civis se identificarem. Ao que aqueles respondem: *"Fica na sua e volta para a viatura, PM"*. Os policiais retrucam: *"Se vocês são policiais, precisam se identificar"*, respondem os alunos. *"Não vou me identificar porra nenhuma, vou entrar no carro e ir embora, PM"*.

O grupo entra então no carro e vai embora arrancando. Os policiais seguem parados com as armas na posição "terceiro olho" sem saber o que fazer. A cena acaba. Fico sabendo, então, que esta era a última dupla do dia.

Espero por uma reprovação por parte do professor, afinal – à primeira vista – aquela cena não poderia estar correta. Entretanto não é isso que acontece. O professor afirma então que eles fizeram o correto; que mantiveram a posição que manda o manual em relação ao grupo suspeito e à viatura. Um aluno ainda pergunta: *"Mas e se ele puxar no banco de dados da Polícia a placa? Não deveria aparecer que esse carro é Polícia?"*. O professor contra-argumenta: *"A gente sabe que tem carros da Civil que não estão registrados; isso não adiantaria"*. *"Além disso, eles estavam em menor número"*. Conclui: *"Preservação da vida primeiro!"*.

O processo de corporalização das técnicas do POP e as concepções de policiamento

A partir da sobreposição da atuação das duas turmas em cenas de abordagem policial – uma na fase inicial do curso e outra quase formada – podemos ter uma imagem bastante clara acerca dos impactos do processo de corporalização das técnicas descritas no POP transmitidas ao trabalhador durante o treinamento. *"As matérias práticas são trabalhadas a partir do espírito da repetição e da continuidade. Quando a gente fala em prática de tiro, a ideia é construir corporalmente o instinto da execução correta"*, explica um Sargento da PMESP, integrante do DEC. Ou seja, ao observar turmas nas diferentes temporalidades pode-se notar a naturalização dos POP como manejo corporal profissional como capital adquirido pelos alunos mais antigos, subscrevendo, assim, na prática, a afirmação do Sargento.

Primeiramente, noto que as duas cenas observadas de maneira simultânea permitem um diálogo bastante claro pois buscam criar situações "padrão" de uma abordagem policial imaginada pela PMESP. Isso porque o foco delas não está exatamente na complexidade das interações sociais apresentadas, mas sim nas diferentes exigências de saberes técnicos agregados no corpo do aluno acerca dos preceitos inscritos no manual dos POP. A partir da observação do PDM para os cursos de POP I e II,[58] podemos notar que estas aulas se encontram separadas por uma larga parcela do curso de formação, sendo a primeira a aula 24-25 do primeiro CENS (Ciclo de Ensino, atualmente correspondido por um semestre) e a segunda a aula 49-50 do segundo CENS. Ou seja, estes alunos estão separados por mais de 1000 horas-aula na totalidade do curso de formação, sendo, destas, 114 horas apenas no curso específico de POP. Este fato confere uma grande complexidade tanto para a problemática a ser resolvida, quanto para as técnicas incorporadas aos alunos.

No entanto, ambas as narrativas são guiadas pelo processo básico descrito na cartilha de POP de 2009 como ideias para a abordagem:

> "- Os policiais militares, mínimo dois (um na função de cobertura, enquanto o outro executa a aproximação e a busca pessoal), antes de se aproximarem da(s) pessoa(s) em atitude (s) suspeita(s), devem certificar-se das condições de segurança do ambiente evitando a "visão em túnel".
>
> - A aproximação a ela(s) não deve exceder a distância de 5,0m (cinco metros), conforme fig. 1. 5. O policial militar encarregado da verbalização através de um comando de voz firme, alto e claro, declina as seguintes palavras: "Cidadão(s), pare(m) que é a Polícia!"

58 Vide anexo 3.

- As armas devem estar empunhadas na posição sul, contudo em caso de fiscalização policial a arma deve permanecer no coldre, e este deve estar desabotoado; depois da primeira verbalização e persistindo a desobediência por parte da(s) pessoa(s) abordada(s), insistir verbalmente para o cumprimento das determinações legais e, rapidamente sacar o armamento, adotando o escalonamento do uso da força *, tendo por princípios a posição sul.progredindo para a posição de tiro, em "terceiro olho" **

- De forma mais firme, incisiva, e clara, a fim de persuadir, deve ser determinado para que o(s) abordado(s) se dirija(m) à área de segurança, onde será realizada a busca pessoal, reduzindo ao máximo o potencial de reação ofensiva do(s) abordado(s), inclusive advertindo-o(s) quanto ao crime de desobediência.

- O policial determina, primeiramente, ao(s) abordado(s) para que coloque(m) o(s) objeto(s) que tenha(m) às mãos, no chão ou em outro local mais apropriado à segurança da ação.

- O policial encarregado da busca pessoal determina: "Levante(m) as mãos vire(m)-se de costas para mim entrelace(m)e os dedos sobre a cabeça, abra(m) as pernas" (aproximadamente 1,0 metro), conforme fig. 2 e 3.

> - Enquanto isso, o policial encarregado da cobertura deverá posicionar -se a 900 (noventa graus) em relação ao encarregado da busca pessoal, conforme fig. 4 e 5, fazendo a segurança, com o armamento na posição sul, mantendo -se há uma distância de aproximadamente 2,0(dois) metros, evitando ter o parceiro em sua linha de tiro e deverá olhar atentamente para a(s) pessoa(s), chamando sempre a atenção, quando desviar(em) seu(s) olhar(es), não perdendo sua vigilância às mãos e à linha da cintura do(s) abordado(s), bem como, às imediações da área de segurança, durante toda a abordagem.
>
> - Antes de iniciar a aproximação ao abordado a ser submetido à busca pessoal, o policial coloca sua arma no coldre e o abotoá-lo, a fim de evitar que o revistado tenha fácil acesso ao armamento policial." [59]

De acordo com este, assim como pelas ilustrações dos procedimentos corporais delimitados pelo POP, podemos notar que há uma proeminência da arma de fogo como técnica primordial de dominação do suspeito, assim como técnica central de autodefesa. Isso é reforçado pelo fato de o manual de POP prever a chamada "mão forte" (direita para os destros e esquerda para os canhotos) o uso exclusivo da arma de fogo, delegando à outra mão as demais tarefas do trabalho policial. Tendo em vista, portanto, que as tarefas não letais estão obrigatoriamente delegas à mão menos hábil, podemos afirmar

59 Página 8, apostila para o curso de POP, 2009.

que o uso destas mesmas se torna pouco intuitivo no trabalho policial – ainda mais em situação de perigo. Ou seja, deve-se concluir que os POP trabalham na incorporação das técnicas letais como primeiro ato frente ao risco percebido. Esse fato nos dá subsídios para a afirmação de que toda a descrição da abordagem prevista no POP da PMESP parte do princípio da segurança do trabalhador Policial Militar e proteção de seu próprio corpo como função primordial de seu trabalho, e não tanto na lógica da construção da legitimidade da organização como representante do estado.

Me parece evidente que dadas as condições vislumbradas de trabalho apresentadas àqueles no curso de formação (como a alta taxa de mortalidade de PMs em serviço no estado[60]) – e pelo fato de que grande parte do conhecimento passado nas aulas parte da transmissão cultural das lógicas do trabalho policial pelos agentes mais experientes – que a predileção pela arma de fogo nas mais diferentes situações de contato com a população seja o padrão operacional básico.

Entretanto, devemos notar o que isso diz em relação aos modelos de policiamento compreendidos no ato do contato com a população. Somando-se à proeminência do uso da arma de fogo como técnica de dominação do suspeito e a orientação proativa de rondas ostensivas proveniente do modelo de combate ao crime paulista,[61] temos uma polícia percebida como ostensiva por natureza, ainda que este não seja necessariamente o

60 Segundo dados Secretaria de Segurança Pública de São Paulo (SSP), disponíveis em www.ssp.sp.gov.br, acessado pela última vez dia 31/01/2019, 680 PMs foram assassinados no estado de São Paulo no ano de 2018.

61 Tal qual descrito no cap. 1

modelo de policiamento concebido pela organização. Tal como foi discutido no primeiro capítulo, a PMESP se baseia em um hibridismo de concepções policiais, ora ostensivas, ora de aproximação com a população. Este hibridismo já está presente na fase de treinamento do trabalho policial.

Quando colocamos esta discussão no plano do conceito de autoridade – segundo a genealogia de Benjamin, que se apresenta no capítulo 1 – notamos que o permanente discurso acerca da autoproteção como foco central da corporalização de técnicas faz com que a busca pela autoridade nas interações sociais no âmbito do trabalho policial não apareça ligada à legitimidade da corporação. Há, neste contexto, portanto, uma contradição nas concepções esperadas pela sociedade acerca do policiamento e nas técnicas proeminentes transmitidas e aprendidas no curso.

É importante observar, neste ponto, como estas contradições recaem sobre corpo do trabalhador policial em sua rotina de trabalho, já que este é frequentemente cobrado de concepções conflitantes de policiamento em sua atuação pessoal. Neste ponto, entendo que o discurso da autodefesa é o único capaz de perpassar todas estas contradições, formando assim um eixo-condutor das técnicas de manuseio do corpo e instrumentalidade da violência no trabalho. Desta forma, ainda que possamos entender o conteúdo transmitido pelo Curso de Formação de Soldados como um espelho das diferentes pressões que compõem a organização policial no âmbito das concepções de policiamento, podemos compreender de maneira ainda mais clara a corporalidade técnica exigida do trabalhador como o lugar onde essas tensões se revelam claramente. A incidência desta contradição no corpo do trabalhador pode ser uma chave interessante para avaliarmos o sofrimento social experimentado por policiais soldados, assim como por aqueles que sofrem violência no contato com a PMESP.

Cena 3: Assalto a banco com reféns

Aos fundos da Escola Superior de Soldados, atrás do pátio onde a maioria das aulas de POP ocorre, há uma espécie de praça; um espaço vazio nas dimensões de um enorme quadrado. Na ponta mais distante em relação ao restante da Escola, há uma casa de dois andares com uma porta bastante larga.

Eu já havia visto este lugar em outras oportunidades, mas nunca da maneira que ele estava neste dia; uma dezena de viaturas policiais e carros civis faziam fila, enquanto eram observados por outras duas dezenas de policiais fardados. Como o dia estava muito quente, estes se aglomeravam perto da casa, na única sombra existente.

Uma viatura encosta ao meu lado e me chama; é o Sargento Ferreira Neto, meu primeiro contato na Escola Superior de Soldados. Após as saudações, pergunto-lhe o que está acontecendo ali e ele me conta que vamos presenciar uma simulação de um assalto a banco. Sinto a animação e adrenalina em sua fala, esta que é seguida de um sorriso e uma piada: *"Cuidado que o negócio vai ficar legal aqui!"*.

Os alunos se afastam da casa e, nesta, restam 5 homens e duas mulheres com roupas de civis. Quatro destes homens portam metralhadoras. O Sargento Ferreira Neto e os outros integrantes da viatura desembarcam e pedem para todos se afastarem, pois, a simulação iria começar. Eles começam, então, a jogar bombas de fumaça pela quadra. São mais de dez, fazem um enorme estrondo e dificultam a visão da cena.

Dos fundos da quadra, arrancam duas viaturas, estas que param a uma distância considerável da porta de entrada. Os policiais desembarcam com imensa cautela, e partem em direção à porta da casa – que, pelo que entendo agora, representa a porta de um banco. Entretanto, eles não caminham normalmente; ao contrário, se abaixam atrás de escudos plásticos e caminham agachados e em fila indiana, um passo de cada vez. O caminho que fazem tampouco é direto à porta, eles preferem dar a volta na praça e caminhar acompanhando a parede da casa. Bombas são jogadas na direção dos policiais, que tentam se proteger com o escudo.

Figura SEQ Figura * ARABIC 4: Técnica de aproximação utilizada pelos policiais na cena, de acordo com a apostila do POP

A primeira impressão que se tem desta cena toda é o grau de desvantagem de forças a que estão submetidos os policiais. Olhando aquilo de maneira racional, nota-se rapidamente que é impossível aos alunos dominarem a cena e prenderem os assaltantes.

Quase chegando à porta da casa, surge um rapaz da janela do andar de cima simulando estar atirando nos policiais. Um dos policiais busca ver a situação e apontar armas para ele, ao que é reprendido pelo professor: "*Tirou a cabeça do escudo, tá morto! Sai de cena e o policial que tá na frente sai também para socorrer!*" Seu colega mais próximo na fila o puxa então para o meio da quadra, ao que também é repreendido: "*Foi para o meio da quadra, morreu também! Tem que puxar ele acompanhando a parede e se protegendo com o escudo. Será que o próximo pode mostrar como faz?*". Mais um aluno sai da fila indiana, puxando um dos "mortos" à medida em que tenta se proteger com o escudo. O esforço que ele faz para isso é homérico.

O primeiro policial da fila então se aproxima da porta, pela lateral do prédio, ao que da porta sai um rapaz segurando uma moça pelo pescoço e apontando uma metralhadora à sua cabeça e dizendo "*Sai daqui que eu vou matar ela e vou matar vocês também! Me deixa ir embora!*" Ao mesmo tempo a moça grita em desespero: "*Ele vai me matar! Me ajuda!*".

O Policial inicia, então, os procedimentos de negociação: "*Qual o seu nome? Do que você precisa?*" Ao que se inicia uma longa conversa em que os "assaltantes" fazem pedidos aparentemente impossíveis de serem atendidos nesse contexto: "*Quero um helicóptero*", pede um, ao que outro propõe: "*Vamos dividir o dinheiro e ir embora daqui todos vivos*". Sob o argumento de que o GOE (Grupo de Operações Especiais da Polícia Civil) já estava a caminho e não iria negociar com ninguém – ao contrário, iria chegar atirando e matar todos – os alunos trajados de criminosos começam a fazer pedidos que apontam à rendição: *"Quero a presença da mídia aqui"*.

O policial então responde que iria fazer isso em troca de um refém. O "assaltante" aceita e afirma que vai liberar uma das moças. O policial vai, então, buscá-la, mas se descuida de seu escudo. É "morto" também, assim como a refém.

Nesse momento restam apenas dois policiais que mantém a sua posição atrás dos escudos encostados na parede. Agora, com a "morte" dos companheiros, encontram-se completamente acuados pelos assaltantes. Notando esta situação, os assaltantes começam a disparar nos policiais e saem em seguida em direção a um carro civil, parado frente à casa. Um dos policiais não consegue se levantar por estar com câimbras devido ao longo período na posição de cócoras. Alguns dos mais de dez alunos que estão na plateia riem da situação e fazem piadas "morreu de câimbra", diz um deles. Os "bandidos" fogem então no veículo e a cena é encerrada.

O professor prontamente corre em direção ao aluno com câimbras e faz o procedimento para aliviar o problema, deitando o aluno e esticando suas pernas. Ele então dá uma enorme bronca ao restante da turma: *"Vocês estão rindo do que? O cara aqui tá se sacrificando pela PM e vocês achando que é brincadeira? Vocês são os primeiros a morrerem na hora do 'vamos-ver'. Aqui a gente ajuda o parceiro"*.

Para a minha surpresa, ele afirma que acha que a turma fez um bom trabalho e que os alunos estavam aprovados, já que se utilizaram dos procedimentos corretos de negociação e de posicionamento. Todos batem palmas e a simulação é encerrada.

A espetacularização da polícia como formação

O trabalho clássico de Peter K. Manning sobre a organização social do trabalho policial argumenta que: "the symbolization of the police activities is far more important than the actual conduct of these activities".[62] Comentário semelhante pode ser observado no trabalho de Erica Larkins[63] que, seguindo a genealogia de Baudrillard[64] sobre "hiper-realidades", cunha o termo "hiper-favela" para designar um estado social/midiático no qual os acontecimentos reais não podem ser dissociados de sua perspectiva midiática, uma vez que sua significância nos mais diferentes setores da sociedade é também moldada pelo caráter espetacular do fato e da transmissão cultural de entendimento acerca do fato.

Para melhor descrever esta situação, Erika dá o exemplo de uma observação etnográfica que realizou na comunidade de Eldorado, no Rio de Janeiro. Nessa situação, ela notou que quanto mais ostensiva em termos de aparato técnico era a operação policial, menor o seu efeito prático, já que os traficantes da região tinham mais facilidade em avistar estas operações e se antecipar à polícia. Então por quê fazê-las? A resposta, segundo ela, se dá pela comunicação simbólica que a espetacularização do trabalho policial traz para com a sociedade.

De fato, tal como foi descrito no último capítulo, quando traçamos uma genealogia da introdução das técnicas de

---

62 Manning, Peter. *Police Work, The Social ..., Op. cit.*

63 Robb Larkins, Erika. Performances of Police Legitimacy in Rio's Hyper Favela. *Law & Social Inquiry*, v. 38, Issue 3, 2013, p. 553-575

64 Baudrillard, Jean. *Simulacra and Simulation*. Ann Arbor: University of Michigan Press, 1994.

policiamento aproximativo à comunidade, ou de uso progressivo da força na PMESP, dificilmente as podemos dissociar dos acontecimentos que as precedem. Neste sentido, podemos entender que a dimensão midiática destas reformas é também uma linguagem trabalhada em contexto político pelas diferentes esferas que ditam os rumos da organização PMESP ao longo do tempo.

Diversos outros trabalhos sobre policiamento no mundo, como o de Hans Toch,[65] por exemplo, fizeram esta mesma análise acerca da percepção pela necessidade de inovação na polícia ser frequentemente decorrente de grandes fracassos midiáticos. Esta perspectiva sobre a inovação em sistemas organizacionais conservadores – como é o caso da organização policial, especialmente devido ao alto grau burocrático que a circunda – encontra corroboração no âmbito das ciências econômicas na famosa teoria de Everett Rogers sobre a difusão de inovações.[66] De acordo com esta, a adoção de uma inovação por parte de uma organização prescinde de uma tensão por mudança e uma avaliação prévia acerca da percepção social das implicações desta mudança.

O curioso na cena observada no assalto a banco com reféns, antes de mais nada, é que se trata de uma representação recheada de elementos que indicam a dimensão espetacularizada tanto do crime quando da atuação policial – como as diversas bombas, metralhadoras e demandas por parte dos criminosos. Porém, sua repercussão é única e exclusivamente para consumo interno daqueles que fazem parte da organi-

65 Toch, Hans: "Mobilizing Police expertise ..., *Op. cit.*, p. 55

66 Rogers, Everret. *Diffusion of Innovations*. Nova York: Free Press, 1995.

zação. Ou seja, a partir desta constatação podemos levantar duas interpretações para a mesma: 1. a dimensão da espetacularização do trabalho policial é uma que deve ser intencionalmente treinada e 2. esta dimensão espetacular do policiamento possui, de fato, um conteúdo representacional a ser passado para os alunos. Minha análise é de que ambas estas perspectivas assumem grande relevância no ensino/aprendizagem dos soldados.

No plano do discurso, alguns elementos chamam atenção acerca da referida cena. Noto, primeiramente, a clara desvantagem que os policiais apresentam frente aos criminosos. Esta cena pode ser explicada a partir da narrativa da necessidade de proteção individual do policial, mas não em termos da narrativa da proteção da sociedade. Isto pode ser visto no fato do desfecho da narrativa possuir uma significação acerca da capacidade da polícia em atuar em situações de risco e também pela desvantagem dos policiais na correlação de forças que é prevista pelo professor que montou a cena.

Neste contexto, a espetacularização ganha um sentido prático. Se o policial não pode de fato resolver o problema para o qual é designado, que ao menos comunique à sociedade uma narrativa positiva do seu trabalho – esta é a lição prática da cena. Ou seja, neste contexto ele está de fato treinando a espetacularização.

Outro ponto importante da cena é a repressão do professor às brincadeiras dos demais alunos para com o policial que teve câimbras. Na verdade, quando o professor interfere naquela brincadeira o que ele efetivamente está fazendo é moldar o significado da teatralização como um todo. Quando o professor realiza os procedimentos médicos para atenuar os sintomas da câimbra, o policial deitado deixa de ser alguém que fracassou em sua missão; ele passa a ser um herói que lutou até o fim contra condições adversas.

Neste sentido, podemos interpretar a cena no plano do consumo interno dos alunos como sendo uma representação clara a respeito do trabalho policial; a daquele que luta pela sociedade através das condições mais adversas. Esta narrativa, ainda assim, ajuda a corroborar a noção de proteção pessoal do policial em seu trabalho em oposição à proteção da sociedade e busca pela legitimidade no plano organizacional.

Cenas 4 e 5: Abordagem ao baile funk e chacina na Chácara

Estamos na última semana do curso de formação da turma que vi entrar na ESSd, no começo de 2016. Na verdade, segundo afirma o Capitão, ainda há duas semanas para a conclusão do curso, mas a próxima semana é destinada apenas a cerimônias internas – as quais não estou autorizado a acompanhar. O Capitão me explica, então, que a conclusão do currículo acadêmico para os PMs se dá pela realização de uma espécie de gincana; são montados diversos cenários de crimes e os policiais – divididos em turmas – devem passar por cada um destes cenários realizando a simulação da intervenção policial de acordo com os POP. Caso obtiverem sucesso nestas provas, estarão aptos para o trabalho de rua, segundo a PMESP.

A importância deste dia traz à tona um clima especial por toda a escola. Para os alunos, percebo um misto de nervosismo e excitação com a conclusão do curso. Muitos conversam sobre o baile de formatura e seus planos de trabalho. Para os professores da Escola, como posso notar na fala do Capitão e nas conversas dele com outros professores, há uma sensação de empolgação com o dia. Por um lado, pela conclusão do trabalho de formação de mais de uma centena de policiais, por outro, pela curiosidade acerca de como os alunos desempenharão as simulações.

O Capitão me acompanha no traslado até a quadra coberta, local no qual se realizam as cerimônias de homenagem aos eventos de 9 de julho de 1932[67] em dias de chuva. À frente da quadra, há uma cantina privada onde os alunos podem comprar salgados e refrigerantes. Noto que a cantina está especialmente cheia neste dia, quase com a lotação máxima. O capitão me explica então que é ali que a aula será realizada.

De dentro da cantina, é ligado um som com música bastante alta. Primeiramente, aquilo me chama atenção por ser uma das poucas vezes que escuto música dentro da Escola Superior. Mas principalmente, me chama a atenção por se tratar de um "funk" com letra fazendo referência a organizações criminosas. O clima dentro da cantina é de festa; as pessoas simulam que estão bebendo cervejas e fazem piadas uns com os outros. Percebo então que este lugar irá representar, na cena, um bar de "periferia".

Chega então um grupo de policiais fardados, que encostam em frente ao bar esperando autorização para iniciar a prova. O grupo é composto por quatro policiais; três homens e uma mulher. Dentro da cantina, vejo agora, há cerca de dez pessoas; oito homens e duas mulheres.

Dada a autorização para o começo da cena, os policiais agem de forma bastante enérgica: entram na cantina apon-

67 Em homenagem à chamada "revolução constitucionalista".

tando as armas para todos, gritando "Polícia! Polícia!" e derrubando mesas e garrafas. Com algum esforço, conseguem tirar todos do "bar" e colocá-los de frente à parede de entrada. Um dos policiais vai direto para o som e o desliga. *"Quem é o dono do bar?"*, pergunta.

Eis que um dos homens levanta a mão já reclamando da abordagem: *"Eu não posso nem trabalhar aqui? Que preconceito é esse com meu bar?"* Os policiais pedem então os documentos deste homem e começam a revista nos demais. Dois policiais mantêm seu armamento em posição de pronta resposta enquanto os outros dois policiais realizam a revista dos demais. Noto que a policial mulher revista as mulheres da cena. Um dos rapazes que está sendo revistado brinca: *"você está sentindo cheiro de coxinha? Tá forte, né?68"*.

A policial mulher encontra, então, um pequeno saco plástico que ela afirma conter drogas. A posição do armamento dos policiais que fazem a segurança muda, enquanto ela trata de algemar a moça. O policial que estava fazendo as revistas – tendo acabado de passar por todos – prossegue para o bar; revistando o local. Atrás do bar, ele encontra mais "drogas", o que desperta uma discussão com o dono do bar – que, por sua vez, afirma que as drogas não lhe pertencem e que não deve ser preso por isso.

Colocados o dono do bar e a mulher na viatura, o grupo chama o professor para dar a cena como encerrada. Eis que então um dos rapazes revistados sai do grupo e mostra que estava armado, ou seja, que os policiais que fizeram a revista

---

68 "Coxinha" é um termo pejorativo utilizado para chamar os policiais em linguagem de gíria.

não notaram este fato. Ele brinca: *"São esses que estão prontos para a rua? Estão ferrados!"* Ele ainda aproveita para provocar os demais participantes da cena: *"Não falei que eu conseguia esconder deles a pistola?"*.

Da cantina, saio correndo para de volta para o P5, onde reencontro o Capitão. Afirmando estar ocupado, o Capitão designa um aluno recém-chegado à Escola, para me levar ao local da próxima simulação.

A ESSd possui uma área de mata muito grande, esta que é pouco utilizada pelo espaço das salas de aula, uma vez que a estrutura construída na Escola consegue suprir facilmente as necessidades. Desta forma, mesmo após quase dois anos de observação etnográfica, percebo neste momento que a Escola possui muitas áreas ainda desconhecidas para mim. Seguimos uma trilha pela mata, passando pelos galpões nos quais ocorrem as aulas de tiro. Ouço, novamente, som de "funk" no rádio – este que aumenta à medida em que me aproximo. Por fim, chegamos a uma casa que possui uma área externa razoavelmente grande. Nesta, há uma espécie de varanda virada para a mata.

Há muita gente observando esta cena, inclusive muitos policiais visivelmente mais velhos. Abaixo, na varanda, vejo dois rapazes deitados cobertos com um líquido vermelho que simula o sangue. Ao lado de um deles, há uma arma no chão.

Pela primeira vez durante a minha observação, sou questionado por um dos professores, com uma voz inquisitiva: *"Quem é você? Por que você está assistindo isso?"*. Explico então a pesquisa e a autorização do Coronel. Sou ainda defendido pelo rapaz que está comigo: *"O Capitão que mandou eu trazer ele aqui, senhor!"*.

O professor então sai sem falar mais nada e liga no rádio para dar início à cena. Da mata frente à casa, desce um grupo de 4 policiais homens. Eles estão visivelmente nervosos e apresentam extrema cautela em seu caminhar.

Chegando à varanda, um deles corre primeiro para retirar a arma do chão e desligar o som. Outro policial confere se os dois "ensanguentados" estão de fato mortos. Dada a confirmação, um dos policiais volta à viatura para pegar a faixa amarela que deverá isolar a cena do crime para futura perícia. Isolada a área, os policiais informam pelo rádio a Polícia Civil sobre o ocorrido, solicitando a imediata presença da Polícia Científica. Em seguida começam uma busca nos demais cômodos da casa.

Nós que estamos observando a cena, sabemos que há um rapaz armado escondido na garagem da casa. Entretanto, por este ser o cômodo mais distante em relação ao crime, os policiais demoram a chegar lá.

Eis que então surgem três pessoas na cena, alegando serem parentes dos mortos. Eles choram pedindo para se aproximar aos corpos de seus familiares. Os policiais afirmam que não podem cruzar a faixa amarela; que esta é uma cena de crime. O grupo, entretanto, se recusa e segue avançando. Um dos policiais utiliza-se da força, então, para empurrar o grupo para longe da fita.

Apresentando dificuldades para conter o grupo, os policiais decidem por não entrar no último cômodo da casa e encerram a cena assim mesmo, afirmando esperar agora pela chegada da Polícia Civil. O professor os aplaude e afirma que foram muito bem. Que deveriam ter feito buscas em todos os quartos da casa, mas que os procedimentos operacionais foram corretos e seguros. Ademais, deveriam, da próxima vez, isolar uma área ainda maior em relação ao crime, pois isso facilitaria o trabalho de contenção dos familiares.

A guerra contra o baile Funk: da escola de formação ao mundo real

No dia 03 de novembro de 2017, um grupo de quatro Policiais Militares ocupa um bar onde está sendo realizado um baile funk. Eles colocam todos contra a parede, inclusive o dono do bar, e começam a revistá-los de maneira bastante atenciosa. O clima se evidencia bastante hostil aos policiais que são repreendidos pelos suspeitos por "estarem cometendo uma injustiça" ao abordá-los sem qualquer tipo de denúncia, sendo inclusive ofendidos a nível pessoal. Ainda assim, todos mantem a posição sul de armamento (indicando baixo risco percebido) até que, entre os revistados, um dos policiais encontra uma arma. A tensão sobe, todos os policiais passam para a posição de terceiro olho e obrigam o rapaz que possuía a arma a deitar. Um rapaz tenta fugir, ao que, sob ameaça de morte, é contido por um dos policiais, este que se posicionou mais atrás do grupo que está realizando a revista. Este rapaz é revistado, deitado, ao que os policiais encontram drogas em sua posse. Ele e o sujeito armado são prontamente algemados e colocados dentro da viatura, enquanto os demais seguem sendo revistados e interrogados. Finalmente, a cena é controlada pelos policiais, que ordenam o fim do baile. Com mais xingamentos e reclamações explicitas do dono do bar, todos os participantes do baile acabam indo embora, sem maiores consequências – a não ser o fim da festa.

Dois dias depois, um outro grupo de policiais adentra uma residência onde acabara de haver um homicídio. O corpo segue lá, estendido no chão, todo ensanguentado e sem ninguém em volta. A única presença sonora é um rádio que toca funk no mais alto volume. Os policiais, em posição de fila, adentram ao local, fazem uma busca no morto, procuram armamentos e desligam o rádio para prosseguir o seu trabalho. Um deles comunica pelo rádio "precisamos de reforços, parece que o baile aqui deu errado". O local é isolado à espera da Polícia Civil, que deve iniciar o processo investigativo do homicídio. Parentes do morto chegam à cena e tentam, aos prantos, aproximar-se da cena do crime. São fisicamente contidos pelos PMs. Um deles se exalta e, na tentativa de forçar sua entrada à cena isolada, acaba algemado.

Dia 1 de dezembro de 2018: é realizado o chamado "Baile Funk da DZ7" no bairro de Paraisópolis, São Paulo. Seis Policiais Militares buscando dois criminosos que se evadiram do bloqueio policial iniciam ação ostensiva em meio à multidão, sem observar as exigências técnicas e táticas do treinamento de Policiamento de Choque, ensinado no Curso de formação de Soldados em 16 horas do segundo CENS. Esta atitude gera um efeito "cascata", aumentando o grau de hostilidade da população local para com a polícia e da polícia com os participantes. Outros 32 policiais se deslocam ao local que, a esta altura, transformou-se em um pesadelo operacional. Inicia-se um corre-corre generalizado em meio às estreitas ruas do bairro. Alguns policiais se posicionam à beira destas ruas estreitas, golpeando com um pedaço de pau de maneira indiscriminada e aleatória aqueles que passam por aquele local. A multidão se dissipa, por fim, deixando um saldo de 9 mortos pisoteados e outros 12 feridos de forma grave.

As duas primeiras cenas descritas acima são teatralizações do trabalho policial, realizadas no âmbito do Curso de

Formação de Soldados da PMESP, na Escola Superior de Soldados, tal qual observadas sob caráter etnográfico nesta pesquisa. A última cena, entretanto, é real. Ela é protagonizada (ao menos de maneira inicial) por seis PMs sem a presença de um Oficial, ou seja, todos formados na escola de Soldados ou de Sargentos (seja esta a ESSd ou não).[69]

Tal como discutido na introdução deste mesmo trabalho, observar as continuidades do treinamento de Soldados no trabalho de rua, sob uma perspectiva quantitativa, não é uma problemática que este trabalho proponha enfrentar. Primeiramente, porque não podemos resumir a formação policial única e exclusivamente àquela que é realizada na ESSd. A experiência de policiamento na rua e nas chamadas "oficinas de reciclagem" é uma característica fundamental do aprendizado desta profissão., Isto é reconhecido pela própria corporação que desenvolve o conceito de "progressão continuada e progressiva"[70] para descrever uma das características de seu processo geral de ensino. Em segundo lugar, temos a questão da temporalidade da pesquisa, ou seja, tendo em vista que os currículos mudam de maneira frequente tanto em conteúdo quanto em estrutura pedagógica (tal como demonstrado no capítulo 2), seus resultados tornam-se igualmente difusos e contraditórios para fins analíticos. Ou seja, o policial de rua pode ter sido formado em concepções diferentes dos parceiros de trabalho mais próximos a ele, por exemplo. Para

---

69 Ainda que a probabilidade nos dá quase certeza da participação de formandos na ESSd nesta ação, tendo em vista a proeminência desta escola na formação de soldados, especialmente entre os que trabalham na cidade de São Paulo.

70 DGE oficial do ano de 2019, p. 5.

a realização de tal pesquisa seria necessário, portanto, uma observação continuada destes trabalhadores desde a formação ao trabalho de rua – o que, por sua vez, escapa ao escopo temporal de uma pesquisa de doutorado.

No entanto, observar a transposição de interpretações dos mundos sociais da escola de formação para o trabalho de rua nos possibilita um olhar empírico sobre o processo circular de gênese cultural, tal como venho descrevendo neste mesmo trabalho. Neste sentido, práticas culturais e elementos coercitivos agregadores do grupo observados no curso de formação, e frequentemente repetidos no trabalho policial, abrem espaço para discussões sobre o funcionamento e consequências da construção dos mundos sociais coletivos organizacionais na prática policial. Nesta discussão, a repressão aos chamados "bailes funk", ou "pancadões", se constitui como um território bastante fértil para pensar essa passagem do treino à prática de policiamento.

Isso porque o tema, ora da repressão prática a manifestações culturais ligadas ao etilo musical - categorizando o mesmo como parte de um mundo social que está em contradição com a identidade organizacional policial almejada no treinamento - frequentemente apareceu no curso de formação, tanto na parte formal do currículo quanto na parte informal. Esta percepção, ademais, vai de encontro com diversos estudos recentes que apontam, ainda que espectro da prática profissional dos policiais, um projeto de controle social a partir da criminalização tanto jurídica quanto cultural do estilo musical.[71]

71 Grillo, Carolina; NERI, Natasha. Vai, levanta a mão!: a criminalidade vista a partir dos bailes funk em favelas do Rio de Janeiro. In: Antonio Carlos Rafael Barbosa, Brígida Renoldi e Marcos Veríssimo. (Org.).

Quando dois anos mais tarde, uma ação da mesma PMESP em um baile funk acaba por deixar 9 mortos, gerando uma imensa comoção pública, assim como repreensão por parte do Governador do Estado, tendo até culminado na renúncia do Comandante Geral da corporação, podemos vislumbrar, na prática, a manifestação destas narrativas no mundo real. Neste contexto, o acesso ao cotidiano da formação de Soldados da PMESP nos leva a observar o acontecimento como uma continuidade do treinamento e não necessariamente como uma ruptura.

No currículo oficial da PMESP, há uma menção oficial ao treinamento operacional relativo à Lei Estadual No 16 049/2011, que estabelece as diretrizes e sanções relacionadas a aglomerações ao redor da "emissão de ruídos sonoros provenientes de aparelhos de som portáteis ou instalados em veículos automotores estacionados".[72] Ainda que não haja no texto da lei nenhuma menção oficial a estilo musical ou cultural específico, este artigo é descrito no PDM oficial do curso de Procedimentos Operacionais Padrão como "Lei do Pancadão".[73] Sob a descrição de: "Perturbação do sossego

(I)legal. *Etnografias em uma fronteira difusa.* 1ª ed. Niterói: Editora da Universidade Federal Fluminense (EDUFF), 2013; Mattos, Carla. Da valentia à neurose: Criminalização das galeras funk, 'paz' e (auto)regulação das condutas nas favelas. *Dilemas: Revista de Estudos de Conflito e Controle Social*, v. 5, p. 653, 2012.

72 Texto original da lei, tal qual publicado no *Diário Oficial*, disponível em: http://dobuscadireta.imprensaoficial.com.br/default.aspx?DataPublicacao=20151211&Caderno=DOE-I&NumeroPagina=1, acessado pela última vez 02/06/2020.

73 Conforme PDM do Curso de POP, vide anexo 3.

público, atendimento de ocorrência de perturbação do sossego público, exercícios práticos em bares, residência, e estabelecimentos comerciais (POP: 2.03.01- Atendimento de ocorrência de perturbação do sossego público; NI no PM3-001/02/15 Sistemática de atuação da Polícia Militar no atendimento e registro de ocorrências –Resolução SSP- 57/2015; Súmula de ICC 25 e 80). Lei Estadual No 16 049/2011 ("Lei do Pancadão – C-99)",[74] este tema contempla, ainda segundo a designação oficial de horas, as aulas 13, 14, 15, 16, 17 e 18 do primeiro módulo do curso. No segundo CENS, na disciplina de Procedimentos Operacionais Padrão II, há outras seis aulas destinadas à "perturbação do sossego público", sem menção direta ao "pancadão".

Primeiramente, vale uma reflexão acerca do uso do aparelho jurídico como veículo para as práticas culturais, organizacionais, morais e/ou identitárias neste caso. Ao definir uma legislação ampla e difusa sob o signo de "lei do pancadão" indica-se parâmetros de vigilância e punitividade específicos buscados na aplicação desta. Neste contexto, temos a prática cultural informando a prática jurídica e não o oposto. Este processo encontra bastante ressonância com o que fala Luiz Eduardo Soares, quando discorre sobre o fato de a política de segurança pública brasileira ser frontalmente voltada à fiscalização do tráfico de drogas,[75] ainda que, nas normas escritas, contemple punições a todos os tipos de crime. Para Egon Bittner, este processo indica que há uma abstração na formulação do mandato policial, o que culmina em um descompas-

74 *Idem.*

75 Soares, Luiz Eduardo. *Violência e Política no Rio de Janeiro*. Rio de Janeiro: Top Books, 1996

so entre a norma e a prática real, Como defende: "ao dizer que as regras são revogáveis não apenas se admite a existência de exceções; significa reafirmar uma reivindicação, antiga e mais forte, de que o domínio da jurisdição presumida da regra legal essencialmente está em aberto".[76]

Esta observação é ainda mais centralmente notada quando olhamos para toda a parte informal do Curso de Formação de Soldados da PMESP. Isso porque seja no conhecimento imaterial e cultural repassado, através da experiência, no contexto da aula, seja nos mecanismos agregadores culturais corporativos (estes que transcendem o escopo do curso de formação), as menções culturais a uma atuação operacional que enxerga o funk são notórias. O funk é visto como um elemento de manifestação cultural identitária em oposição aos ideais civilizatórios da organização. Neste viés, diversos exemplos emergem da observação etnográfica, tanto de forma subliminar quanto liminar. Por exemplo, em todas as vezes que houve música sendo tocada em alguma cena de crime, no âmbito das teatralizações, essa música era funk. Paralelamente, diversas manifestações diretas de repreensão ao estilo musical como marcador identitário puderam ser observadas, como: "funk ninguém escuta mais, né?"[77], "polícia não anda de moto e nem escuta funk".[78]

Reiner afirma que "a cultura policial" se desenvolveu como "uma série padronizada de acordos que ajudam os policiais a superar e a ajustar-se às pressões e tensões com que

76 Bittner, Egon. *Aspectos do trabalho policial.* Tradução Luísa Amendola Pinheiro. EDUSP, São Paulo, 2003. p. 96.

77 Descrição etnográfica, aula de Direitos Humanos e Ações Afirmativas.

78 Descrição etnográfica, aula de Doutrina de Polícia Comunitária.

a polícia se confronta. Gerações sucessivas são socializadas nessa cultura, mas não como aprendizes passivos ou manipulados de regras didáticas. O processo de transmissão é mediado por história, mitos, piadas, explorando modelos de boa e má conduta".[79]

Ainda que esta divagação permita um entendimento aprofundado das dinâmicas de coerção organizacional através da gênese cultural, a exposição etnográfica trazida neste capítulo nos obriga a duas ampliações.

Primeiramente, existe uma dinâmica inerente às manifestações informais observadas, que nos leva a crer na constante gênese de elementos culturais organizacionais a partir de oposições retóricas a uma "cultura policial", dotada de uma natureza totalizante. Em segundo lugar, devemos observar não apenas como as práticas culturais do policiamento e interpretações específicas da parte jurídica do curso permeiam a formação, como também o oposto, ou seja, como as lógicas culturais forjadas na escola de formação permeiam o trabalho policial, se fazendo, muitas vezes, centrais na aplicação das políticas de segurança pública. Neste sentido, ao contrário de um processo de "socialização" na cultura, observamos um sistema cíclico de retroalimentação dos preceitos culturais, tanto na base quanto no centro da pirâmide organizacional.

Assim, a lógica da autopreservação, exposta aqui como argumento coercitivo comum aos mais diversos sistemas morais dentro da cultura de trabalho, também se faz efetiva nas práticas culturais e identitárias de base, assim como nas dimensões burocráticas e jurídicas. Ou seja, não basta apenas se proteger, mas também se questionar do que, espe-

---

79 Reiner, Robert. A política da polícia ..., *Op. cit.* p. 134.

cificamente, se proteger, seja como indivíduo, corporação ou como imaginário civilizatório.

Narrativas inacabadas

Desde o início das observações etnográficas das teatralizações do trabalho policial, realizadas no curso de POP, um detalhe tem me chamado a atenção de maneira recorrente: o fato de a maioria das narrativas não serem "resolvidas" pelos alunos. O desfecho da cena, neste contexto, aparece muito mais ligado ao reconhecimento, por parte do policial, de sua impotência no prosseguimento da atuação e por uma análise subjetiva de risco pessoal percebido, do que pela plena resolução técnica dos conflitos sociais encontrados. Para um observador não participante, este fato faz com que no final das aulas de POP frequentemente transpareça a noção de que a atuação policial não foi bem-sucedida. Esta noção, no entanto, é desafiada pelos professores do curso, uma vez que, para eles, a resolução narrativa das cenas não constitui o objetivo central do trabalho, como podemos notar nas descrições acima.

Esta dissociação ontológica acerca da função do policial entre as narrativas do curso de formação e as expectativas tácitas da sociedade ocorre, primeiramente, porque a compreensão teórica acerca do papel deste trabalhador é igualmente dissociada. Enquanto as pressões na esfera social são para um policiamento focado na construção da legitimidade – ou seja, de uma organização policial voltada para o estado como o eixo condutor de seus objetivos – o curso de formação foca no conceito de autoridade.[80] Desse modo, o curso garante à or-

80 Segundo a genealogia de Benjamin, em: Benjamin, Walter. "Critique of Violence ..., *Op. cit.*, p. 236-252

ganização um grau de autonomia com relação ao restante da sociedade para interpretar os "mundos sociais"[81] com os quais os trabalhadores se deparam. Neste contexto, a sociedade deixa de ser o foco único ou até prioritário da atuação policial.

Além disso, tendo em vista a multiplicidade de possibilidades de interpretação e mediação destes mundos sociais abarcadas nas cenas, sobressai uma espécie de "relativismo policial"[82]. Por relativismo policial entendo um sistema em que os sentidos da própria interação se sobrepõem aos padrões morais mais amplos no que diz respeito à sociedade como um todo. Aqui notamos, portanto, mais uma contradição no exercício do mandato policial, esta incidente no plano das subjetividades. Dito de outro modo, em seu trabalho quase "antropológico" de interpretação dos diferentes atores sociais e suas interações, o policial em formação é ao mesmo tempo um "relativista cultural"[83] e um "universalista".[84] Apesar dele trabalhar com cenas morais diferentes em cada teatralização, e relativizadas e muito abertas em suas condições, ele é treinado, também, sob um ponto de vista teórico, numa concepção de sociedade estabelecida em padrões morais específicos que devem valer para todos.

81 Utilizo esse termo segundo a definição de Durão, em: Durão, Susana. *Patrulha e proximidade ...*, *Op. cit.*, p. 48

82 Baseando-me no conceito de "relativismo cultural" de Boas, em: BOAS, Franz. *Antropologia cultural.* Trad. Celso de Castro. – 6ª ed. Rio de Janeiro: Jorge Zahar Ed., 2010.

83 Boas, Franz. *Antropologia ...*, *Op. cit.*

84 Massud, Leonardo. "Universalismo e Relativismo Cultural". In: PIOVESAN, Flávia. Direitos Humanos. Fundamento, Proteção e Implementação. Perspectivas e Desafios Contemporâneos. 1. ed. v. II. Curitiba: Juruá, 2007.

Dominique Monjardet descreve esta problemática sob um ângulo diferente, porém chegando a uma conclusão similar: "Tanto o 'quem faz o que', como o 'como o faz' é, assim, um processo discricionário permanente, que ultrapassa em todos os aspectos as possibilidades e práticas de codificação regulamentar e controle hierárquico"[85]

Neste contexto, focar a narrativa do policiamento e seus desfechos para o próprio corpo pode ser uma maneira bastante prática do policial lidar com a incidência destas contradições na dinâmica de trabalho. Tendo em vista, entretanto, a centralidade do processo de corporalidade construída no treinamento, torna-se particularmente interessante a dimensão institucional que a autoproteção toma, já que, por via de regra, ela seria contraditória às exigências da sociedade para com a corporação policial.

Neste contexto, prioriza-se a diminuição do risco, numa concepção policial da mediação de conflitos,[86] a qual é novamente contraditória à orientação proativa do modelo policial utilizado pela PMESP na concepção dos POP. Gera-se, assim, a narrativa de que o trabalho policial é uma condição perpetuamente insolúvel e transitória, naturalizando o discurso corporalizado de agressividade em situações de encontro com a população através da corporalização da proteção pessoal pelo uso proeminente da arma de fogo, ao mesmo tempo em que se incentiva a narrativa da simples mediação de conflitos e da polícia de proximidade.

---

85 Monjardet, Dominique. *O que faz a polícia...*, *Op. cit.*, p. 54

86 Vide: Tacher, David. *Order Maintence Policing*, in: Kane, Robert J. e Reisig, Michael D. (org.): *The Oxford Handbook of Policing*, Oxford University press, NY, 2014, P. 122-148

Ou seja, na figura do policial em formação, as narrativas do POP veiculam uma mensagem pedagógica bastante confusa e ambivalente: de que a Polícia deve interpretar mundos sociais ideais na construção da "normalidade", mas deve se reconhecer paralelamente incapaz de resolver os conflitos sociais do dia-dia, porque a população é vista como risco. Esta constatação abre espaço para a perspectiva do "relativismo policial" como maneira de manejar a necessidade de compreender e mediar os mundos sociais com os quais se depara.

A cena da tentativa frustrada de abordagem ao carro possivelmente pertencente à Polícia Civil nos dá uma boa visão desta condição; posto frente a uma situação em que o grau de perigo apresentado supera claramente a possibilidade de sujeição do suspeito por parte do policial mediante o uso da força prevista nos POP, cria-se uma interpretação de policiamento focada na convivência com a impotência, ao mesmo tempo em que não se deve abrir mãos das técnicas corporais de sujeição dos "outros".

Diferente da "lógica do ressentimento" de Didier Fassin,[87] entendo que o treinamento policial paulista incentiva um sentimento de "angústia social". Este que se caracteriza pelo sentimento paradoxal de impotência ao nível organizacional (na figura da corporação), corporalização da prepotência ao nível pessoal (na predileção pelo uso de técnicas letais na sujeição de suspeitos), aliados à narrativa de permanente ameaça à integridade física.

Pesquisa do ano de 2018 demonstra que, em média, dois PMs são afastados da corporação por dia devido a problemas

87 Fassin, Didier. *Enforcing Order: An ethnography...*, *op. cit:*, P. 200

psicológicos.[88] Tendo em vista este alarmante dado sobre as condições de trabalho oferecidas aos PMs (assim como os demais dados alarmantes, como de mortalidade no trabalho), entender a forma com que estas pressões contraditórias incidem sobre o corpo do trabalhador pode ser um caminho para o melhor desempenho deste mesmo em sua função, assim como para a diminuição do grau de sofrimento social.

*

Inúmeros debates podem emergir das cenas descritas no presente capítulo, assim como nas demais observações realizadas pela pesquisa que acabaram preteridas nesta exposição. Neste capítulo, a análise manteve-se focada em alguns pontos bastante específicos, tais como: a construção coletiva e imaginária de mundos sociais que permeiam o trabalho policial; o processo de teatralização e incorporação dos POP e suas implicações nas concepções de policiamento praticadas no estado de São Paulo; as narrativas contraditórias acerca do papel da polícia na sociedade e suas implicações nos corpos dos trabalhadores; e, por fim, a narrativa da autoproteção como tensor moral do grupo.

Estas chaves teóricas visam traçar um paralelo entre o debate etnográfico e as questões expostas no início do capítulo. Para a questão inicial: quais são, de fato, os conteúdos (didáticos e culturais) transmitidos durante o curso de formação da PMESP na carreira de praça para 2º soldado? Notamos que, para além do material da apostila dos POP, há toda a

88 Vide: https://www1.folha.uol.com.br/cotidiano/2019/01/dois-pms-sao-afastados-por-dia-por-problema-psiquiatrico-em-sp.shtml, acessado pela última vez dia 02/06/2020.

transmissão de valores sobre os diferentes atores sociais com os quais a polícia precisa lidar diariamente.

As consequências do processo de assimilação destes conteúdos nos dão um caminho para a discussão da próxima questão já que, no âmbito do curso de POP, todos estes conteúdos são representados corporalmente. Ou seja, para a questão: como estes conteúdos são assimilados por este trabalhador na conformação de seu corpo e linguagem para o trabalho? Notamos a centralidade do processo de treinamento teatralizado e corporal no aprendizado da profissão policial o que, por sua vez, coloca o aluno da ESSd em situação contraditória, já que há um conflito nas concepções de policiamento pregadas corporalmente e aquelas aprendidas teoricamente no curso de formação.

Tendo em vista a natureza insolúvel da condição de PM na qual este aluno se vê colocado, a narrativa da autopreservação acaba surgindo como tensor moral único a perpassar todas as dimensões e discursos suscitados pelo trabalho de Policial Militar imaginado na ESSd e tornando-se, assim, central na corporalidade deste mesmo. Como notamos nas cenas, há uma linearidade no que diz respeito à atuação policial frente a diferentes riscos percebidos. Ou seja, mesmo em situações com potencial de perigo muito diferente – como a moradora de rua quando comparada com suspeitos potencialmente armados em um carro – os policiais respondem corporalmente de maneira bastante similar.

Acredito ser, portanto, a partir do entendimento da corporalização deste discurso, o melhor caminho para se investigar a última questão: o curso de formação possui a dimensão da construção de uma ideologia de grupo? Que sentimentos morais e políticos estão em jogo? Tratei até aqui dos aspectos formais e dos cotidianos da formação de soldados. No próximo capítulo introduzo a questão da importância da cerimonialização no contexto da escola.

Capítulo IV: 1932 na Escola Superior de Soldados, uma performance institucional

O objetivo do presente capítulo é discutir o que entendo ser a terceira dinâmica central da formação policial em São Paulo: a ritualização. Através da observação etnográfica de uma cerimônia de homenagem à chamada "Revolução Constitucionalista de 1932", realizada por alunos da Escola Superior de Soldados durante horário letivo. Buscarei, no âmbito do Curso de Formação de Soldados, observar os processos de construção e transmissão de narrativas político-institucionais presentes da PMESP que tendem para a sacralização dos valores que influenciam a prática de trabalho histórica especifica da corporação.

O entendimento do termo "ritual" como estando associado a práticas religiosas entre grupos étnicos remotos – tanto na antropologia quanto no senso comum – constitui ainda hoje um desafio a ser contemplado por qualquer pesquisador que queira utilizá-lo. Por isso, engajar-se neste caminho teórico sob a perspectiva de lidar com temas da sociedade ocidental contemporânea remete a desafios genealógicos que precedem da especificação exata das bases teóricas, objetivos analíticos e descrição metodológica contemplados na pesquisa.

Procuro neste trabalho caracterizar o ritual como um "sistema cultural de comunicação simbólica", de acordo com a genealogia de Stanley Tambiah[1]. No presente estudo, este se materializa nas cerimônias em homenagem à chamada "Revolução de 1932", realizadas com periodicidade mensal no espaço temporal da observação etnográfica que realizei (2016-2017). É importante ressaltar que, de acordo com o instrumental teórico proposto aqui, não busco afirmar que estas cerimônias sejam um evento ritualístico por excelência, tendo em vista que a multiplicidade de sentidos produzidos nas mesmas se sobrepõe ao escopo de um eixo teórico único. O que busco afirmar, de maneira alternativa, é que observá-las como tal, dentro da dinâmica do trabalho etnográfico, constitui um caminho frutífero para o aprofundamento do entendimento dos sentidos nela produzidos, auxiliando, assim, na análise do objeto de estudos em âmbito maior.

Como nota Mariza Peirano[2], rituais podem se constituir como uma janela para a observação do que é padrão no grupo social, organização ou sociedade estudada, já que seus sentidos e discursos estão apoiados em simbologias que já são comuns a seus participantes:

> Os elementos que entram no ritual já existem na sociedade, fazem parte de um repertório usual, mas são então reinventados. Se o ritual possui características marcantes de estereotipia, redundância, condensação e, às vezes, formalidade, esses são traços de eventos sociais em geral — no ritual

1 Vide: Tambiah, Stanley J. *Culture, Thought and Social Action,* Harvard University Press, 1985

2 Peirano, Mariza. *Rituais ontem e hoje.* Rio de Janeiro: Editora Zahar,, 2003, p. 4

> eles apenas são reforçados. Concluímos, portanto, que rituais são um tipo especial de eventos, mas não qualitativamente diferentes daqueles considerados usuais. Sendo assim, o instrumental desenvolvido para analisá-los pode ser reapropriado, com proveito, para exame dos eventos cotidianos.[3]

Neste viés, devemos observar a descrição etnográfica a partir de duas dimensões básicas: estrutura e conteúdo narrativo, estas que se entrelaçam na produção da retórica simbólica do evento. Do ponto de vista da estrutura, olhamos, inicialmente, para a realização programada, periódica e espetacular de um ato que, ao apresentar uma sequência padronizada da narrativa acerca da corporação PMESP e de seu sentido dentro do Estado de São Paulo, influi momentaneamente na quebra da rotina, função e organização social normal da Escola Superior de Soldados. Esta quebra – e sua subsequente volta à "normalidade" – produz sentidos assinaláveis em diversos aspectos para escola, aluno e corporação.

Do ponto de vista do conteúdo narrativo, deve-se partir de uma análise historiográfica da versão apresentada dos fatos ocorridos em 1932, para assim entender as subjetividades e simbologias contidas na mesma e suas funções sociais no contexto estudado. Esta reflexão se baseia em quatro pontos: 1. o sentido institucional do ritual, ou seja, seus significados na coesão da organização estudada; 2. o sentido político, definido pela função da narrativa apresentada no ritual para com a sociedade em sentido maior; 3. o sentido histórico – se tratando de um tema que possui ampla gama de sentidos e

---

3 Peirano, Mariza. *Rituais ontem ...*, *Op. cit.*, p. 49

representações na história do Brasil; 4. e o sentido ideológico, este que se revela na transposição da narrativa histórica para as exigências do trabalho policial contemporâneo.

Como sugere Teodoro Silva,

> O ambiente político é densamente ritualizado. Por essa via, o político encontra condições de se objetivar em seus próprios termos. Ganha historicidade. Salta do mundo das ideias para o ambiente societário, elaborando-o ao mesmo tempo que é por ele elaborado, dialeticamente. A análise da lógica ritual, por sua vez, é uma via epistemológica privilegiada para pensar o político.[4]

Dessa forma, a partir da sobreposição entre a forma e o conteúdo narrativo, busco, por fim, questionar se este ritual possui a profundidade de, como sugere Mariza Peirano, "realizar a passagem simbólica das ideologias para os sistemas de ação":[5]

> Os rituais podem concorrer para a construção de novas legitimidades, permitindo desvendar mecanismos de diferenciação social e realizar a passagem das ideologias para os sistemas de ação (e vice-versa). Rituais são, assim, bons para pensar e bons para viver. A partir deles tomamos conhecimento de nosso mundo ideal e de nossos projetos e ambições; a partir deles revelam-se trilhas, encruzilha-

---

4 Teodoro Silva, Wellington. Ritual e Política: Excerto. *Revista de Estudos da Religião*, março 2008. p. 81

5 Peirano, Mariza. *Rituais ontem ...*, *Op. cit.*, p. 47

> das e dilemas e, no processo, consegue-se, muitas vezes, encaminhar mudanças e transformações.[6]

Este processo de produção de dialética simbólica ocorre em uma dinâmica bastante particular e diferente daquela que é cotidiana à escola. Tuner[7] define o processo ritual em três fases, as quais produzem sentidos paralelamente importantes para o rito em si, para o participante e para o grupo. São elas: a *separação* das atividades rotineiras, na qual o indivíduo participante suspende momentaneamente seu envolvimento na vida cotidiana; a *liminaridade*, ou seja, o estado resultante da suspensão da "normalidade" do cotidiano através do ritual, espaço no qual as noções de identidade, tempo e lugar são reconfiguradas a partir do ambiente cerimonial; e a *reintegração*, que consiste na reinserção do indivíduo na "normalidade" cotidiana do ambiente, mas de maneira mais profunda do que antes no sentido de pertencimento ao grupo. Como notaremos na descrição etnográfica a seguir, estas três fases se demonstram de maneira bastante clara no ritual estudado.

Tendo em vista o eixo teórico proposto para o conceito de "ritual", a demarcação das diferentes fases de sua dinâmica não possui caráter explicativo – ou como na genealogia de da Matta[8], liminaridade não deve ser interpretada como essência; de maneira alternativa, ela compõe a estrutura organizacional e

---

6 Peirano, Mariza. *Rituais ontem ...*, *Op. cit.*, p. 47

7 Turner, Victor. *O processo ritual. Estrutura e antiestrutura.* Petrópolis: Vozes, 1974.

8 Da Matta, Roberto. Individualidade e liminaridade: considerações sobre os ritos de passagem e a modernidade. In: *Mana*, Rio de Janeiro, abr. 2000, v.6, n. 1, p. 7-29.

analítica do texto, possibilitando o entrelace entre a etnografia e discussão teórica. Neste contexto, a fase denominada por separação se desdobrará na discussão da parte estrutural do evento; a segunda fase, denominada de liminaridade, converter-se-á na análise historiográfica da dialética do discurso; a fase de reintegração, por fim, abrirá caminho para a sobreposição da estrutura com a narrativa, buscando identificar as transversalidades do discurso histórico para os temas que circundam o aluno e instituição no momento da observação.

Durante a pesquisa, tive a oportunidade de acompanhar cinco cerimônias em homenagem a 1932 (nenhuma delas realizadas no dia 9 de julho[9]), estas ocorridas em dois locais diferentes da Escola Superior de Soldados. Ainda que as dinâmicas de separação e reintegração variassem em algumas destas cerimônias, seja pelo local realizado (o que, por sua vez, implica em diferentes no cotidiano da Escola), seja pelos discursos posteriores à encenação (reintegração), o conteúdo performado no período de liminaridade permaneceu inalterado em todas elas. Sendo assim, realizarei a descrição etnográfica de apenas uma destas cerimônias em seu conteúdo formal.

A partir da apresentação e, posterior, análise das cenas etnografadas na pesquisa de campo, buscarei discutir como a construção de um mito histórico corporativo busca se legitimar como discurso político, social e moral no âmbito da formação. Ademais, a partir do estudo aprofundado da dialética apresentada na teatralização, buscarei compreender quais os

9 As cerimônias em homenagem à revolução constitucionalista de 1932 realizadas no dia 9 de julho possuem uma escala operacional muito mais elevada, uma vez que reúne diversos atores sociais que não apenas a PMESP. Ademais, são realizadas fora do ambiente da ESSd.

significados, simbolismos e objetivos específicos do discurso apresentado, propondo uma análise do panorama das ambições simbólicas de tais cerimônias na educação institucional.

1ª fase da cerimônia - Separação:

Eram 6:25 da manhã de sexta-feira, dia 21 de outubro de 2016, quando fui surpreendido em meu sono por uma mensagem do Sargento Ferreira Neto – *"Doutor, bom dia!"* - por alguma razão, o Sargento convencionou chamar-me de Dr. – *"Desculpe pelo horário que estou mandando esse áudio para o Sr., mas ficaram para resolver o horário da solenidade Militar no dia de hoje, tendo em vista que comparecerá no local o Secretário de Segurança Pública e o Presidente do Tribunal de Justiça Militar. Realizaremos, na Escola Superior às 9:40, Doutor, uma solenidade em comemoração à Constituição de 1932. O Coronel aqui o está convidando para apreciar a nossa solenidade, então, se o Sr. tiver oportunidade, gostaria que o Sr. comparecesse. Tenha um bom dia!"*

Dirigi-me com pressa a Pirituba. A Escola Superior de Soldados fica em uma região bastante arborizada da cidade de São Paulo e ocupa um terreno provavelmente equivalente ao Parque do Ibirapuera em tamanho. Na saída do estacionamento, em meio à heterogeneidade de vestimentas que aparentavam, à primeira vista, uma confusão. Havia pessoas fardadas, pessoas de terno, pessoas com roupas casuais e crianças. Mas me deparei com um grupo que me chamou a atenção; cerca de 10 homens jovens (na faixa dos 20 e poucos anos), todos com os cabelos raspados, vestiam roupa social e suspensório.

Eis que, com um sorriso no rosto e o braço estendido, de modo amigavel, surge o Sargento Ferreira Neto, trajado com uma farda de rua da PMESP. O sargento tem cerca de 50 anos, negro de complexão clara e bastante corpulento, tem claramente com boa forma física para a idade, *"Que bom que o Sr. pôde vir. Ainda não começamos a cerimônia porque algumas autoridades ainda não conseguiram chegar"*.

O sargento levou-me então para dar uma volta na quadra central, onde estavam sendo realizados os preparativos finais para a cerimônia. A quadra, como tudo na Escola, chama a atenção pela magnitude – de uma ponta a outra deve ter uns 300 metros. De uma margem à outra, o espaço é menor, mas ainda bastante grande; cerca de 50 metros. No extremo mais próximo à porta de entrada da Escola, arquibancadas parecidas às de um sambódromo. Bem no meio da quadra, há um espaço menor e mais elegante, como que uma tribuna de honra. Em uma ponta da quadra, o escudo da PM de São Paulo destaca-se em um enorme desenho no chão; na outra, uma bandeira do Brasil luta por espaço com uma bandeira do Estado de São Paulo. No meio – bem em cima das tribunas de honra – apenas a bandeira de São Paulo.

Centenas de pessoas fardadas como policiais de rua, uniformizados como alunos da escola – além do grupo dos homens com roupas de época – ocupam o espaço da quadra de maneira aparentemente caótica até então. Nas arquibancadas, muitas crianças (como que numa excursão escolar) se espremem entre algumas famílias de origem aparentemente humilde. Me pergunto se são familiares dos policiais. Na tribuna de honra – esta ainda mais cheia que as arquibancadas – gente de terno, policiais com fardas de alta hierarquia da PMESP e outros vestidos com roupas sociais, conversam casualmente.

Figura 1: Banda toca e os alunos marcham para o início da cerimônia. Foto do autor, tirada durante a observação.

Do outro lado da quadra, o Sargento acena para um homem que traja uma farda bege – o único em toda a cerimônia com esta farda. *"Esse é o Coronel"*, diz-me. Com equivalente recepção e simpatia à que recebi de todos antes, o Coronel se apresenta e me cumprimenta. Trata-se de um homem branco, mais ou menos da mesma idade que o Sargento. *"Prazer em conhecê-lo. Estou um pouco sem tempo porque tenho que comandar a cerimônia, mas reservei para você um lugar na tribuna. Assim que a cerimônia acabar, conversamos melhor"*.

Dirigi-me à tribuna, onde fui abordado por uma mulher branca de meia-idade formalmente arrumada: *"quem é você?"*, perguntou, olhando para uma lista de convidados em uma prancheta. Com um aceno do sargento, ela me liberou. Quando subi à tribuna de honra, notei diversos homens de idade com fardas que aparentemente indicavam alta hierarquia e medalhas. Reconheci, de cara, o presidente do Palmeiras à época, Paulo Nobre. A presença dele fez-me refletir sobre a rede de relações entre empresários e a Polícia Militar e a funcionalidade daquele evento que parecia ir muito além da formação de policiais.

Eis que a banda começa a tocar uma marcha militar e, do extremo da quadra próximo à porta, entram batalhões e batalhões do que imagino serem policiais em formação, cerca de 500. Trajando calça jeans, camisa branca e quepe eles vêm marchando em prefeita sincronia, se posicionando em formação de frente à plateia. A Banda continua tocando a marcha enquanto cada um destes futuros policiais se coloca em seu devido lugar ocupando toda a extensão da enorme quadra.

Do mesmo extremo que vieram os policiais, surge agora o Coronel que me foi apresentado no início da cerimônia e um senhor de feições asiáticas trajando terno. Pelo microfone a narradora fala: *"O costume de passar em revista à Tropa é uma tradição herdada dos exércitos romanos e possibilita ao comandante verificar, de perto, o preparo e o garbo de seus comandados. Também possibilita que estes reconheçam de pronto a figura da maior autoridade presente"*. Noto que o Coronel está com a mesma farda bege e uma espada na mão.

Após se posicionar à frente de seus comandados, todos começam a marchar organizadamente para frente e para trás, ainda ao som da banda. Temos, neste instante, um retrato claro do grupo de policiais que vai logo se formar e começar a atuar nas ruas de São Paulo. Em sua grande maioria homens – ainda que não exclusivamente – jovens de pele "parda".

Educação institucional e corporação

Tal como é proposto por Turner,[10] a realização do ritual influi numa quebra da rotina normal do local observado.

10 Turner, Victor. *O processo ritual...*, *Op. cit.*

Entretanto, é fundamental notar que esta quebra não ocorre pela natureza do evento, haja vista que simulações e teatralizações são componentes da formação no ambiente da Escola Superior de Soldados, como notamos no cap. 3.[11] O principal componente disruptivo aqui encontra-se na promoção da sociabilidade entre instâncias institucionais internas e externas à corporação, estas últimas apresentadas ao aluno de maneira apenas figurativa. Ou seja, de maneira inicial, o evento posiciona o aluno na estrutura social da corporação de forma ampla, em detrimento à estrutura delimitada pelo ambiente escolar.

Neste contexto, o ritual transfere o foco do trabalho da formação individual do Soldado para a formação do grupo, centralizando-se no processo coercitivo e na educação institucional interna à PMESP. Tendo em vista, entretanto, que as estruturas do grupo permitem certo grau de mobilidade social[12], constitui-se também um espaço de representação dos diversos níveis de relação de poder dentro da corporação. Ao demarcar as alteridades internas, esta dinâmica nos traz uma dupla função: solidificar a estrutura hierárquica e conferir um sentido identitário de grupo.

Ainda que estas duas dimensões (alteridade e unidade de grupo) pareçam contraditórias, somadas elas compõem o primeiro eixo do que defino como educação institucional; ou seja, a forma de se trabalhar na corporação PMESP a partir do entendimento da organização política interna e de suas estruturas de poder. O segundo eixo da educação institucio-

11 Cap. sobre a formação cultural realizada na PMESP

12 Monjardet, Dominique. *O que faz a polícia: sociologia da força pública*. São Paulo: Editora da Universidade de São Paulo, 2003, p. 54.

nal encontra-se no discurso narrativo (este a ser analisado no decorrer deste capítulo), que possui a função da transmissão horizontal dos ritos e mitos que circundam a corporação e sua história. Os sentidos da narrativa performada na cerimônia em homenagem ao 9 de julho de 1932 se materializam, portanto, sempre no espaço entre a dialética do discurso e a trama de funcionalidades sociais que o circunda.

A estrutura e função social do ritual não se subscrevem ao trabalho policial em si, por isso tanto a corporalidade praticada nos demais ambientes da escola quanto a função social do trabalho ensinado na mesma, devem ser reinterpretadas no âmbito da performance. Ao mesmo tempo, a narrativa precisa também ser reinterpretada para o ambiente da escola, tornando-se, assim, relevante e exequível por seus alunos. Este processo performático exige dos participantes e organizadores do ritual uma reflexão do que é constante do ponto de vista institucional, a fim que as narrativas não se dobrem ao ponto de se distanciarem das estruturas da organização, perdendo assim o caráter normativo do exercício. O ritual torna-se, então, um exponente e uma prática executável das estruturas mais lentamente mutáveis da organização. Do ponto de vista do aluno, forma e conteúdo se materializam em seu corpo como um exercício primordialmente hierárquico e institucional.

Ao colocar os soldados em formação como figurais centrais da representação de um momento muito valorizado da história da organização, as alteridades do grupo são figurativamente reinterpretadas; de coadjuvantes eles se tornam protagonistas, ainda que no plano representativo. O resultado primordial disso é uma dinâmica que é concomitantemente desigual do ponto de vista da estrutura social do grupo e produtora de conteúdos simbólicos comuns a todos. Temos, assim, um espaço de coesão corporativa que preserva as alteridades internas. A clara demarcação das alteridades não age, neste contexto, de maneira dissociativa à coesão, mas ao contrário, é fundamental para o funcionamento das normas institucionais, de maneira semelhante ao descrito por Celso de Castro[13] no Exército brasileiro. Para Castro, a hierarquia na organização militar se forma a partir de um "grupo de pares", ou seja, um coronel ou capitão já foi um cadete e, portanto, os cadetes sabem que, ao concluir o curso, passarão a ter as mesmas condições sociais de seus superiores.

Quando os policiais de carreira são homenageados no final do ritual (como veremos no decorrer da descrição etnográfica) temos uma metáfora perfeita desta dinâmica: tanto Soldados quando Coronel são condecorados no mesmo evento, porém uns na performance narrativa e o outro na vida real. Tal como na genealogia de Turner, "estrutura e antiestrutura"[14] são paralelamente sobrepostas conferindo sentido didático à performance da desigualdade e hierarquia impostas.

O ritual constitui-se, assim, como uma encenação da mobilidade social clássica da hierarquia militar.[15] Tendo em vista a larga discussão acerca do caráter "militarista" da organização estudada, me parece curioso que a exaltação desta vertente emerja no plano da estrutura e não da força ostensiva. Não há desfile de armas, ou de táticas ligadas ao combate armado, mas

13 Castro, Celso. *O espírito militar: um antropólogo na caserna,* Rio de Janeiro: Editora Zahara, 1990, p. 13-17

14 Turner, Victor. *O processo ritual....*, *Op. cit.*

15 Castro, Celso. *O Espírito Militar: Um Antropólogo na Caserna, ...*, *Op. cit.* p. 13-17.

sim a exaltação dos ritos, mitos e identidade institucional como um todo unitário (mesmo que plural) da PMESP, compondo, ademais, um imaginário histórico da instituição.

Na prática, isto se desdobra em dois aspectos básicos: o da transmissão de conhecimentos sobre a forma de se trabalhar na instituição e o sentido político no âmbito da perpetuação das estruturas históricas de poder internas e externas à mesma, com um lugar central para os comandantes. Entretanto, tal como discutido previamente, creio que a exaltação do militarismo fale muito pouco sobre modelos de policiamento praticados pela PMESP; já que estes são definidos a partir de uma dinâmica, ainda que própria da organização, gerada na negociação e na interpretação do trabalho policial sobre a sociedade em que se enquadra e as demais forças políticas que circundam a estrutura organizacional. A exaltação do caráter militarista como estrutura nos leva a entender que este possui maior relevância na composição interna da instituição do que na sua relação com a sociedade, ao menos no âmbito da formação.

Como pode ser notado no momento que que o Sargento me envia um áudio, a interpretação do ritual como uma "solenidade militar" é claramente desejada do ponto de vista institucional. Esta percepção é ainda reforçada na primeira frase do período de liminaridade: "o costume de passar em revista a Tropa é uma tradição herdada dos exércitos romanos e possibilita ao comandante verificar, de perto, o preparo e o garbo de seus comandados. Também possibilita que estes reconheçam de pronto a figura da maior autoridade presente". Como demonstrado nos demais capítulos desta pesquisa, outros modelos de policiamento como o comunitário e o tecnológico são largamente mais propagandeados pela corporação no âmbito da operacionalidade policial. Ou seja, do ponto de vista do aluno em formação, a pedagogia do ritual é centralmente voltada para a conformação das lógicas hierárquicas e corporais da PMESP sob um caráter institucional.

2ª fase da cerimônia - Liminaridade

A marcha segue até que, em um toque de trompete, todos sentam-se no chão, deixando um grande espaço vazio no meio do pátio. Com o microfone na mão, o Coronel começou a contar a versão da PM sobre os fatos acontecidos em 1932: *"O voto de cabresto e o Coronelismo não agradava a população que exigia democracia. Em 1930, o movimento denominado 'tenentismo' coloca Getúlio Vargas no poder. Getúlio não permite a participação popular, permanecendo clandestinamente no comando do país. Sem eleições, Vargas colocava como governadores, interventores federais para administrar os estados. Em São Paulo, é nomeado como interventor o Tenente João Alberto, pernambucano – que passa a distribuir cargos a pessoas desvinculadas ao nosso estado. Riquezas culturais, acervos históricos e as finanças passam a ser gradativamente dilapidadas. Em janeiro de 1932, toda a população insatisfeita faz uma enorme manifestação na Praça da Sé, declarando repúdio ao governo ditatorial e exigindo a democracia, as eleições e uma constituição legitima".*

Ouve-se um grito raivoso ao fundo, vindo de alguém que não era um dos policiais participando da cerimônia: *"Fora Getúlio Vargas!" "No dia 23 de maio de 1932"* – prossegue o Coronel – *"a população organiza uma manifestação, capitaneada pelos estudantes, para lutar contra o governo ditatorial de Getúlio*

Vargas. A Praça da República, no centro histórico de São Paulo, é tomada pelos paulistas, que bradam palavras contra Getúlio Vargas".

Figura 1: Coronel marcha á frente de seus comandados, sob a bandeira de São Paulo. Foto do autor, tirada durante a observação.

Eis que, para minha surpresa, surge o grupo de homens vestidos com roupas de época que havia visto na entrada, agora acrescido de diversas mulheres também com roupas de época. Percebo que seus suspensórios aludem a roupas simbolicamente datadas de 1932 para a performance. A plenos pulmões, os jovens gritam: *"Fora Getúlio Vargas!"* e *"Constituição"*, enquanto carregavam cartazes com os mesmos dizeres. O Coronel ao microfone se cala. De todos os extremos da quadra até a frente do palanque central, eles caminharam de maneira enérgica, bradando as palavras de ordem e erguendo seus braços como em um jogo de futebol. Quando chegaram à frente do palanque, me surpreendi com a devoção com que encenavam aquela cena. Os gritos transparecem paixão verdadeira, como se fossem convocar todos para esta guerra. A expressão compenetrada nos rostos e o gestual faz aquilo parecer algo muito mais do que um mero "teatro". Eles então se agrupam frente ao palanque, ao que os gritos dissonantes convergem para um coro em uníssono: "*Tudo por São Paulo! Tudo por São Paulo!*".

"*Exibindo a bandeira paulista*", prossegue o Coronel em tom solene, "*e faixas com palavras de ordem, homens, mulheres, religiosos, estudantes e pessoas de todas as classes mostram sua insatisfação exigindo uma constituição popular! A Praça da República fica repleta de paulistas que, de forma aguerrida, manifestam-se contra a ilegalidade do governo de Getúlio e contra a ditadura. Apoiadores de Vargas começam a efetuar disparos contra a multidão*".

Neste momento, um Policial Militar fardado que estava aparentemente assistindo à performance efetua diversos disparos para cima. Todos correm, com a exceção de 5 jovens, que ficam deitados ao chão. Algumas das mulheres com roupas de época correm para acudir os corpos. Neste contexto, a inserção de gênero aparece claramente simbolizando a família, elas como retaguarda deles.

Figura 1: Cerimônia prossegue em frente aos jovens do MMDC caídos. Foto do autor, tirada durante a observação.

O narrador explica que estes jovens caídos compõem o famoso MMDC (iniciais dos quatro jovens mortos no ato do conflito). O quinto jovem, explica o Coronel, chama-se Alvarenga e morreu apenas meses depois no hospital, sendo por isso menos famoso que os outros quatro. *"A sociedade civil e os militares de São Paulo se reúnem e organizam a Sociedade Secreta MMDC – iniciais dos nomes dos quatro mártires tombados na manifestação. Assim se origina a mobilização do povo paulista. 200 mil voluntários, dando exemplo de civismo e democracia, são treinados pela Força Pública, o que culmina na Revolução Constitucionalista de 9 de julho de 1932!"*

A banda começa a tocar e todos os cerca de 500 policiais ali presentes começam a cantar em Uníssono, de cor:

Nove de Julho é a luz da Pátria
Data imortal deste berço augusto
Os bandeirantes denodados
Deste São Paulo vanguardeiro e justo

Nove de Julho é a glória do Brasil
Cantado por São Paulo
Sob um lindo céu de anil

Nove de Julho é a luz da Pátria
Data imortal deste berço augusto
Os bandeirantes denodados
Deste São Paulo vanguardeiro e justo

Nove de Julho heroica é bela data
Marco inicial da jornada democrata
Piratininga terra do trabalho
Onde são reis, a enxada e o malho

Seu povo altivo vai espalhando
Amor pela Pátria e vai cantando
Solo querido, terra amorosa
Pátria de bravos, sempre formosa

Diversos fogos de artifícios são estourados em meio à música. Os jovens vestidos de época dão lugar a um grupo grande de homens mais velhos, trajados com a mesma farda bege do Coronel – que agora notamos ser a farda da Força de Segurança Pública (FP) –, e um pequeno grupo de mulheres todas vestidas de enfermeiras. O batalhão entra marchando e para em formação militar à frente dos corpos do MMDC, enquanto o Coronel prossegue: *"Isoladamente, São Paulo luta contra o governo autoritário que contava com a Marinha, Exército e as Forças Públicas de outros estados. A rádio Record começa a transmitir notícias da guerra ao povo bandeirante ao som da marcha "Paris Belford", que se transforma no hino da Revolução constitucionalista de 1932. Apesar da derrota militar, São Paulo teve a vitória política, uma vez que Getúlio Vargas cedeu às pressões e convocou uma assembleia constituinte que resultou, dois anos mais tarde, na Constituição de 1934"*.

Frente aos quatro jovens deitados, o Coronel inicia o processo de reintegração: *"Estes jovens, Policiais Militares, inspirados e guiados pela bravura dos mártires: Martins..."* eis que um dos corpos estendidos se levanta, caminha até o Senhor de feições asiáticas trajando terno, bate continência e grita: *"Soldado constitucionalista Martins, herói de 32, permissão para incorporar-me ao exército constitucionalista"* - *"permissão concedida!"*, ouve-se a replica. O mesmo ato se repete com cada um dos 5 corpos, ao que conclui o Coronel: *"Unem-se (!), no Pátio*

General Júlio Marcondes Salgado ao efetivo comandado pelo Primeiro Tenente Costa Ramos, simbolizando a permanência dos valores e ideais de 32, gravados nos corações e mentes dos paulistas e, principalmente, nos soldados da Polícia Militar do Estado de São Paulo".

Prossegue a marcha dos alunos e policiais formados. O hino do partido constitucionalista segue entoado em uníssono, entrecortado por algumas repetições do Hino de São Paulo. Em formação, eles dão uma volta completa na quadra e se posicionam como no início da cerimônia.

"Jamais foram brasileiros", uma breve historiografia do discurso regionalista de 1932[16]

Quando nos aprofundamos na historiografia sobre o 9 de julho de 1932 esbarramos de prontidão em um fato no mínimo curioso: os estudiosos que entendem o momento como um marco singular de heroísmo do povo paulista[17] e aqueles que o enxergam com uma visão crítica acerca de suas ambi-

16 Ellis Junior, Alfredo. *Confederação ou separação.* Piratininga, 1933, p. 63.

17 Vide: Ellis JR., Alfredo. *O Bandeirismo Paulista e o Recuo do Meridiano.* 2ª ed. São Paulo: Companhia Editora Nacional, 1938; Ellis JR., Alfredo. *Resumo da História de São Paulo. Quinhentismo e Seiscentismo.* São Paulo, Rothschild, Loureiro e Cia, 1942; Ellis JR., Alfredo. Capítulos da história psicologica de São Paulo FFCL, Capítulo LIII, 1945. ; Del Picchia, Menotti. *A Revolução Paulista*, 4th ed., São Paulo: [s.n.], 1932; Coaracy, Vivaldo. *O Caso de São Paulo.* São Paulo: Editora Ferraz, 1932; Costa, Gerson e Piccolo, Éli.,"Considerações sobre o Estado Econômico do Planalto no Século XVII. Suas Causas e suas Consequências", in: *História da Civilização Brasileira.* n. 4 (Boletim FFCL XLII), 1944.

ções e significados[18] divergem abertamente entre si em relação a aspectos fundamentais da parte factual da história. No entanto, concordam com a afirmação de que o simbolismo produzido em sua interpretação constitui um ponto fundamental na formação de uma parcela do que se entende e se reproduz como identidade regional paulista[19]. Nesta discussão, podemos ter uma visão clara da importância política deste fato histórico em São Paulo. Ou seja, não estamos tratando apenas de acontecimentos passíveis de intepretações divergentes, mas sim de símbolos permanentemente eapropriados e ressignificados nos mais diversos contextos e funcionalidades sociais nos quais se inserem.

Neste contexto, esta discussão se desvela na análise de duas historiografias paralelas, as quais se entrelaçam na produção das diferentes interpretações dos fatos: de um lado, a história dos acontecimentos e a historicidade dos conceitos que se tornaram simbólicos e, do outro, os sentidos políticos do movimento. O que busco demonstrar é que a sequência de fatos, tal como apresentada nas cerimônias realizadas pela PMESP na ESSd, possui uma função discursiva bastante especifica, pois permite a exaltação de símbolos ligados a uma

18 Vide: Weinstein, Barbara. *The Color of Modernity: São Paulo and the making of Race and Nation in Brazil.* Duke University Press, 2015; Weinstein, Barbara. "Racializing Regional Difference: São Paulo vs. Brazil, 1932," in: Nancy Appelbaum, Anne Macpherson and Karin Rosemblatt, eds., *Race and Nation in Modern Latin America* (Chapel Hill: Univ. of North Carolina Press, 2003), p. 237-262; Prado, Maria Lígia Coelho. *A Democracia Ilustrada: O Partido Democrático de São Paulo, 1926- 1934*. São Paulo: Editora Ática, 1986; Capelato, Maria Helena. *O Movimento de 1932: A Causa Paulista*. São Paulo: Brasiliense, 1982.

19 Ellis JR., Alfredo. *O Bandeirismo Paulista e o Recuo ..., Op. cit.*; Weinstein, Barbara. *The Color of Modernity: São Paulo and the making..., Op. cit.*;

identidade paulista historicamente construída, conflitante com outras versões deste mesmo fato histórico. Constitui-se, assim, um espaço de representação e performance deste imaginário identitário, revelando valores subjetivos e discursos ideológicos que atravessam de maneira transversal tanto o fato quanto o contexto analisado de formação policial nesta pesquisa. Cabe, portanto, entender como se constrói esta discussão histórica/conceitual a partir do fato, a fim de buscar os seus sentidos apropriados pela Escola Superior de Soldados.

A partir desta reflexão, objetiva-se analisar as funcionalidades sociais do evento, tanto no âmbito institucional (na figura da corporação), quanto no âmbito individual do policial em formação para, por fim, tatearmos a questão central deste capitulo que é a passagem do discurso do plano simbólico para o plano das ações, ou seja, o caráter formativo do ritual.

"Perdemos, mas vencemos", a versão oficial

A primeira chave para vislumbrarmos a questão do domínio do fato histórico aparece na conclusão do Coronel: "apesar da derrota militar, São Paulo obteve a vitória política". Ou seja, foi a pressão realizada no 9 de julho que levou o Governo Federal provisório a criar a primeira Constituição democrática brasileira: "Getúlio Vargas cedeu às pressões e convocou uma Assembleia Constituinte que resultou, dois anos mais tarde, na Constituição de 1934", conclui o Coronel. Esta sequência específica de fatos serve como argumento teórico central para toda a narrativa descrita na cerimônia e sua posterior interpretação, uma vez que – além de justificar a celebração do ocorrido como algo positivo para o Estado – descreve as ambições do movimento como constitucionalistas por excelência, reforçando a narrativa da revolta paulista como algo direcionado à construção do Estado nacional democrático brasileiro.

Entretanto, Quartim de Moraes[20] demonstra que a cronologia dos documentos e legislações do Governo Federal não é condizente com isso. Por exemplo, foi meses antes do levante armado paulista, em 14 de maio de 1932, que Vargas assinou o Decreto que marcava para maio de 1933 a Assembleia Constituinte, assim criando uma comissão para elaborar um projeto de Constituição Federal – e não após o 9 de julho. Ademais, já no dia 24 de fevereiro de 1932, havia sido sancionado o novo Código Eleitoral[21], uma das reivindicações dos paulistas. Como argumenta o autor, se o objetivo central do 9 de julho fosse apenas a Constituição, é inexplicável o motivo do movimento ter se radicalizado após todas as concessões de Vargas neste sentido[22]. Então, por que a narrativa se baseia no caráter oficialista desta sequência equivocada de acontecimentos? A resposta se dá na análise da historiografia simbólica do ocorrido.

Exclusivamente constitucionalista ou não, o levante armado deriva de uma diminuição do poder do estado de São Paulo no jogo de forças políticas do país durante o primeiro governo Vargas, este devido à campanha de centralização dos recursos políticos e sociais da nação[23]. Este processo, inclusi-

---

20 Quartim de Moraes, Francisco. *1932: A História invertida.* São Paulo: Ed. Anita Garibaldi, 2018. p. 5

21 Quartim de Moraes, Francisco. *1932: A História ...*, *Op. cit.*, p. 6

22 Quartim de Moraes, Francisco. *1932: A História ...*, *Op. cit.*, p. 8

23 Weinstein, Barbara. Racializando as diferenças regionais: São Paulo X Brasil, 1932. In: *Revista Esboços*, nº 16, Florianópolis, 2019, p. 285

ve, é descrito na fala do Coronel como ponto de tensão máxima antes da revolta no âmbito da dinâmica narrativa do ritual: *"Vargas colocava como governadores, interventores federais para administrar os estados. Em São Paulo, é nomeado como interventor o Tenente João Alberto, pernambucano – que passa a distribuir cargos a pessoas desvinculadas ao nosso estado"*. Foi a partir daí, segundo a versão apresentada na cerimônia, que os paulistas foram às ruas manifestar-se contra o governo Federal Provisório.

A recolocação do lugar de São Paulo no plano de forças nacional não se subscreve, entretanto, apenas à gestão dos recursos econômicos e políticos; como nota Barbara Weinstein[24]. A chamada "revolução de 1930" (que alçou Vargas ao governo) abriu espaço para uma considerável disputa pelo poder nacional, travada também no plano subjetivo da construção de uma identidade divergente aos regionalismos. Ao impor sobre São Paulo uma concepção de progresso baseada na diminuição de sua independência, federalizando, assim, diversas problemáticas que à época soavam como estrangeiras à região – como, por exemplo, o problema da seca – Vargas questiona, na prática, a percepção amplamente difundida no estado de que este se constitui como o principal expoente da modernidade brasileira e modelo de sociedade a ser almejado em âmbito nacional.

> A construção paulista da identidade nacional brasileira, que virtualmente atribuía toda ação histórica e todo o progresso nacional à modernidade de São Paulo, não era mais inclusiva do que um programa separatista. Isso não era apenas uma iden-

24 Weinstein, Barbara. Racializando as diferenças ..., *Op. cit.*, p. 283

> tidade regional (mas ao mesmo tempo nacional), mas uma maneira de relegar a maioria das outras regiões do Brasil ao status de pré-modernas ou de "Outras" insuficientemente civilizadas.[25]

Ou seja, não é o 9 de julho o momento formador das interpretações de alteridade paulista, mas sim um ponto de inflexão que visa dar centralidade a estes discursos, uma vez que as iniciativas de Vargas ameaçam, na prática, sua hegemonia. De fato, largas porções da intelectualidade do estado haviam se debruçado sobre o tema da singularidade e superioridade de São Paulo frente ao restante da nação desde antes da abolição, como demonstra John Manuel Monteiro[26]. Neste contexto, do ponto de vista da produção intelectual, 1932 é o culminar de um largo esforço pela construção de um imaginário específico sobre o povo paulista e suas características, centrais para a explicação da alteridade positiva do estado frente ao restante do Brasil.

Como sugere James Woodard[27], entretanto, este trabalho identitário não aparece apenas no plano das ideias. Muito pelo contrário, ele se constitui como hegemônico a partir do entrelace político-ideológico que se desenha no estado com a abolição da escravidão. Segundo o autor, este discurso acaba espalhando-se por todo o tecido político do estado – desde a capital até as pequenas cidades – como ideologia e propagan-

---

25 Weinstein, Barbara. Racializando as diferenças ..., *Op. cit.*, p. 287

26 Monteiro, John Manuel. Caçando com gato: o problema da mestiçagem na obra de Alfredo Ellis Jr., *XVII Reunião Anual da ANPOCS*, Caxambú MG, 1993, p. 9.

27 Woodard, James. *A Place in Politics*. Durham, N.C.: Duke University Press, 2009.

da do Partido Republicano Paulista (PRP)[28], transformando-se então em imaginário popular. Neste sentido, 1932, segundo ele, não constitui sequer uma quebra na linha histórica paulista, sendo apenas um aprofundamento do processo de regionalismo que já estava colocado desde o início da república, aprofundado com a revolta militar de 1924.[29]

Não é de se estranhar neste contexto que os intelectuais ligados à construção simbólica do regionalismo de superioridade paulista tenham, em grande parte, participado politicamente no 9 de julho. De fato, substantiva parcela desta intelectualidade participa em 1931 na fundação da "Liga de Defesa Paulista", convertida na Frente Única Paulista (FUP) meses antes do 9 de julho de 1932 e, após a Constituição de 1934, no Partido Constitucionalista de São Paulo --a quem se atribui o hino entoado pela PMESP na marcha observada. Formada a partir da união do PRP e do PD, a FUP consistia em uma organização política incumbida de lutar pela "vigência efetiva das normas federativas dentro dos limites do estado"[30], o que no âmbito do rechaço ao movimento tenentista significava a autonomia do estado frente ao Governo Federal. Composta por nomes como Carlos Pinto Alves, Tácito de Almeida, Rubens Borba de Morais, entre outros, possuía Alfredo Ellis como seu mais prolixo e famoso expoente.

28 Cabe lembrar que o PRP (Partido Republicano Paulista) e o PD (Partido Democrático) foram os principais organizadores políticos do movimento de 9 de julho 1932.

29 Também conhecida como "Revolta Paulista de 24" ou "revolta esquecida".

30 Segundo texto original do partido.

Entre suas obras mais destacadas, Ellis escreveu os livros: *Confederação ou Separação (1933)*, *O Bandeirismo Paulista e o Recuo do Meridiano (1924)* e *Raça de Gigantes (1926)*, todos ligados à exaltação da superioridade paulista frente ao restante do país a partir da visão de que um processo sui-generis de colonização praticada no estado o qual acabou por gerar uma sociedade "vanguardista", tanto social, quanto racial e economicamente. No âmbito do movimento que culminou no 9 de julho de 1932, Ellis contribuiu ainda com discursos, artigos de jornal e material de propaganda[31]. Quando estoura o conflito armado, Ellis não satisfeito com a posição de ideólogo, decide pegar em armas contra o governo Vargas e acaba baleado, embora não fatalmente. "O meu paulistanismo eu afirmo nas trincheiras, de fuzil nas mãos",[32] afirmou.

Ellis possui ainda papel fundamental na revisão do bandeirantismo, agora alçado ao posto de símbolo central do vanguardismo e empreendedorismo intrínsecos ao povo paulista. Ao ressaltar o caráter singular do povo de São Paulo, o autor cunha a celebre frase: "Jamais foram brasileiros". "Em apelidados de portugueses, vicentinos ou paulistas". Noto que, assim como os demais discursos, o bandeirantismo possui uma genealogia especifica que precede largamente o movimento de 1932. Mas, encontramos aqui um ponto importante de inflexão do discurso.

> A concepção ellisiana da história paulista, que estabelecia cânones que até hoje permanecem na

---

31 Monteiro, John Manuel. *Caçando com gato...*, p. 14.

32 Ellis, Myriam. "Prefácio à Segunda Edição", in Alfredo Ellis Júnior. *A Economia Paulista no Século XVIII.* O Ciclo do Muar, O Ciclo do Açúcar. 2ª ed. São Paulo: Academia Paulista de Letras (Biblioteca APL Vol. II), 1979.

> historiografia regional, orientava-se por três pressupostos fundamentais: o isolamento do planalto durante todo seu período formativo, o caráter específico da mestiçagem luso-indígena (e a correspondente ausência do negro africano) e o fenômeno sui generis do bandeirantismo paulista.[33]

Não surpreende que, quase 50 anos após a abolição da escravidão, o tema da raça possua centralidade nas concepções de modernidade disputadas. Tendo em vista a larga genealogia de discursos sobre a alteridade paulista em relação ao restante da nação e o projeto estatal de branqueamento de sua população, através de subsídios à imigração europeia, não tardou para a interpretação que ligava modernidade com etnicidade ganhar centralidade nos discursos identitários e se constituir como parte fundamental da explicação para a posição destacada de São Paulo no país. Neste contexto, a genealogia de Ellis e seus pares confronta-se com as de um intelectual nordestino famoso, Gilberto Freyre, disputa esta jamais escondida por Ellis: "Casa Grande e Senzala descreve o norte mas ignora o sul",[34] afirmou.

> Para Ellis, os contrapontos do nordeste açucareiro colonial e do centro-sul cafeeiro do século XIX, marcados pelo patriarcalismo aristocrático, pela comercialização do produto e pela presença do escravo africano (e a mestiçagem daí decor-

33 Monteiro, John Manuel. *Caçando com gato....*, p. 8

34 Ellis, Alfredo Jr. *A Economia Paulista no Século XVIII. O Ciclo do Muar, O Ciclo do Açúcar*. 2ª ed. São Paulo: Academia Paulista de Letras (Biblioteca APL Vol. II), 1979, p. 5

rente) serviram de referenciais para balizar sua interpretação do "agregado humano civilizado" que se desenvolveu no planalto paulista: democrático, empreendedor, autossuficiente, fruto da feliz mescla entre portugueses e índios.

Curioso notar que a singularidade paulista era tão central na constituição de forças simbólicas nacionais que até mesmo Vargas chegou a exaltá-la em discurso, ainda que, possivelmente, em caráter diplomático: "No ambiente rude que atuaram os pioneiros das entradas, souberam realizar, com o bacamarte e a espada, uma obra gigantesca, tal como fazem nos modernos tempos, com o arado e a enxada, os paulistas da têmpera dos bandeirantes.[35]

3ª fase da cerimônia - reintegração

A banda prossegue tocando, enquanto o Coronel anuncia que irá convocar alguns homenageados para a entrega de medalhas. Nome por nome, convoca ao centro da quadra os policiais mais velhos, com fardas de alta hierarquia da PMESP. O senhor de feições asiáticas trajando terno é agora anunciado como sendo o Presidente do Tribunal de Justiça Militar e posiciona-se à frente de todos. Uma marcha militar é entoada pela banda, enquanto todos batem continência. As lideranças da Polícia Militar são então, um a um, convocadas a discursar sobre a importância daquela cerimônia para a es-

35 Discurso oficial em: http://www.biblioteca.presidencia.gov.br/presidencia/ex-presidentes/getulio-vargas/discursos/1943/22.pdf, acessado no dia 26/11/2019.

cola de formação, ato que, como pude notar com o decorrer da pesquisa, é comum a todas as cerimônias.

Das diversas cerimônias etnografadas, selecionei algumas falas que entendo serem descritivas do ritual e emblemáticas do processo de reinserção, tal como descrito por Turner.

> *Assistimos aqui à representação do maior ato pela Democracia da história do Brasil. Que o espírito de 32 esteja firmemente tatuado em nossos corações e mentes. Os Srs. têm que ter em mente que trabalham para a maior parcela de bem da sociedade. E que o criminoso é exceção da nossa sociedade. Portanto, saibam disso: se alguns perdem a vida, perdem a vida em defesa da Democracia e em defesa da sociedade paulista. E esse conjunto de valores que os srs. recebem deve se manifestar de forma concreta na defesa dessa democracia. Nosso compromisso não é verbal. Se tínhamos aqui caídos 4 heróis, nós infelizmente-produzimos heróis de tempos em tempos para a nossa sociedade.*

ura 1: Lideranças da PM e o Presidente do Tribunal de Justiça Militar batem continência. Foto do autor, tirada durante a ervação.

Apesar dos pseudo-estudiosos da Segurança Pública nos taxarem de truculentos, homicidas, mal-educados e mal preparados, o exemplo desta escola cala qualquer tipo de crítica. Apesar destas pessoas nos quererem colocar como coadjuvantes no nosso papel, não sofram crises de autoestima. Nós somos protagonistas. Somos o principal bastião de defesa dessa sociedade e dos valores que demonstramos aqui. Os ideais democráticos da nossa sociedade são demonstrados nas ações de vocês.

Não é o nosso interesse ter heróis em memória, muito pelo contrário, e é por isso que o conhecimento transmitido nessa casa de ensino deve ser levado a sério. Precisamos sim de heróis anônimos que cuidam de pessoas que sequer saibam nossos nomes e nossa origem, mas que ainda assim continuem cumprindo com o compromisso que vai completar 135 anos agora em dezembro. Cada ensinamento, cada conteúdo, deve ser empregado para a parcela de bem da sociedade. Olhem para os lados, vejam quem nos assiste: são familiares nossos. Talvez sejam os únicos que prestam serviços a pessoas que não conhecemos, mas que nos valemos desses serviços, assim como nossos familiares. Portanto, tenham em mente que a qualidade dos serviços de vocês afeta diretamente a qualidade de vida de seus familiares.

Quero deixar aqui algumas ações que deveriam nortear a vida de todos os srs. e sras.: estudem, trabalhem, superem expectativas e, acima de tudo, trabalhem para a nossa sociedade, porque os ideais democráticos são demonstrados de forma concreta pela nossa devoção e qualidade de trabalho.

Acabados os discursos, a formalidade da cerimônia se converte quase que instantaneamente para um ambiente de descontração total. Dirijo-me ao Coronel para uma conversa informal, mas sou interrompido por inúmeros participantes da cerimônia que realizam todos os tipos de brincadeiras com ele. Com um sorriso no rosto, um a um o Coronel os retruca na mesma moeda ao que todos riem. O mesmo pode ser observado nos convidados de honra, que descem das tribunas à quadra no espírito de confraternização. Encontro-me com o Sargento Ferreira Neto que, com um sorriso no rosto me pergunta: "o que achou?". Conversamos amenidades, agora também com o Coronel.

Sou convidado então para uma mesa café da manhã na sala dos Oficiais. Juntamente com o Coronel, caminhamos através do pátio para uma casa, onde encontramos uma mesa repleta de frutas, sucos, café e guloseimas, o que, certamente, é um grande marcador social para aqueles que se encontram em período de quartelização e se alimentando apenas do que a escola lhes oferece. Nesta sala, a confraternização prossegue, agora apenas com os convidados especiais, ou seja, aqueles com fardas diferenciadas, ou participantes civis de maior prestígio. Nas paredes, quadros de todos aqueles que comandaram a ESSd ao longo do tempo. Na busca de vislumbrar aquele espaço como algo de importância ao grupo, evito falar de pesquisa ou trabalho, buscando, assim, me enquadrar nos limites daquele momento social. A conversa segue de maneira amena e informal, até que o Coronel afirma ter que ir para outro compromisso.

Transversalidades: As ideias regionalistas na cerimônia realizada pela PMESP

O motivo mais evidente da importância dada pela PMESP como instituição à memória de 1932 deve-se ao fato de a corporação ser diretamente derivada da Força de Segurança Pública de São Paulo (FP), organização que liderou militarmente a sublevação paulista contra o Governo Vargas no âmbito do movimento de 9 de julho. De fato, a PMESP ganha o formato atual institucional apenas pelo decreto-lei 271, de 1970, que integrou a Força Pública à Guarda Civil. Não obstante, quase todos os batalhões e regimentos participantes do movimento de 1932 são atualmente batalhões ou regimentos da PMESP. Neste sentido, além da memória imaterial, parte central do acervo material do movimento está nas mãos da PMESP.

Entretanto, como é característica da historiografia sobre o movimento paulista de 1932 de maneira ampla, a ligação entre a FP e o movimento constitucionalista é recheada de sutilezas e complexidades que atuam paralelamente no campo da história factual e no das construções simbólicas. Ou seja, a fim de melhor embasar esta discussão, devemos explorar, inicialmente, o contexto no qual a FP se enquadra no 9 de julho de 32 e o papel que desempenha. Tendo em vista a problemática do domínio do fato histórico como instrumental simbólico e político na memória de 1932, estas divergências factuais devem informar a discussão mais ampla sobre os sentidos transversais contidos na narrativa apresentada pelos aspirantes a Soldado da PMESP.

Cabe notar, inicialmente, que as Forças Públicas de todos os estados eram independentes do Governo Federal à época. Neste contexto, o processo de federalização dos recursos estaduais realizado na esteira da chamada "revolução de 1930" compreendia também a necessidade de uma clara superioridade militar por parte do Governo Federal sobre os estados, ao menos na visão de Vargas[36]. Essa questão possuía fundamental importância especialmente no estado de São Paulo, pois a Força de Segurança Pública paulista era a segunda maior organização militar da América Latina, atrás apenas do próprio Exército brasileiro. Ademais, o poder bélico da FP paulista não era apenas numérico, mas também de recursos, visto que organização havia sido treinada pela Missão francesa em 1906, 13 anos antes do próprio Exército do Brasil[37] (treinado pela Missão francesa em 1919) e, portanto, já havia se moldado às técnicas e táticas utilizadas pelas Forças Armadas em 1930 há mais tempo. De fato, com a escalada de Vargas ao poder, a anexação formal das Forças Públicas estaduais ao Governo Federal constitui-se como questão a ser contemplada no horizonte político e, portanto, um dos motivos de tensão entre diversos estados e o governo central, em especial São Paulo. Isto é tão evidente que a questão da integração das Forças Públicas foi alvo de debate na própria constituição de 34, ainda que sem decisão final.[38]

---

36 Cancelli, Elizabeth. Entre prerrogativas e regras: Justiça Criminal e Controle político no Regime Vargas (1930-1945), In: *Cadernos do Tempo Presente*, n. 15, mar./abr., p. 02-15.

37 A missão francesa é tida como fundamental na constituição e modernização da organização militar do Exército brasileiro.

38 De Morais, Dinari Inácio. *Exército, Forças Públicas e Estado Nacional: 1930 – 1937*. XXVI Simpósio Nacional de História – ANPUH, São Paulo, 2011, p. 10

Com o crescente descontentamento das oligarquias paulistas em relação ao governo central, Vargas tenta contornar esta questão sob um viés político, nomeando o Tenente Miguel Costa – seu importante aliado histórico – para o comando da Força Pública do Estado de São Paulo. Paralelamente, ele nomeia também o Tenente João Alberto para o posto de interventor do Estado de São Paulo (tal como surge atrás descrito na fala do Coronel), movimentos que ajudam a radicalizar ainda mais a oposição paulista ao Governo Federal. No comando da FP, Miguel Costa promove uma gradual desmilitarização da força, processo contrário ao realizado por Vargas no Exército nacional no mesmo período. Quando dá lugar ao Tenente Coronel Júlio Marcondes Salgado, no dia 25 de maio de 1932, já às vésperas do levante armado, Miguel Costa deixa uma Força Pública militarmente mais fraca do que havia recebido[39].

A partir deste ponto, começam as divergências historiográficas em relação à versão apresentada na cerimônia e documentos encontrados de maneira inédita pela atual pesquisa na própria PMESP, através do auxílio de um Coronel aposentado da corporação. Novamente, deve-se observar esta divergência a partir da chave do domínio político do fato histórico, tal como descrevo no tópico anterior.

Traidores ou heróis? FP paulista no conflito armado

Na cerimônia etnografada, a única referência que temos a um comandante da Força Pública, é a Júlio Marcondes Salgado – quem inclusive dá nome ao pátio no qual a apre-

39 Cancelli, Elizabeth. Entre prerrogativas e regras ..., *Op. cit.* p. 02-15.

sentação foi realizada. No entanto, apesar de ter assumido a FP às vésperas do conflito, Salgado pouco comandou as tropas paulistas na batalha contra o governo nacional, pois morreu 14 dias após o seu início, em um acidente durante um teste militar, no dia 23 de Julho de 1932. Em seu lugar, assumiu o comando das forças paulistas o Coronel Herculano de Carvalho e Silva, este que jamais é citado na apresentação. É Herculano de Carvalho que comanda as Forças Paulistas durante virtualmente todo o conflito armado – e não Salgado. Então por que Herculano de Carvalho é renegado na versão oficial da PMESP enquanto Salgado é reverenciado?

O problema é que foi a Força Pública, sob o comando de Herculano de Carvalho, quem assinou o armistício que deu fim ao conflito armado no dia 2 de outubro de 1932, assumindo a derrota militar paulista.

Como afirma Quartim de Moraes[40], "a campanha de transformação do levante frustrado em vitória política, que segue até hoje, começou no dia seguinte à oficialização da derrota", com a publicação de um editorial no jornal "Estado de São Paulo", que exalta o simbolismo discutido no tópico anterior deste mesmo capítulo e apresenta os rumos ideológicos do domínio do fato histórico. Neste contexto, a rendição paulista emerge como conflitante com o imaginário de liderança nacional construído ao redor do movimento. Coube, então, a Herculano o fado da derrota e, em certa medida, da própria Força Publica paulista, eximindo o restante da sociedade civil do estado. Ademais, tendo em vista a necessidade de São Paulo em negociar os termos de sua rendição com

40 Quartim de Moraes, Francisco. *1932: A História ..., Op. cit.*, p. 7

o Governo Federal, Herculano é interinamente alçado por Vargas ao cargo de Governador do Estado, constituindo-se, assim, como um articulador. É logo tido como traidor do movimento paulista, tanto que quando tenta retornar à FP solicita sua própria reforma, atestando sua impossibilidade política de seguir no cargo.

Sentindo-se injustiçado pela história, Herculano publica no Estado de São Paulo, escreve "Razões de minha Atitude"[41], onde faz um relato das condições que o levaram a pedir o armistício. Neste texto, o agora Coronel reformado apresenta uma versão bastante diferente da apresentada na cerimônia da PMESP. Segundo ele, a Força Pública foi informada por seu comandante Júlio Marcondes Salgado no dia 8 de julho (na véspera do movimento) que cumpriria apenas função de preservar a ordem pública e não iria entrar no conflito armado, ordem esta que foi contradita dois dias depois com o envio sumário das tropas à frente de batalha em Mogi das Cruzes. Neste contexto, somado às consequências do período comandado do Miguel Costa, a FP entra de maneira desmobilizada na guerra.

Um documento encontrado pela atual pesquisa na Academia do Barro Branco, por intermédio do Coronel José Paulo, corrobora esta versão. O boletim 146 da Força Pública, que no dia 28 de junho de 1932, mudava a legislação acerca da permanência e recebimento de salários para os integrantes da Força Pública; a partir daquele momento, o governo do estado teria o direito de reformar compulsoriamente qualquer Oficial ou Praça que "se tornar inconveniente à manutenção da dis-

41 Editorial: *O Estado de São Paulo*, 9 de outubro de 1932.

ciplina", mesmo estes tendo mais de 12 anos de serviço. Ou seja, aqueles que não cumprissem ordens estariam sumariamente reformados sem direito à defesa o que, na prática, obrigou os membros a irem à batalha. Há relatos, ainda, por parte de Oficiais importantes da FP à época[42], de que o anuncio de participação provocou rebeliões em pelo menos três batalhões fundamentais: o 1º BCP (atual 1º BP Choque), 1º RC (atualmente 1º Regulamente Montado) e o Material Bélico.

9 de julho, PMESP e Estado de São Paulo em 2016

Em qualquer uma das versões apresentadas podemos entender haver um consenso sobre o fato de que a participação da Força de Segurança Pública paulista no movimento de 9 de julho de 1932 é, no mínimo, alvo de julgamento ambivalente por aqueles que apoiam ou apoiaram o movimento denominado constitucionalista. Tendo em vista os esforços realizados à época para a construção de uma narrativa vitoriosa para São Paulo, atendendo, assim, seus discursos ideológicos, a participação da FP no movimento é também largamente revista até chegar à versão apresentada pelo Coronel na cerimônia e descrita neste texto. A memória do 9 de julho cumpre, portanto, um papel fundamental na reconfiguração do local da PMESP dentro da história do Estado de São Paulo e na estruturação de um ensino voltado para certa heroicidade e auto-proteção dos soldados.

Para entendermos melhor esta dinâmica, devemos voltar à questão das funções sociais do ritual. Isto porque esta relação

---

42 Documento não oficial encontrado na Academia do Barro Branco, atribuído pelo Cel. José Paulo ao Subcomandante Alfieri.

entre PMESP e Estado, no âmbito da memória da chamada revolução constitucionalista, não ocorre sem o intermédio de uma instituição importante: a Sociedade dos Veteranos de 1932 (MMDC). Para se ter uma ideia inicial da penetração desta instituição na política do estado, em entrevista para a pesquisa, o Presidente do Conselho Fiscal do MMDC[43], Rodrigo Alves Gutenberg, afirmou que, para além das celebrações mensais na escola de polícia de Pirituba, o MMDC participa, em média, de 10 cerimônias por mês no estado, sendo cerca de metade delas em assembleias legislativas. Todas as cerimônias possuem participação oficial da PMESP.

Tendo em vista a magnitude da periodicidade das cerimônias, não seria exagerado afirmar que uma das funções profissionais prescritas para o Policial Militar em São Paulo é participar delas. É nesse sentido que se percebe como o ritual passa a ser parte integrante do treinamento prático para a função profissional do aluno.

Na cerimônia acima descrita, o presidente do MMDC à época fez o discurso de encerramento frente ao Secretário de Segurança Pública e ao Ministro do Tribunal de Justiça Militar. Neste contexto, para além da dialética do ritual e do caráter de coesão institucional do exercício, destaca-se a trama política que circunda a participação da PMESP na preservação e reconfiguração desta memória.

Em entrevista, um Coronel aposentado da PMESP me afirmou que, sem a corporação, muito provavelmente a dinâmica de cerimônias de homenagens a 1932 que temos no es-

---

43 Em entrevista para a pesquisa realizada ao vivo na Escola do Barro Branco.

tado de São Paulo não poderia existir, já que é seu contingente que povoa centralmente estes eventos. Segundo ele, *"provavelmente essa memória como um todo já estaria muito mais esquecida"*. Ele me disse, ademais, que *"isso de ter um pelotão que se veste com roupas de época e faz o desfile todo mês é recente. Começa por volta de 2000, por intermédio de Oficiais, como o Cel. Arruda e o Cel. Ventura, que estão mais ligados ao MMDC. Eles (MMDC) criam núcleos de 1932 em várias cidades do Estado e a PMESP se desloca para estas apresentações [para realizar as cerimônias]"*.

Curioso notar que a versão apresentada na cerimônia aqui descrita homenageia os 4 civis mortos no prelúdio ao conflito armada (que dão nome ao movimento MMDC), mas jamais homenageia os 155 policiais da FP mortos no conflito. Os "mártires" do movimento que são alçados ao papel de herói na cerimônia e posteriormente incorporados de maneira simbólica à PMESP, não são os próprios integrantes da corporação. *"Na versão defendida pela PMESP tem-se o entendimento oculto de que a FP traiu o movimento, mas isso não é verdade. A gente está comemorando, mas nem pensa no resgate da corporação"*, como afirma um Coronel aposentado, em entrevista.

A reconfiguração do papel da PMESP no conflito ocorre, portanto, na adequação da narrativa à versão defendida pelo MMDC. Isto denota a importância política do discurso. Ao invés de se contestar esta versão, prefere-se encontrar uma espécie de "meio termo" que sirva concomitantemente ao MMDC e não denote claramente a ambivalência do papel da FP nesta narrativa.

Podemos contemplar, neste contexto, a PMESP e o MMDC como tendo papéis complementares na reconfiguração do fato histórico: o MMDC como o formador e guardião de uma versão histórica "oficial" e a PMESP como força material deste processo. Ou seja, ao realizar a passagem da narrativa histórica conceitual para o plano de sua realização prática, no ambiente da encenação, não se está apenas atuando no âmbito simbólico da disputa ideológica ao redor do tema, mas também se está materializando uma sequência específica de fatos que não necessariamente ocorreram.

Instituição e política

Para além das cerimônias, há outros componentes de exaltação desta memória atravessando o século na instituição, denotando a permanência deste tema na mitologia e identidade corporativa. Por exemplo, diversas turmas de Oficiais formadas na Escola do Barro Branco decidiram denominar-se segundo este tema[44], são elas: a turma de 1964, denominada "32 anos da revolução"; a turma de 1973, denominada "Ibrahim Nobre – tribuno da revolução"; a turma de 1992, "Sexagenário da Revolução"; a turma de 2005 "9 de julho"; turma de 2014 "Constitucionalistas de 1932" e a turma de 2015, "General Júlio Salgado". Nenhum outro tema é tão recorrente ao longo da história, ao menos no âmbito dos nomes das turmas de Oficiais[45]. Tendo em vista a importância que possui o oficialato na configuração simbólica da corporação, pode-se notar neste processo de reiteração permanente deste aspecto da história como algo presente na construção do imaginário institucional e promovido na sua memória. Ademais,

44 É costume das turmas de Oficiais da PMESP escolherem para si um título, denominado como "patrono" da turma.

45 Segundo dados da própria PMESP, encontrados em pesquisa realizada na Escola do Barro Branco

nota-se que o tema aparentemente ganha ainda maior interesse na corporação após o ano de 2000.

Este fato é significativo porque implica um aumento das cerimônias realizadas na ESSd. De fato, desde a sua fundação, as cerimonias em homenagem a 1932 são realizadas na escola, aliás, como em todas as outras escolas de formação da PMESP, tanto para Praças quanto para Oficiais. No entanto, é de assinalar que é apenas a partir dos anos 2000 que estas ganham periodicidade mensal na ESSd.

Esta complexa construção no âmbito da história institucional se desdobra em uma interpretação fundamental desta pesquisa: o processo de centralização da PMESP, como instituição de segurança pública do Estado de São Paulo, nas últimas duas décadas – em detrimento da Polícia Civil – deriva da revisão histórico-institucional de suas relações com o estado, tanto em sentido político quanto simbólico. Ou seja, ao conclamar para si a preservação de um dos bastiões simbólicos centrais da identidade paulista, a PMESP não apenas reaviva a memória do fato, como também atua ativamente na reconfiguração de seu papel nesta história. E mais: esta reconfiguração se faz necessária à medida que o governo estatal centraliza a PMESP como foco de seu poder armado. Este processo coincide com o governo de Geraldo Alkmin, tal como foi enunciado por Rafael Alcadipani por ocasião do Fórum de Segurança Pública: "a opção que o governo [de Alkmin] tem feito é clara e transparente: fortalecer a PM e enfraquecer a Civil" [46].

46 Matéria de jornal, publicada online em: www.centraldeconcursos.com.br/noticia/alckmin-nomeia-835-novos-policiais-para-reduzir-deficit-na-policia-civil.html, acessado pela última vez dia 26/11/2019.

Neste contexto, quando observamos o ritual, o que vemos é apenas o ponto mais alegórico de um movimento no jogo de forças das instituições estaduais, sendo a principal data comemorativa de São Paulo. Assim, 9 de julho configura-se como um teatro ideal para a performance material desta dinâmica. Este fato é expresso em uma das falas de encerramento da cerimônia descrita: *"Nós somos protagonistas. Somos o principal bastião de defesa dessa sociedade e dos valores que demonstramos aqui"*. Esta asserção não deixa dúvidas sobre o papel reivindicado pela PMESP no jogo político do estado.

Morte e funeral: simbolizando a moralidade

A representação do funeral e os discursos que tratam de explicá-lo posteriormente nos coloca uma questão narrativa impactante: afinal, estamos enterrando um Soldado de 1932 representado por um PM atual, ou estamos enterrando um PM atual com as honrarias de um herói de 1932?

No clássico "The simbolization of Police work"[47] Manning sustenta que o papel imaginário da polícia representa, entre outras coisas, a presença do corpo político na vida civil; ou seja, a preocupação e a capacidade de intervenção do estado na vida cotidiana de seus cidadãos. Isto significa que seu poder deriva não apenas da aplicação da punição mediante a força, mas principalmente de seu caráter coercitivo no pacto social de deferência às regras e leis. "Somos o principal bastião de defesa dessa sociedade e dos valores que demonstramos aqui. Os ideais democráticos da nossa sociedade são

47 Manning, Peter K. *Police work: The social organization of…*, *Op. cit.* p. 20.

demonstrados nas ações de vocês"[48], conforme dito em um dos discursos após a cerimônia. Não obstante, a prática policial frequentemente aponta para uma reverência a valores que buscam simbolizar a continuidade e integridade da sociedade.

A partir deste ponto de vista, a morte de um agente representa mais do que apenas a perda de um trabalhador para as colunas do estado, ou a diminuição do poder do estado em aplicar sanções mediante violência; a morte, em sentido simbólico, é a vulnerabilidade do pacto social, "uma fraqueza no sagrado laço moral da sociedade, e da reduzida capacidade de deter tais atos".[49]

> A sacred canopy is drawn over police work; these ideological mechanisms suffuse policing with a moral integrity and by doing so conceal as well as reveal the realities of police work. By converting this ideological canopy into an *absolute morality* (what is done in the name of the agents of the state is by definition the good, the proper, the aim of the state), agents of the state, specially those with the task of protection of the state from ostensible enemies, civil or domestic, have mistified those functions.[50]

A representação do funeral ambiciona constituir-se, neste contexto, como a performance espetacular da ameaça aos valores institucionais e, principalmente, do sistema

48 Etnografia deste mesmo capítulo.

49 Manning, Peter K. *Police work: The social organization of…*, *Op. cit.*, p. 22, tradução livre.

50 Manning, Peter K. *Police work: The social organization of…*, *Op. cit.*, p. 22.

moral no qual o corpo político da sociedade representado pela polícia encontra-se apoiado. Às avessas, a morte celebra a importância da proteção desta moralidade, reforçando a necessidade da instituição policial como organização ativa não apenas no combate ao crime, mas também na proteção do corpo social tanto externo quanto interno à corporação. Como explica Manning, isso é especialmente fundamental em uma organização na qual sua sobrevivência e capacidade operacional encontra-se diretamente ligada à adesão da população a seu ideal:

> As the police see their social status as a group as dependent upon the evaluation of their activities by those who seek to maintain the present ranking of social groups, the loss of a member is inferentially linked to the continuing capacity to maintain these status and boundaries and, in a fashion, mark the boundaries of society itself.[51]

A principal diferença do caso estudado neste trabalho e a descrição de Manning (além da diferença de contexto geográfico) é o fato de que a morte observada aqui é encenada e não real, ou seja, ocorre em um ambiente narrativo controlado, no qual os amplos significados históricos, políticos e sociais são os condutores morais. Neste sentido, com a performance, a PMESP ambiciona ir um passo além: não apenas defender a coesão do mecanismo legal do estado na vida de seus cidadãos, mas também definir de maneira bastante espe-

51 Manning, p. 23-24

cifica quais são os valores que devem compor o corpo político social da vida cotidiana.

Ao afirmar que "cada ensinamento, cada conteúdo, deve ser empregado para a parcela de bem da sociedade", impõe-se uma dicotomia em que os valores morais não representados pela narrativa política representam o contrário do "bem da sociedade". Por oposição, temos um panorama de quais os valores morais a serem combatidos em um plano interno. Isso apresenta um papel central na representação da formação em sentido amplo, uma vez que ela descreve uma gama de valores institucionais que visam transcender as lógicas informais do trabalho policial. O funeral, neste contexto, é o processo de sacralização destes valores para a corporação e, paralelamente, a sacralização da moral institucional para os alunos. Ou seja, o ritual tem uma pedagogia: a de sacralizar para eles o peso da instituição na história do estado e do país.

Sendo assim, a narrativa também fala sobre os sistemas morais culturais, uma vez que ela ambiciona ressignificar a lógica da autoproteção – descrita como eixo central no processo de formação na ESSd: *"se alguns perdem a vida, perdem a vida em defesa da Democracia e em defesa da sociedade paulista. E esse conjunto de valores que os srs. recebem deve se manifestar de forma concreta na defesa dessa democracia. Nosso compromisso não é verbal. Se tínhamos aqui caídos 4 heróis, nós infelizmente produzimos heróis de tempos em tempos para a nossa sociedade"*, como dito em um dos discursos de encerramento de uma das cerimônias observada.

Morrer pela corporação neste contexto ganha sentido histórico e político, à medida em que o risco de vida intrínseco ao trabalho segue como um símbolo identitário do grupo.

O trabalho policial transcende assim a função profissional do indivíduo e converte-se novamente em uma causa; esta deletéria dos valores descritos neste capítulo e, especialmente, em oposição a outros valores. De maneira contraditória às lógicas corporais descritas no capítulo 3, o foco imaginário do trabalho policial retorna momentaneamente à sociedade, delegando a autoproteção ao segundo plano

Resolve-se, assim, de maneira subjetiva, uma questão central da formação, tal como discutido de maneira ampla: afinal, qual a medida de sucesso do trabalho do Soldado em formação na PMESP?[52]

Morrer em serviço e converter-se em um herói de 1932 parece ser uma das opções reais.

*

É no permanente processo de transposição das ideias do plano historiográfico para a análise do mundo contemporâneo que se renovwa a funcionalidade social dessas ideias, mantendo-se, entretanto, o caráter central da narrativa. Neste contexto, os símbolos trabalhados ao longo da cerimônia tornam-se mais do que meramente um "mito fundador" da sociedade paulista, ou da organização PMESP. Os referidos símbolos são um instrumental analítico desejável para o mundo atual, renovando-se a cada ritual pela sobreposição das dinâmicas sociais que se aliam aos discursos que conduzem a narrativa cerimonial.

Este processo de transversalidade, na realidade, norteia a apresentação observada no caráter mais estrutural da polícia militar em São Paulo. A reinterpretação do movimento como

52 Tal qual discutido de maneira aprofundada no cap. 3

tendo um cunho constitucionalista, ao invés de ser representada como a luta pelo controle social, econômico e político do país que foi, possibilita que as identidades desejáveis aos paulistas ganhem centralidade nessa reinterpretação. 9 de julho torna-se, assim, uma data "vanguardista" e "democrática", à medida que o "Tudo por São Paulo!" é bradado tanto nas manifestações anti Vargas em 1932 quanto na cerimônia observada. Esta data ganha contornos republicanos e nacionalistas – em detrimento de seu aparente regionalismo – ainda que, paralelamente, os signos utilizados para isso remetam de maneira invariável à grandeza histórica, econômica e cultural do povo paulista que se pretende destacar das restantes regiões e estados do país.

Quando retornamos à canção entoada a plenos pulmões na cerimônia podemos notar a importância da revisão do bandeirantismo na transposição simbólica da identidade paulista através do tempo: "*Os bandeirantes denodados/ Deste São Paulo vanguardeiro e justo/ Piratininga terra do trabalho/ Onde são reis, a enxada e o malho*". Neste contexto, os diversos símbolos que emergem ligados ao movimento original de ocupação de São Paulo agora são revistos à luz da sociedade industrial, criando novos sentidos a partir de sua inserção no âmbito da performance. É fundamental notar que estes símbolos – a despeito da reinterpretação contextual – mantêm-se os mesmos tanto, em forma quanto em dialética.

O vanguardismo paulista, que no movimento original de colonização é visto como a capacidade desbravadora de terras austeras, se reconfigura como a capacidade inovadora técnica, intelectual e política. O mesmo processo ocorre com a afirmação "terra do trabalho", que no "mito fundador" se refere à ideia – historicamente incorreta, por certo - de que a escravidão negra em São Paulo foi menos pungente que em outras regiões de Brasil, o que obrigou os paulistas brancos a trabalharem em sua própria terra. Esse vanguardismo também se reconfigura a partir da europeização no ciclo do café e, posteriormente, no ciclo de migração industrial iniciado na década de 1950, realizando a transposição historiográfica, e se constituindo como ferramenta analítica no imaginário popular. No último verso, notamos, ademais, o caráter democrático e liberal deste instrumental simbólico, na figura do bandeirante representada em sua capacidade de prosperar economicamente a partir de seu próprio trabalho e não do estado, constituindo uma ideia de sociedade com mobilidade social.

Ao materializar estes discursos a partir da performance corporal, os alunos da PMESP realizam o processo da "passagem simbólica das ideologias para os sistemas de ação"[53] no âmbito da organização institucional do Estado, transformando a narrativa de 9 de julho de 1932 pela chave do domínio do fato histórico e, desse modo, performando o jogo de forças que compõe a organização da Segurança Pública.

No plano do indivíduo, entretanto, estas influências transversais se demonstram de maneira muito mais sutil. Isso porque as ideias neste plano se implicam interpretações institucionais a partir de dimensões historiográficas que muitas vezes são desconhecidas para a maioria dos alunos. Os discursos de encerramento, neste contexto, servem para preencher esta lacuna; seu foco, por via de regra, é "traduzir" as ideias subjetivas das questões relevantes do mundo cotidiano, fe-

53 Peirano, Mariza. *Rituais ontem ...*, *Op. cit.*, p. 28

chando assim o ciclo do ritual e reintegrando os participantes ao grupo e à sociedade de forma ampla. Isto é, as representações finais das cerimônias enfocam o conhecimento comum e identitário de narrativas que sustentam o sentido de pertencimento corporativo.

Ao afirmar que "os ideais democráticos são demonstrados de forma concreta pela nossa devoção e qualidade de trabalho", o diretor da ESSd faz precisamente este processo: trabalhar para a sociedade torna-se defender os ideais democráticos, que são descritos na narrativa do ritual, criando um sentido ideológico que compreende todo o simbolismo da cerimônia. Ao fazer a transposição da formação realizada na ESSd de maneira ampla (tal como discuto e apresento nos outros capítulos deste trabalho) para um sentido histórico reinterpretado, a narrativa da autoproteção perde espaço para a da dedicação institucional. Completa-se, assim, transposição do simbolismo para os sistemas de ação.

Conclusão

O Curso de Formação de Soldados da PMESP é o primeiro contato do trabalhador com a polícia e, portanto, responsável pela apresentação da parte mais canônica dos conteúdos técnicos, culturais e institucionais que acompanham toda a sua trajetória. Nesse sentido, este curso carrega, em um plano simbólico, maior proximidade à definição conceitual de "formação" do que os cursos para as patentes mais altas realizados na PMESP.

Vimos que os conhecimentos trocados durante esta formação frequentemente superam o caráter tecnicista e burocrático, centrando-se nas lógicas subjetivas, culturais e morais do processo coercitivo institucional implicados na ação policial.

A partir da observação etnográfica de várias dimensões da formação policial no Brasil e no estado de São Paulo, conjugada com recursos bibliográficos variados, analisei como os conhecimentos são gerados, trocados e assimilados no processo de formação de soldados. O presente estudo nasceu, assim, da necessidade do aprofundamento do entendimento das dinâmicas que orientam a formação de Soldados da Polícia Militar de São Paulo.

Nos conteúdos e práticas do curso são depositados os diferentes e, frequentemente, contraditórios imaginários e objetivos sociais relacionados à execução do trabalho policial, de forma ampla, e à função de Soldado de Polícia Militar, de forma mais específica. Deste panorama, emerge um mundo de instrumentalidades, saberes, definições, lógicas morais, simbolismos e rotinas profissionais que, por serem gerados a partir de problemáticas diversas e socialmente dinâmicas, são frequentemente renovadas e ressingificadas. Estas transmissões e conhecimentos não constituem em si uma materialidade palpável, mas sim um processo cultural bastante específico. Por isso, a observação etnográfica é um dos meios mais privilegiados para aceder a essa panóplia de saberes complexos, não unitários e até contraditórios.

Quando perspectivadas através do processo educacional, estas dinâmicas da formação dos soldados se manifestam em insumos materiais e imateriais. Para melhor analisar ambas as dimensões do ensino, formal e informal, decidi separar as transmissões de conhecimento em três modalidades diferentes mas que, na prática, se complementam: teorização, teatralização e ritualização do trabalho policial. Estas dimensões se traduziram em três capítulos, estes que possuíram centralidade na apresentação da dinâmica descrita teoricamente

A partir da abordagem etnográfica e documental, sustento que o Curso de formação de Soldados se alicerça em uma dialética da permanente frustração, na qual o eixo condutor central é a narrativa da ambivalência e até impotência do trabalho policial. Esta dialética, por sua vez, promove lógicas técnicas e culturais que frequentemente abrem espaço para a moralização de inúmeras atitudes ambivalentes, tanto do ponto de vista social quanto corporativo.

No primeiro capítulo, contemplei as definições teóricas que nortearam as discussões subsequentes. Sendo assim, defendi o conceito de cultura de trabalho no seio da organização como um processo circular e constantemente renovado através das rotinas profissionais, contrariando, assim, uma perspectiva funcionalista que tende a procurar uma cultura definida por eixos unívocos.

Nos capítulos que se seguiram, observei aspectos culturais das dinâmicas da formação, mas não como um quadro de regras norteador de todo o processo simbólico produzido dentro da organização. Com este escopo teórico fica claro que não defendo a existência de uma "subcultura policial" na Escola Superior de Soldados, mas sim de uma série de sistemas culturais e morais que promovem respostas pontuais a problemas reais do cotidiano de trabalho do Soldado, sendo estes internos ou externos à corporação. Afirmo assim que as dinâmicas endógenas à PMESP e à Escola Superior de Soldados de maneira específica estão sempre dialogando com seus sentidos e problemáticas exógenas, sociais e políticas.

Dito de outro modo, para observarmos a materialidade dos insumos, tanto culturais quanto burocráticos precisamos perspectivar a PMESP como uma organização altamente mutável e dinâmica. Assim, ainda que a PMESP possua um certo espírito de corpo baseado no conservadorismo policial, esta é apenas parte das muitas facetas organizacionais polarizadoras e presentes neste processo. Embora o modelo de polícia militar imaginado seja totalizante, na prática o trabalho policial e seus desafios ambíguos estão presentes nas mais diversas facetas da formação. Por esse motivo falo em dialética na formação do soldado militar como aspecto estruturante do curso.

No segundo capítulo busco perspectivar a problemática da construção de conhecimentos na dimensão mais próxima ao comando central da corporação, ou seja, na parte mais formal do Curso de Formação de Soldados. Analisei os mecanismos de consolidação do currículo, grade horária, temas discutidos nas disciplinas e a dinâmica prática de sua aplicação em sala de aula. Este conhecimento não pode ser perspectivado como uma ação direta da corporação sobre as políticas públicas almejadas através do policiamento. De forma alternativa, sua substância material e imaterial deve ser contemplada como o resultado da dinamicidade dos processos que compõem a organização como um todo. Tendo isto em vista, observei, na prática, que este processo produz largas contradições, tanto no espectro pedagógico, quanto retórico. Como resultado desse processo, o material formal de educação da ESSd apresenta ao aluno expectativas conflitivas sobre o seu trabalho e sobre o sucesso operacional.

Outro ponto fundamental foi demonstrar, através de observações etnográficas da aplicação do curriculum em sala de aula, que mesmo a parte mais formal da educação no Curso de Formação de Soldados chega ao aluno através do filtro da cultura profissional. E este filtro é manifesto tanto nas escolhas das cargas horárias das atividades complementares pela direção da escola quanto na dinâmica interpessoal entre professor e aluno no contexto da aula. Ainda a partir da exposição etnográfica, por fim, busquei resgatar a agencia dos alunos no processo formativo, rejeitando a noção de "instituição totalizante" em prol de uma perspectiva mais dinâmica, mutável e complexa da instituição de formação.

No capítulo seguinte, a partir da observação da teatralização do trabalho policial, busquei demonstrar como estas contradições, que aparecem de maneira explícita no âmbito da teoria, se manifestam, de maneira implícita, na parte prática e física do processo de formação. Neste viés, os conflitantes modelos de atuação policial e a anulação das expectativas sobre o sucesso no trabalho operacional acabam por direcionar a produção de saberes corporais e manejos técnicos do futuro soldado. Assim é promovido um sistema de conhecimentos e lógicas morais direcionadas para a atuação prática, mas sempre atravessadas por múltiplas hesitações.

Busquei demonstrar que esta dialética constitui um fator de sofrimento profissional e, por consequência, maior propensão à produção de sofrimento nos outros. Ou seja, o soldado da PMESP não é apenas profissionalmente tensionado pelas conflitantes expectativas sociais e institucionais; ele carrega a problemática da ambivalência dentro de si; na construção de seu corpo. A sua subjetividade como pessoa individual é sua maior ferramenta de trabalho. Assim é treinado.

Concluo com a afirmação que para que esta problemática não seja desagregadora em um plano corporativo, emerge uma lógica central que perpassa todas as dimensões da produção de conhecimentos: a autoproteção. Ainda que esta mude o foco do centro do trabalho policial da proteção da sociedade para a proteção do corpo do trabalhador, a corporação precisa incorporar oficialmente este discurso. Sem o discurso da ativa proteção de si não há sistema moral agregador.

No último capítulo, pudemos observar, de maneira aprofundada, o imaginário social constituído pela e sobre a corporação como parte de algo maior: o jogo de forças político-histórico do estado e do país, em sentido amplo. A cerimonialização da PMESP na história do estado e do país aparece ao centro da própria formação dos soldados. Sublinhar a ritualização de 1932 torna o soldado da presente parte da construção institucional do passado. Neste contexto, a corporação não transmite apenas saberes associados à missão profissional. A corporação se afirma, em sentido histórico, como pilar central de um pacto social implícito pela execução do policiamento. Mas ela também se afirma como a instituição que se alicerça por excelência no imaginário de estado e nação. O que demonstro é que este enraizamento regional da corporação na nacionalidade é muito mais o eixo definidor de certa unidade no ensino do que a atividade de policiar.

Isso me permitiu analisar como o discurso histórico visa construir um panorama retórico de valores sociais para os alunos. Este panorama transcende o trabalho policial e norteia a interpretação de sociedade como um todo. A partir da ritualização deste discurso histórico, busca-se a sacralização destes valores, trazendo, em partes, o protagonismo da gênese das lógicas morais novamente à corporação.

De um ponto de vista simbólico, assim, como demonstrado ao longo do trabalho, PMESP e soldado da PMESP se colocam novamente frente à frente, na disputa simbólica sobre o corpo a ser protegido. E esta dialética se repete todos os dias nas rotinas de trabalho dos policiais militares.

*

É preciso dizer que esta pesquisa apresenta limitações, estas que devem servir como guia para estudos futuros. Primeiramente, noto que o acesso supervisionado à Escola Superior de Soldados fez com que o foco do trabalho fosse de fato o Curso de Formação e não tanto as rotinas, cotidianos, relações e histórias de vida dos formandos. Neste sentido, acredito que haja ainda muito a ser investigado partindo do ponto de vista da aprendizagem e das percepções e intersubjetividades entre os policiais em formação. Cabe notar que esta perspectiva foi adotada de maneira central nos trabalhos de Paes de Souza[54], embora seguindo uma perspectiva teórica da que defendo neste trabalho.

Outro ponto que carece de aprofundamento a partir da exposição trazida aqui é a questão do ensino da suspeição e da criação de perfis de suspeitos, tema este que tem sido central nas demandas e críticas sociais em relação ao trabalho policial, no Brasil e no mundo.

A observação etnográfica demonstrou que esta não é uma dimensão explicitamente tratada no no Curso de Formação de Soldados. Ou seja, não há um ensino formal ou de caráter técnico que busque transmitir conhecimento agregado sobre suspeição na atividade prática do policial militar. Isso não significa, entretanto, que esta problemática não seja abordada ao longo do curso.; na verdade, a suspeita tem um caráter central na formação dos policiais. Porém, como pude notar, a sua materialidade encontra-se nos processos de gênese cultural, destacando-se ora como como parte da lógica coercitiva em si mesma, ora como lógica de moralização da vida social e do crime, ora como parte da importante autopreservação que o soldado nunca deve perder de vista.

Acredito, assim, que um caminho pertinente que pode dar sequência a este trabalho está no aprofundamento das inúmeras problemáticas que emergem das questões apontadas. Com isso, poderemos entender mais profundamente as razões que motivam o grave problema que a sociedade brasileira enfrenta com um policiamento eminentemente violento e produ-

54 Paes de Souza, Adilson. *O policial que mata*: um estudo sobre a letalidade praticada por policiais militares..., *Op. cit.*

tor de sofrimentos plurais. Ao aprofundar as lógicas que estão no âmago das rotinas profissionais, e nomeadamente da formação, espero poder contribuir para o encontro de soluções práticas e reflexões teóricas que ajudem na diminuição de violência e do sofrimento profissional destes e entre estes trabalhadores, assim como daqueles que são por eles afetados.

Lista de Ilustrações

Lista de Gráficos

Lista de Abreviações e Siglas

PMESP – Polícia Militar de São Paulo
ESSd - Escola Superior de Soldados
POP – Procedimentos Operacionais Padrão
DEC – Diretoria de Ensino e Cultura
NERC – Norma para Elaboração e Revisão de Currículo
DGE - Diretriz Geral de Ensino
SSP – Secretaria de Segurança Pública de São Paulo
SENASP - Secretaria Nacional de Segurança Pública
CFSd - Curso de Formação de Soldados
PDM – Plano de Matérias
CENS - Ciclos de Ensino
FP - Força Pública de São Paulo (organização que deu origem à PMESP)
MMDC - Sociedade dos Veteranos de 1932 (Sigla se refere aos 4 mortos em manifestação contra o Governo Vargas: Miragaia, Martins, Dráusio e Camargo)

Bibliografia

ADORNO, Sérgio. "A criminalidade urbana violenta no Brasil: um recorte temático". *BIB*. Rio de Janeiro, n.35, 1º sem. 1993.

______. "Discriminação Racial e Justiça criminal", *Novos Estudos*, dezembro de 2000.

______. "Insegurança versus Direitos Humanos: entre a lei e a ordem." *Tempo Social*. São Paulo: Depto. de Sociologia da USP, v. 11, n. 2, p. 129-153, out. 1999.

______. "Síntese criminológica: diagnóstico e prognóstico". In: *Congresso Brasileiro de Administração penitenciária. Anais*... São Paulo: IMESP, 1980.

______. A sociedade brasileira e o monopólio estatal da força. In: Neves, Paulo Sérgio, Rique, Célia D. G. e Freitas, Fábio F. B. (org.) *Polícia e democracia: desafios à educação em direitos humanos*. Recife, 2002.

______; PINHEIRO, Paulo Sérgio. "Violência contra crianças e adolescentes, violência social e estado de direito." *São Paulo em Perspectiva*, 1993, p. 106-117.

______; OLIVEIRA, André Rodrigues e Oliveira, Thiago R. "Legitimidade Policial: Um modelo de mesuração." *Revista Brasileira de Ciências Sociais*. v. 34, n. 100, 2019.

ALBUQUERQUE, Carlos F. Linhares de. *Escola de Bravos*: cotidiano e currículo numa Academia de Polícia Militar. Dissertação de Mestrado da Faculdade de Filosofia e Ciências Humanas da Universidade Federal da Bahia, Salvador, 2000

ALEXANDER, Michelle: The New Jim Crow: Mass Incarceration in the Age of Colorblindness", *The New Press*, New York, NY, 2012.

AMAR, Paul: "Emerging Parastatal Security Regimes Confront Queer Globalisms", in: *The Security Archipelago. Human-Security States, Sexuality Politics, and the End of Neoliberalism*, Durham & amp, London: Duke University Press: 2013.

ARAÚJO, Oséas Moreira de, Major. *Notícias sobre a Polícia Militar da Bahia no século XIX*. Polícia Militar da Bahia, Salvador,1997.

ARANHA, M. L. *Filosofia da educação*. 2ª ed. São Paulo: Moderna, 1996.

ARENDT, Hannah. *Entre o passado e o futuro*. 7ª ed. Trad. Mauro W. Barbosa de Almeida. São Paulo: Editora Perspectiva, 2014.

______. "*Totalitarismo*". Trad. Adriano Correia. In:_Revista Inquietude vol 2, nº 2 2011/02, Goiânia: UFG, 2011

BALESTRERI, Ricardo Brisolla. *Direitos Humanos*: coisa de Polícia. Passo Fundo: CAPEC, 2003.

BARROS, Geová da Silva. *Racismo institucional*: a cor da pele como principal fator de suspeição. Dissertação (Mestrado em Ciência Política). Recife, Centro de Filosofia e Ciências Humanas, Universidade Federal de Pernambuco, 2006.

BATISDE, R. A criminalidade negra em São Paulo. In: Nascimento, A. do (Org.). *O negro revoltado*. Rio de Janeiro: GRD, 1968.

BAUDRILLARD, Jean. *Simulacra and Simulation*. Ann Arbor: University of Michigan Press, 1994.

BENEVIDES, M. *Violência, povo e polícia* (violência urbana no noticiário da imprensa). São Paulo: Brasiliense/Cedec, 1983

BENJAMIN, Walter. "Critique of Violence" in: Bullock, M e Jennings, M. W. (edts.). *Walter Benjamin: Selected writings., v. 1* Cambridge. Harvard University Press, 1996, p. 236-252

BIDERMAN, C., J. M. P. e DE MELLO e A. Schneider. "Dry laws and homicides: Evidence from the São Paulo metropolitan area". *The Economic Journal* (543).

BINDMAN, David, *Ape to Apollo. Aesthetics and the Idea of Race in the 18th Century*. Ithaca: Cornell Univerity Press, 2002.

BITTNER, E. *Aspectos do trabalho policial*. Trad. Ana Luísa Amêndola Pinheiro. São Paulo: Edusp, 1990 (Série Polícia e Sociedade, 8).

BOAS, Franz. *Antropologia cultural*. Trad. Celso de Castro. – 6ª ed. Rio de Janeiro: Jorge Zahar Ed., 2010.

BODIN, Jean. *On Sovereignty*. Ed. Por Franklin, Julian. Cambridge University press, 1992.

BOITEUX, Luciana e LEMGRUBER, Julita. *O Fracasso da Guerra às drogas*. In: De Lima, Renato Sérgio e Ratton, José Luiz (org.). *Crime Polícia e Justiça no Brasil*. São Paulo, Editora Contexto, 2014

BORGES, Doriam e DE LIMA, Rento Sérgio. "Estatísticas criminais no Brasil" In: De Lima, De Azevedo, Rodrigo Ghiringhelli; De Lima, Renato Sérgio e Ratton, José Luiz (org.). *Crime Polícia e Justiça no Brasil.* São Paulo, Editora Contexto, 2014.

BOURDIEU, P. (2007). *A economia das trocas simbólicas* (5ª ed.). São Paulo: Perspectiva, P. 191.

BOURGOIS, P. "Confronting anthropology, education, and inner-city apartheid. American Anthropologist" 98(2): 249–25, 1996.

BRASIL, Ministério da Justiça. *Bases curriculares para a formação de profissionais da área de segurança do cidadão*. Brasília: Ministério da Justiça, 2000.

BRETAS, Marcos Luiz. *Ordem na Cidade. O exercício cotidiano da autoridade policial no Rio de Janeiro: 1907-1930*. Rio de Janeiro: Editora Rocco, 1997.

______. *A Guerra das Ruas. Povo e Policia Na Cidade do Rio de Janeiro*. Rio de Janiero: Arquivo Nacional, 1997.

______. "Formação da Polícia Moderna". In: André Rodrigues; João Trajano Sento-Sé; Marco Aurélio Martins. (orgs.). *Direitos Humanos e Segurança Pública: algumas premissas e abordagens*. Rio de Janeiro: ISER, 2011, p. 85-94.

BRUNETTA, Antonio Alberto. Não-formal e informal no ensino policial. *Revista Brasileira de Segurança Pública,* São Paulo, v. 9, n. 2, 130-140, ago/dez. 2015

______. *Reforma intelectual da Polícia Militar*. Tese de Doutorado, UNESP/Araraquara, 2012 p. 110.

BUTTLER, Judith: *Bodies that Matter,* Nova York: Routledge, 1993.

CABRAL, M. V. F. *Avaliação do Impacto do Infocrim sobre as taxas de homicídios dos municípios paulistas: uma aplicação do método de diferenças em diferenças espacial.* Tese de Doutorado, Universidade Federal de Juiz de Fora, Juiz de Fora, 2016.

CALDEIRA, Teresa Pires do Rio. *Cidade de muros*: crime, segregação e cidadania em São Paulo. Tradução Frank de Oliveira, Henrique Monteiro. São Paulo: Ed. 34/Edusp, 2000.

______. *A política dos outros: o cotidiano dos moradores da periferia e o que pensam do poder e dos poderosos*, São Paulo, Brasiliense, 1984.

______. "I Came to Sabotage Your Reasoning!": Violence and Resignifications of Justice in Brazil. In: CAMAROFF, Jean; CAMAROFF, John L. *Law and Disorder in the Postcolony.* Chicago and London: The University of Chicago Press, 2006.

CALLADO, Tereza de Castro. *Walter Benjamin: a experiência da origem*, Fortaleza: EDUECE, 2006.

CAMPOS COELHO, E. "Sobre sociólogos, pobreza e crime". Dados: *Revista de Ciências Sociais.* Rio de Janeiro, v.23, n.3, 1980.

CANCELLI, Elizabeth. Entre prerrogativas e regras: Justiça Criminal e Controle político no Regime Vargas (1930-1945), In: *Cadernos do Tempo Presente*, n. 15, mar./abr., p. 02-15.

CAPELATO, Maria Helena. *O Movimento de 1932: a causa paulista.* São Paulo: Brasiliense, 1982.

CARUSO, Haydée Glória Cruz; MORAES, Luciane Patrício Braga de e PINTO, Nalayne Mendonça: "Polícia

Militar do Estado do Rio de Janeiro: da Escola de Formação à prática policial", apresentado no 30º Encntro Anual da ANPOCS, 2006

CASTRO, Celso. *O Espírito Militar: um antropólogo na caserna.* Editora Zahara: Rio de Janeiro, 1990

CORDNER, Gary: "Community policing", in: Kane, Robert J. e Reisig, Michael D. (org.): *The Oxford Handbook of Policing,* Nova York: Oxford University press, 2014

COARACY, Vivaldo. *O Caso de São Paulo.* São Paulo: Editora Ferraz, 1932

COMAROFF, J. *Law and Disorder in the Postcolony.* Illinois, Chicago: University of Chicago Press, 2006.

COSTA, Gerson e PICCOLO, Éli.,"Considerações sobre o Estado Econômico do Planalto no Século XVII. Suas Causas e suas Consequências", in: *História da Civilização Brasileira,* n. 4 (Boletim FFCL XLII), 1944.

CRANCK, John P. e LANGWORTHY, Robert H., "An Institutional perspective of policing", *Journal of Criminal Law and Criminology* 83 (2), p. 338-63, 1992

DA MATTA, Roberto. "Individualidade e liminaridade: considerações sobre os ritos de passagem e a modernidade". In: *Mana*, Rio de Janeiro, abr. 2000, v.6, n. 1, p.7-29.

DAS, Veena. *Mirrors of Violence: Communities, Riots and Survivors in South Asia.* Oxford: Oxford University Press, 1990.

DE LIMA, Renato Sérgio e RATTON, José Luiz (org.). *Crime, Polícia e Justiça no Brasil.* São Paulo: Editora Contexto, 2014.

DEL PICCHIA, Menotti. *A Revolução Paulista*, 4th ed., São Paulo: [s.n.], 1932.

DE MORAIS, Dinari Inácio. *Exército, Forças Públicas e Estado Nacional: 1930 – 1937*. XXVI Simpósio Nacional de História – ANPUH, São Paulo, 2011, p. 10.

DE SÁ, Leonardo Damasceno. *Os Filhos do Estado*. Rio de Janeiro: Editora Relume Dumará, 2002

DORES, Cláudio Alencar; Campos, Alzira Lobo de Arruda. O Projeto Político-Pedagógico para a Formação de Sargentos da Polícia Militar do Estado De São Paulo. *Pesquisa em Debate*, edição especial, 2009. p. 22-23.

DRAKE, L. M.; SIMPER, R. *The measurement police force eficiency: an assessment of U.K.* home office policy. Contemporary Economic Policy, v. 23, n. 4, p. 465-482, 2005.

DUARTE, Newton. *Sociedade do conhecimento ou sociedade das ilusões? Quatro ensaios crítico-dia- léticos em filosofia da educação*. São Paulo: Autores Associados, 2008.

DURÃO, Susana: *Patrulha e proximidade: Uma etnografia da polícia de Lisboa*, Coimbra: Edições Almedina, 2008.

______. "Violências privadas como se fossem direitos públicos". *Revista Mana*. Estudos de Antropologia Social, v. 19 (2), 2013.

______. *Educando os policiais*. ComCiência (revista do LabJor UNICAMP). Dossiê Prêmio e Castigo, maio, p. 1-7. 2007.

EHLERS, Nadine. *Racial Imperatives: Discipline, Performativity and Struggles against Subjection*. Indianapolis: Indiana University Press, 2012.

ELLIS JUNIOR, Alfredo. *Confederação ou separação*. Piratininga, 1933. p. 63.

______. *O Bandeirismo Paulista e o Recuo do Meridiano*. 2ª ed. São Paulo: Companhia Editora Nacional, 1938.

______. *Resumo da História de São Paulo. Quinhentismo e Seiscentismo*. São Paulo: Rothschild, Loureiro e Cia, 1942.

______.Capítulos da história psicologica de São Paulo FFCL, Capítulo LIII, 1945.

______. *A Economia Paulista no Século XVIII. O Ciclo do Muar, O Ciclo do Açúcar*. 2ª ed. São Paulo, Academia Paulista de Letras (Biblioteca APL Vol. II), 1979, p. 5

ELLIS, Myriam. "Prefácio à Segunda Edição", in Alfredo Ellis Júnior, *A Economia Paulista no Século XVIII*. O Ciclo do Muar, O Ciclo do Açúcar. 2ª ed. São Paulo, Academia Paulista de Letras (Biblioteca APL Vol. II), 1979.

ELIAS, Norbert. *Introdução à Sociologia*. Lisboa: Edições 70, 1999.

ETERNO, John A. e, Silverman, Eli B.: *The Crime Numbers Game: Management by Manipulation*, Nova York: CRC Press, 2012.

FASSIN, Didier: *Enforcing Order: An ethnography of urban policing*", Cambridge: Polity Press, 2013.

FELTRAN, Gabriel. "Periferias, direito e diferença: notas de uma etnografia urbana". *Revista De Antropologia*, *53*(2), 2012.

______. *Valor dos pobres: a aposta no dinheiro como mediação para o conflito social contemporâneo*. Cad. CRH, Salvador, v. 27, n. 72, p. 495-512, 2014.

FERNANDES, H. R. *Política e segurança.* Rio de Janeiro: Alfa-Ômega, 1973.

FOUCAULT, Michael, *História da Sexualidade I, A Vontade de Saber,* Rio de Janiero: Edições Graal, 1998.

______. *Vigiar e Punir: Nascimento da prisão.* Petrópolis - RJ: Editora Vozes, 2014.

FRANÇA, Fábio Gomes e Gomes, Janaína L. F, "Se não aguentar, corra!: Um Estudo sobre a pedagogia do sofrimento em um curso policial militar", *Revista Brasileira de Segurança Pública,* São Paulo, v. 9, n 2, 142-159, Ago/set 2015

FREDERICKSON, George M. *The Black Image in the White Mind. The Debate on Afro-American Character and Destiny, 1817-1914.* Hanover: Wesleyan University Press,1987.

GALTUNG, Johan. "Violence, peace, and peace research". *Journal of Peace Research* 6(3), p. 167–191, 1969

GATES, Henry Louis (ed.). *"Race", Writing, and Difference.* Chicago: The University of Chicago Press, 1986.

GENNEP, Arnold van. *Os ritos de passagem*: estudo sistemático dos ritos da porta e da soleira, da hospitalidade, da adoção, gravidez e parto, nascimento e infância, puberdade, iniciação, coroação, noivado, casamento, funerais, estações etc. Petrópolis: Vozes, 2. ed.2011

GEYER, M. *The militarization of Europe,* 1914–1945. In: Gillis J (ed.). *The Militarization of the Western World.* New Brunswick, NJ: Rutgers University Press, 1989.

GIBBS, Graham. *Learning by doing: A guide to teaching and learning methods.* Geography discipline network, 2001.

GLASER, Jack. *Suspect race: Causes and consequences of racial profiling*, Oxford: Oxford University Press, 2014.

GLOVER, Karen S.: *Racial Profiling: Research, Racism, and Resistance*", Nova York: Rowman and Littlefield Publishers, 2008.

GOFFMAN, Erving. *Manicômios, prisões e conventos*. São Paulo: Editora Perspectiva, 2008.

GOLDSTEIN, A. P. et al. *Police crisis intervention*. Nova York: Pergamon, 1979.

GREENE, Jack R: *Zero Tolerance and Policing* in: Kane, Robert J. e Reisig, Michael D. (org.): *The Oxford Handbook of Policing*, Nova York: Oxford University press, 2014, p. 172- 196

GREGORI, Maria Filomena. *Viração - Experiências de meninos nas ruas*. São Paulo: Companhia das Letras, 2000.

GRILLO, Carolina; NERI, Natasha. Vai, levanta a mão!: a criminalidade vista a partir dos bailes funk em favelas do Rio de Janeiro. In: Antonio Carlos Rafael Barbosa, Brígida Renoldi e Marcos Veríssimo. (Org.). *(I)legal. Etnografias em uma fronteira difusa*. 1ed. Niterói: Editora da Universidade Federal Fluminense (EDUFF), 2013.

HALL, Stuart. "Quem precisa de identidade?" In, SILVA, T. T. *Identidade e diferença: a perspectiva dos estudos culturais*. Rio de Janeiro: Vozes, 2000.

HASENBALG, Carlos Alfredo; SILVA, Nelson do Valle; LIMA, Márcia (Orgs). *Cor e estratificação social*. Rio de Janeiro: Contra Capa Livraria, 1999.

HOBSBAWN, Eric: "Dentro e fora da história", in: *Sobre a História: ensaios,* Companhia das Letras, São Paulo, 2013.

KANE, Robert J. e REISIG, Michael D. (org.): *The Oxford Handbook of Policing.* Nova York: Oxford University Press, 2014.

KANT DE LIMA, Roberto [Relator] (com a colaboração de Jorge da Silva). "Formação Policial". MJ – Secretaria Nacional dos Direitos Humanos. Grupo de Trabalho para avaliar a Segurança Pública no Brasil, Niterói, 17 de julho de 1997.

______. Direitos civis, estado de direito e "cultura policial": a formação policial em questão. *Revista Brasileira de Ciências Criminais*, São Paulo, n. 41, v. 11, 2003

KOWARICK, L. Capitalismo e marginalidade na América Latina. Rio de Janeiro: Paz e Terra, 1975b. (Coleção Estudos latino-americanos. 3. ed.).

KROHN-HANSEN, Christian. "The Anthropology of Violent Interaction". *Journal of Anthropological Research*, Vol. 50, nº. 4, 1994.

LATOUR, Bruno. *Reagregando o social. Uma introdução à teoria do ator-rede*. Salvador: Edufba/ Baurú: Edusc, 2012.

LEIRNER, Piero. *Meia volta, Volver: Um estudo atrapológico sobre a hierarquia militar.* Editora FGV: Rio de Janeiro, 1997.

LEITE, Márcia. Da "metáfora da guerra" ao projeto de "pacificação": favelas e políticas de segurança pública no Rio de Janeiro. *Revista Brasileira de Segurança pública.* São Paulo v. 6, n. 2, Ago/Set 2012, P. 374-389.

LIPSKY, Michael. *Burocrátas a nível de rua*. Tradução Arthur Eduardo Moura da Cunha. Enap: Brasília, 2019.

LOMBROSO, Cesare. *O Homem Delinquente*. São Paulo: Icone, 2013.

LYON, David. Surveillance society: monitoring everyday life. New York: Open University Press, 2001.

LYONS, William. *The Politics of Community Policing: Rearranging the Power to Punish (Law, Meaning, and Violence)*. University of Michigan Press, 1999.

MACHADO DA SILVA, Luiz Antonio. Violência e ordem social. In: Lima, Renato Sérgio; Ratton, José Luiz; Azevedo, Rodrigo Guiringhelli. (Org.). *Crime, polícia e justiça no Brasil*. São Paulo: Contexto, 2014.

MAUSS, Marcel. *Manual de Etnografia*. Editorial Portico, Lisboa, 1972.

MESQUITA NETO, P. "Policiamento Comunitário e Prevenção do Crime: a visão dos coronéis da polícia militar". In: *São Paulo em Perspectiva*, p. 18(1): 103-110, 2004.

______. Violência policial no Brasil: abordagem teórica e práticas de controle. In: PANDOLFI, D.; CARVALHO. J. M.; CARNEIRO, L. P. e GRYNSZPAN, M. *Cidadania, Justiça e Violência*. Rio de Janeiro, Fundação Getúlio Vargas, 1999.

MANNING, Peter. *Police Work, The Social Organization of Policing*. Cambridge, Mass: Massachusetts Institute of Technology Press, 1977.

______. *The Police Mandate: Organizational Analysis*, Routledge, 2018

MINAYO, Maria Cecília de Souza e ADORNO, Sérgio. Risco e (in)segurança na missão policial. *Ciênc. saúde coletiva* [online]. v. 18, n.3, p.585-593, 2013

MONJARDET, Dominique; *O que faz a polícia: sociologia da força pública.* São Paulo: Editora da Universidade de São Paulo, 2003.

MARCINEIRO, N. e PACHECO, G. *Polícia Comunitária: Evoluindo para a polícia do século XXI,* Editora Insular, São Paulo, 2005.

MASSUD, Leonardo. "Universalismo e Relativismo Cultural". In: PIOVESAN, Flávia. *Direitos Humanos.* Fundamento, Proteção e Implementação. Perspectivas e Desafios Contemporâneos. 1. ed. v. II. Curitiba: Juruá, 2007.

MATTOS, Carla. Da valentia à neurose: Criminalização das galeras funk, 'paz' e (auto)regulação das condutas nas favelas. Dilemas: *Revista de Estudos de Conflito e Controle Social,* v. 5, p. 653, 2012

MEAD, George Herbert. "Symbolic Interactionism", In: Skidmore, W. *Theoretical Thinking in Sociology,* Cambridge University Press, 1979, p. 207.

MIR, Luís. *Guerra Civil: estado e trauma,* Geração Editorial, São Paulo, 2004

MONTEIRO, John Manuel. Caçando com gato: o Problema da Mestiçagem na Obra de Alfredo Ellis Jr., XVII Reunião Anual da ANPOCS, Caxambú MG, 1993, P. 9.

MORTON, Samuel George. *Crania Aegyptiaca; or, Observations on Egyptian ethnography, derived from anatomy, history and the monuments.* Philadelphia: J. Penington, 1844.

MUIR JR., William K. Police: *Streetcorner politicians.* University of Chicago Press, Chicago, 1979.

MUNIZ, Jaqueline. "Resistências e dificuldades de um programa de policiamento comunitário". *Tempo Social*, São Paulo, Departamento de Sociologia da Universidade de São Paulo, v.9, n. 1, p. 197-213, maio 1997

______. "*Ser Policial é, Sobretudo, uma Razão de Ser*": Cultura e Cotidiano da Polícia Militar do Estado do Rio de Janeiro. Tese apresentada ao Instituto Universitário de Pesquisas do Rio de Janeiro como requisito parcial para a obtenção do grau de Doutor em Ciência Política – IUPERJ, 1999.

MUNIZ, Jacqueline de Oliveira; PAES-MACHADO, Eduardo. "Polícia para quem precisa de polícia: contribuições aos estudos sobre policiamento." *Cad. CRH*, Salvador, v. 23, n. 60, p. 437-447, dec. 2010

NIEDERHOFFER, Arthur e BLUMBERG, Abraham (org.). *The Ambivalent force*: Perspectives on the police. Rinehart press, São Francisco, 1973.

NOTT, Josiah Clark. *Types of mankind: or, Ethnological researches, based upon the ancient monuments, paintings, sculptures, and crania of races, and upon their natural, geographical, philological and Biblical history; illustrated by selections from the inedited papers of Samuel George Morton ... and by additional contributions from Prof. L. Agassiz, LL.D., W. Usher, M.D., and Prof. H. S. Patterson.* Philadelphia: Lippincott, Grambo & Co., 1854.

NUMMER, Fernanda Valli. *Ser polícia, ser militar*: o curso de formação na socialização do policial militar. Niterói: EDUFF, 2005.

NUNES, P. H. F. *O pensamento politico de Thomas Hobbes*. Simplíssimo livros: São Paulo, 2010.

PAES DE SOUZA, Adílson. *O policial que mata: um estudo sobre a letalidade praticada por policiais militares no Estado de São Paulo*. Tese de Doutorado em psicologia na USP, 2020.

PAIXÃO, Marcelo. "Parecer de Marcelo Paixão, Laboratório de Análises Econômicas, Históricas, Sociais e Estatísticas das Relações Raciais (Laeser), a pedido de Frei David do Educação e Cidadania para Afrodescendentes e Carentes (Educafro) sobre o Programa de Inclusão com Mérito no Ensino Superior Paulista (Pimesp) tal como apresentado pelo Governo do Estado de São Paulo. Rio de Janeiro: LAESER, 2012.

______. Relatório Anual das Desigualdades Raciais no Brasil; 2009-2010. (http://www.palmares.gov.br/wp-content/uploads/2011/09/desigualdades_raciais_2009-2010.pdf).

PAJ, Waddington. *The British Journal of Criminology*, v. 39, Issue 2, March 1999, Pages 287–309.

PEIRANO, Mariza. *Rituais ontem e hoje*. Editora Zahar, RJ, 2003, P. 4

PERALVA, Angelina. Violência e democracia: o paradoxo brasileiro. São Paulo: Paz e Terra, 2000.

PINHO, Osmundo Araújo e SANSONE, Livio, *Raça: Novas perspectivas antropológicas*, Salvador, EDUFBA, 2008.

PONCIONI, Paula. "O modelo policial profissional e a construção da identidade profissional do policial nas Academias de Polícia do Estado do Rio de Janeiro", Apresentado no XII Congresso Brasileiro de Sociologia

______. *Tornar-se policial: A Construção da Identidade Profissional do Policial no Estado do Rio de Janeiro.* Tese de Doutorado, Departamento de Sociologia, Faculdade de Filosofia, Letras e Ciências Humanas, Universidade de São Paulo, 2004.

POLÍCIA MILITAR DO ESTADO DE SÃO PAULO. História que nós vivemos: contos de fatos reais. São Paulo: Gráfica 5a EM/PM, 1977.

______. *Polícia Militar do Estado de São Paulo.* Diretriz de Planejamento N° PM-01/01/87. Radiopatrulhamento Padrão, 1987a.

______. *Polícia Militar do Estado de São Paulo.* Radiopatrulhamento Padrão: a nova filosofia operacional – 1a parte. Legião de Idealistas, N° 20, 01, Out 1987b.

______. *Polícia Militar do Estado de São Paulo.* Radiopatrulhamento Padrão: a nova filosofia operacional – 2a parte. Legião de Idealistas, No 21, 15 Out 1987c.

______. *Polícia Militar do Estado de São Paulo.* Radiopatrulhamento Padrão: a nova filosofia operacional – 3a parte. Legião de Idealistas, No 22, 01 Nov 1987d.

______. *Polícia Militar do Estado de São Paulo.* Radiopatrulhamento Padrão: a nova filosofia operacional – 4a parte. Legião de Idealistas, No 23, 15 Nov 1987e.

______. *Polícia Militar do Estado de São Paulo.* Programa de Matéria para Instrução de 1a Fase para Cb/Sd PM. Projeto Radiopatrulhamento Padrão: Diretoria de Ensino e Instrução, 1987f.

______. *Polícia Militar do Estado de São Paulo.* Manual Básico de Policiamento Ostensivo. M-14-PM, 1992.

______. *Polícia Militar do Estado de São Paulo.* Nota de Instrução No PM3-004/02/97. Polícia Comunitária, 1997.

______. *Polícia Militar do Estado de São Paulo.* Manual de tiro defensivo. M-19-PM, 1999.

______. *Polícia Militar do Estado de São Paulo.* Manual de Padronização de Procedimentos Policiais Militares. M-13-PM, 2003a.

______. *Polícia Militar do Estado de São Paulo.* Diretriz No PM6- 001/30/03. Sistema de Supervisão e Padronização Operacional (SISUPA), 2003b.

______. *Polícia Militar do Estado de São Paulo.* Diretriz No PM3- 015/02/05. Programa de Policiamento Comunitário, 2005.

______. *Assembléia Legislativa do Estado de São Paulo –* ALESP. 54 Anos de Polícia Feminina em São Paulo, 2009. Disponível em <http://www.jusbrasil.com.br/noticias/1056813/54-anos-da-policia- feminina-do-estado-de-sao-paulo>. Acesso em 18 dez. 2010.

______. *Polícia Militar do Estado de São Paulo Sistema de Gestão da Polícia Militar do Estado de São Paulo* (GESPOL), 2010.

PINC, Tânia M. *O Uso da Força Não Letal pela Polícia nos Encontros com o Público.* Dissertação de Mestrado apresentada ao DCP – USP, São Paulo, 2006

______. "Abordagem policial: um encontro (des)concertante entre a polícia e o público". *Revista Brasileira de Segurança Pública*, São Paulo, ano 1, edição 2, p. 12, 2007

PRADO, Maria Lígia Coelho. *A Democracia Ilustrada: O Partido Democrático de São Paulo, 1926- 1934*. São Paulo: Editora Ática, 1986

PUGLIESE, Joseph. "Demonstrative evidence": A genealogy of the racial iconography art and illustration", *Conferência apresentada na Association for the Study of Law, Culture, and the Humanities Conference*, Cardozo Law School, New York University, New York, USA, março de 2003.

______. Necrological Whiteness: the Racial Prosthetics of Template Bodies, *Continuum*, 19: 3,2005, p. 349 -364.

QUARTIM DE MORAES, Francisco. *1932: A História invertida*. Ed. Anita Garibaldi, São Paulo, 2018. P. 5

RAMOS, Sílvia; MUSUMECI, Leonarda. *Elemento suspeito: abordagem policial e discriminação na cidade do Rio de Janeiro*. Rio de Janeiro: Civilização Brasileira, 2005

REINER, Robert. *A política da polícia*, Tradução Maria Cristina Pereira da Cunha Marques. São Paulo: Edusp, 2004.

REUSS-IANNI, Elizabeth. *Two cultures of policing: Street Cops and management Cops*. Nova York: Transaction Publishers, 1983

ROBB LARKINGS, Erika. Performances of Police Legitimacy in Rio's Hyper Favela. *Law & Social Inquiry*, Vol. 38, Issue 3, 2013.

RODRIGUES, Nina. *As raças humanas e a maioridade penal*. Rio de Janeiro: Guanabara s/d.

ROGERS, Everret. *Diffusion of Innovations*. New York: Free Press, 1995.

ROSEMBERG, André; Bretas, Marcos. "A história da polícia no Brasil: balanço e perspectivas". *Topoi*, v. 14, p. 162-173, 2013.

ROSEMBERG, André: "De chumbo e festim: Uma história da polícia paulistana no final do império", São Paulo, 2010, Edusp, 2010, p. 31-34

______. "Prelúdio de um pequeno exército ? A força policial paulista nos primeiros anos da República (1890 a 1895)". *História Unisinos*, v. 16, p. 333, 2012.

______. "Retrato policial: um perfil da praça de polícia em São Paulo (1868-1896)". *História* (UNESP. Impresso), v. 29, p. 2, 2010.

RUI, Taniele Cristina. "Corpos abjetos: etnografia em cenários de uso e comércio de crack", Tese de Doutorado, Departamento de Antropologia, IFCH, Unicamp, 2012.

______. *Vigiar e cuidar: notas sobre a atuação estatal na "cracolândia",* Revista Brasileira de Segurança Pública, São Paulo, v. 6, n 2, 336-351, Ago/set 2012

RUSSEL-BROWN, Katheryn: *The color of Crime*", New York University Press, New York, 2009.

SAMMIAN-DARASH, Limor e STALCUP, Meg. "Anthropology of security: Cases of counterterrorism in the United States", Anthropological theory 2017, v. 17.

SANTOS, José Vicente Tavares. *Dilemas do ensino policial: das heranças às pistas inovadoras.* Segurança, Justiça e cidadania. n. 7 Educação Policial. P. 11

SAPORI, Luis Flavio. "O treinamento como ferramenta de reforma policial na sociedade brasileira: perspectivas e limitações". Paper apresentado no Seminário Interpretações da Violência Urbana no Brasil, Rio de Janeiro, Universidade Federal do Rio de Janeiro, 2002.

SELZNCK, Philip. Foundations of the Theory of Organization. American Sociological review 13: 25-35

SCHEPER-HUGHES, N. *Death without Weeping: The Violence of Everyday Life in Brazil.* Berkeley: University of California Press. 1992.

SHINDER, Debra Littlejohn, "*Maximizing the Effectiveness of Role-Play Scenario Training Exercises in Development of Police Crisis Intervention Skills*", Journal of Police Crisis Negotiations,1: 2,19-27, 2001

SCHWARCZ, Lilia M. *O Espetáculo das Raças. Cientistas, Instituições e Questão Racial no Brasil. 1870- 1930.* São Paulo: Cia das Letras, 1993.

______. *Racismo no Brasil.* São Paulo: Publifolha, 2001

SÉRGIO DE LIMA, Renato e SINHORETTO, Jacqueline. "Narrativa autoritária e pressões democráticas na segurança pública no controle do crime." *Revista Contemporâea*, V.5 n1, janeiro – junho de 2015. p. 119-141.

SINHORETTO, Jacqueline. Seletividade penal e acesso à justiça. In: Lima, Renato Sérgio; Ratton, José Luiz; Azevedo, Rodrigo Guiringhelli. (Org.). *Crime, polícia e justiça no Brasil.* São Paulo: Contexto, 2014

SINHORETTO, Jacqueline; SILVESTRE, Giano e SCHILITER, Maria Carolina: "Sumário Executivo: Desigualdade Racial e Segurança pública em São Paulo", 2014, publicado Online em: http://www.ufscar.br/gevac/wp-content/uploads/Sum%C3%A1rio-Executivo_FINAL_01.04.2014.pdf

SKIDMORE, W. *Theoretical Thinking in Sociology*, Cambridge University Press, 1979

SOUZA, Robson. *Quem comanda a segurança pública no Brasil?*: atores, crenças e coalisões que dominam a política nacional de segurança pública. Belo Horizonte: Letramento, 2013.

STEPHAN, Nancy L. *A Hora da Eugenia: raça, gênero e nação na América Latina.* Rio de Janeiro: Fiocruz, 2005.

STORANI, Paulo. *Vitória Sobre a morte, a glória prometida: O rito de passagem na construção da identidade dos Operações Especiais do BOPE.* Dissertação de Mestrado apresentada ao PPGA – UFF, Niterói, 2008

SOARES, Luiz Eduardo; GUINDANI, Miriam Krenzinger A. "A Construção Social de uma Acusação Criminal: desconstruindo o uso de provas periciais". *Revista de Estudos Criminais*, v. 01, 2005, p. 39-52.

SOARES, Luiz Eduardo. "Além do bem e do mal na cidade sitiada". *Política Democrática*, v. 32, p. 69, 2012.

______. *Violência e Política no Rio de Janeiro*. Rio de Janeiro: Top Books, 1996.

SKOGAN, Wesley G., *Community policing, Chicago Style*, New York, Oxford University Press, 2014.

______. *Police and community in Chicago: A tale of three cities.* Oxford University press, 2006.

______. e MEARES, T. Lawful policing. *Annals of American Academy of Political and Social Science*, v. 593, 2004.

SKOLNICK, J. H.; BAYLEY, D. H. *Policiamento Comunitário*: questões e práticas através do mundo. Trad. Ana Luísa Amêndola Pinheiro. São Paulo: Edusp (Série Polícia e Sociedade, 6), 2002.

TACHER, David. *Order Maintence Policing*, in: Kane, Robert J. e Reisig, Michael D. (org.): *The Oxford Handbook of Policing*, Nova York: Oxford University press, 2014

TAMBIAH, Stanley J. *Culture, Thought and Social Action,* Harvard University Press, 1985

TAUSSIG, M., Shamanism. *Colonialism, and the Wold Man: A Study of Terror and Healing*. The University of Chicago Press, Chicago, 1987.

TAVARES DOS SANTOS, Vicente José. "Dilemas do ensino policial: das heranças às pistas inovadoras." *Segurança, Justiça e Cidadania.* n. 7". Brasília, 2014, p. 24

TEAHAN, John E., Role playing and group experience to facilitate attitude and value changes among black and white police officers, *Journal of Social Issues*, v. 31, Issue 1, 1975

TEODORO SILVA, Wellington. Ritual e Política: Excerto. *Revista de Estudos da Religião*, março 2008. P. 81

THOMAZ, Omar Ribeiro; Castelo, C.; Nascimento, Sebastião; Silva, T. C. E. (orgs.). *Os outros da colonização. Ensaios sobre o colonialismo tardio em Moçambique*. Lisboa: Imprensa de Ciências Sociais, 2012.

TOCH, Hans: "Mobilizing Police expertise", in: *The Annals of the American Academy of Political and Social Violence* 452, p. 33-62, 1980.

TURNER, Victor. *O Processo Ritual*: estrutura e antiestrutura. Petrópolis: Vozes, 1974

VAN MAANEN, John, *Tales of the Field: On writing ethnography*, Chicago: Chicago University press, 2001

______. The Asshole, in Manning, Peter K. & Van Maanen, John (eds), Policing. *A View from the Street*, New York, Random House: 221-38

WACQUANT, Louis. "O lugar da prisão na nova administração da pobreza", tradução: Paula Mirglia e Hélio de Mello Filho, *Novos Estudos 80*, CEBRAP, São Paulo, 2008.

WEBER, Max. "The Three Types of Legitimate Rule". *Journal Berkeley Publications in Society and Institutions* 4(1): 1-11, 1958.

WEINSTEIN, Barbara. *The Color of Modernity: São Paulo and the making of Race and Nation in Brazil.* Duke University Press, 2015.

______. "Racializing Regional Difference: São Paulo vs. Brazil, 1932," in: Nancy Appelbaum, Anne Macpherson and Karin Rosemblatt, eds., Race and Nation in Modern Latin America (Chapel Hill: Univ. of North Carolina Press, 2003), p. 237-262.

WILLIS, James. *A Recent history of the Police*, in: Kane, Robert J. e Reisig, Michael D. (org.): *The Oxford Handbook of Policing*, Oxford University press, NY, 2014.

WILLIS, G. D. *The killing consensus: police, organized crime, and the regulation of life and death in urban Brazil.* University of California Press. 2015

WITHROW, Brian L.: *Racial Profiling: From Rhetoric to Reason*, New Jersey, Prentice Hall, 2005.

WOODARD, James. *A Place in Politics.* Durham, N.C.: Duke University Press, 2009.

ZALUAR, Alba. "Um debate disperso: violência e crime no Brasil da redemocratização". São Paulo em Perspectiva, São Paulo, v. 13, n. 3, Set. 1999.

______."Violência, crime organizado e poder: a tragédia brasileira e seus desafios". In: VELLOSO, J.P. (org.). *Governabilidade, sistema político e violência urbana.* Rio de Janeiro, José Olympio, 1994.

ZAVERUCHA, J. Fragile Democracy and the Militarization of Public Safety in Brazil. Latin American Perspectives, v. 27, n. 3, 2000, p. 8-31.

Anexo 1

Currículo completo do Curso Superior Técnico de Polícia Ostensiva e Preservação da Ordem Pública, historicamente conhecido como Curso de Formação Soldados (CFSd)

Data: Dezembro de 2018.

* Noto que as descrições dos objetivos das aulas encontram-se resumidas em relação ao documento original, a fim de facilitar ao leitor o entendimento do mesmo.

** A publicação do documento original e integral não foi explicitamente autorizada pela Diretoria de Ensino e Cultura da PMESP (DEC), quem gentilmente cedeu à pesquisa esta mesma.

- **Objetivo Geral**

Capacitar tecnicamente o Praça na graduação inicial da Polícia Militar, nas seguintes competências:

- análise e execução, de forma produtiva, das funções próprias de polícia ostensiva e de preservação da ordem pública, em conformidade com a filosofia que norteia a polícia comunitária, além de outras atribuições definidas em lei, bem como as funções de bombeiro e a execução das atividades de defesa civil;

- exercício pleno e adequado do mister policial-militar, por meio do cumprimento irrestrito das leis e o respeito às autoridades constituídas, pautado na hierarquia, na disciplina e na constante integração à comunidade;

- atuação profissional e técnica, em conformidade com o compromisso de defesa da vida, da integridade física e da dignidade da pessoa humana.

- **Grade curricular**

Área de ensino: Humanas

- **Criminalística:** 16 horas cursadas no segundo semestre.

Objetivo: Identificar e preservar locais de interesse da atuação do perito criminal, mantendo o cenário inalterado, aumentando a possibilidade de elucidação do crime.

- **Comunicação e expressão:** 32 horas cursadas no primeiro semestre.

Objetivo: Produzir textos profissionais claros, objetivos e corretos quanto à utilização da norma culta da Língua Portuguesa, visando à coesão dos textos.

- **Psicologia:** 16 horas cursadas no segundo semestre.

Objetivo: Atuar, empregando técnicas de verbalização apropriadas e controle emocional. Buscar o equilíbrio e a serenidade em situações de risco.

Área de ensino: Biológicas.

- **Educação Física:** 166 horas cursadas nos dois semestres.

Objetivo: Adquirir saberes envolvendo o desenvolvimento e a manutenção do condicionamento físico individual, com vistas ao desempenho operacional e à qualidade de vida em geral.

- **Medicina Legal:** 16 horas cursadas no segundo semestre.

Objetivo: Identificar e preservar locais de interesse da medicina legal, mantendo o cenário inalterado, aumentado consideravelmente a possibilidade de elucidação do crime.

Área de ensino: Institucional.

- **Comunicação social:** 18 horas cursadas no segundo semestre.

Objetivo: Empregar técnicas de oratória para a divulgação de fatos de interesse junto aos veículos de comunicação e à comunidade, observando as normas institucionais.

- **Comandos e exercícios de ordem unida:** 24 horas cursadas no primeiro semestre.

Objetivo: Conhecer as continências, honras, sinais de respeito e cerimonial militar na Polícia Militar do Estado de São Paulo. Executar movimentos de ordem unida a pé firme.

- **Escrituração profissional:** 56 horas cursadas nos dois semestres.

Objetivos: Elaborar as mais diversas correspondências existentes na Polícia Militar, observando as normas em vigor na Instituição, de forma a promover o correto funcionamento burocrático da Administração PM. Distinguir os principais textos usuais para atender as demandas da atividade policial-militar. Promover a celeridade no atendimento de ocorrência, estruturando corretamente os formulários digitais e impressos, culminando com os anseios institucionais.

- **História da PMESP:** 16 horas cursadas no primeiro semestre.

Objetivo: adquirir saberes essenciais para a formulação do processo histórico contínuo de desenvolvimento, evolução da cultura institucional e da identidade coletiva dos integrantes da PMESP.

- **Legislação Policial Militar***:* 32 horas cursadas nos dois semestres.

Objetivos: Exercer a autoridade policial-militar a partir das peculiaridades legais que norteiam a Instituição.

Aplicar as fases da defesa civil: preventiva, de socorro, assistencial e recuperativa.

- **Inteligência policial:** 16 horas cursadas no segundo semestre.

Objetivo: Empregar as informações oriundas das bases criminais nas ações de execução das atividades de polícia ostensiva e de preservação da ordem pública.

- **Tecnologia da informação e comunicações:** 32 horas cursadas no primeiro semestre.

Objetivos: Operar o sistema de comunicações da PMESP com eficácia e eficiência. Exercitar as rotinas por meio de treinamentos práticos (Rádio e Terminal Móvel de Dados - TMD). Utilizar, com técnica e desenvoltura, os transceptores disponibilizados pela Instituição, fazendo uso do código "Q" e alfabeto fonético internacional da ONU.

Área de ensino: Jurídicas.

- **Direito administrativo:** 12 horas cursadas no segundo semestre.

Objetivo: Saber proceder em situações onde o interesse da Administração Pública entre em conflito com o do particular.

- **Direito administrativo disciplinar militar:** 24 horas cursadas no primeiro semestre.

Objetivos: Identificar os desvios comportamentais e suas correções sob o ponto de vista ético. Aplicar os valores fundamentais, determinantes da moral policial-militar.

- **Direito civil:** 12 horas cursadas no segundo semestre.

Objetivo: Aplicar os preceitos de Direito Civil na atividade de polícia ostensiva para o atendimento das demandas sociais, capacitando o policial militar a ouvir, identificar e proporcionar a solução pacífica aos anseios, às necessidades e aos conflitos do cidadão.

- **Direito constitucional:** 12 horas cursadas no primeiro semestre.

Objetivo: Atuar na atividade policial-militar, respeitando e assegurando os direitos e deveres individuais, sociais e coletivos do cidadão.

- **Direito de trânsito:** 44 horas cursadas no primeiro semestre.

Objetivo: Exercer as atividades de polícia de trânsito em ambiente urbano e rodoviário, de acordo com a legislação vigente.

- **Direitos Humanos e ações afirmativas:** 48 horas cursadas no primeiro semestre.

Objetivos: Atuar como promotor e defensor dos Direitos Humanos no exercício da autoridade policial-militar. Atuar como difusor das Ações Afirmativas e garantidor dos direitos dos grupos vulneráveis nas atividades de polícia ostensiva e de preservação da ordem pública. Atuar no policiamento ostensivo, imbuído de valores profissionais, tendo como objetivo o compromisso com a defesa da vida, da integridade física e da dignidade da pessoa humana.

- **Direito penal:** 130 horas cursadas nos dois semestres.

Objetivos: Instrumentalizar os princípios do Direito Penal, correlacionando-os às atividades necessárias à execução das atividades policial-militares. Identificar as condutas típicas, as penas cominadas, as ações penais cabíveis, dentre outros aspectos previstos na legislação penal, visando fundamentar as ações de polícia ostensiva e de preservação da ordem pública.

- **Direito penal militar:** 32 horas cursadas no segundo semestre.

Objetivo: Associar a conduta delitiva com a tipificação prevista no Código Penal Militar.

- **Direito processual penal:** 30 horas cursadas no primeiro semestre.

Objetivos: Solucionar problemas atinentes à aplicação da lei processual penal no exercício da autoridade policial-militar, especialmente quanto à elaboração dos BO/PM-TC. Identificar onde se insere o policial militar no desenvolvimento da atividade de polícia administrativa e de polícia judiciária, conhecendo alguns aspectos inerentes a essas atividades. Reconhecer os elementos de uma infração penal, agindo dentro da legalidade e dos princípios da defesa da vida, da integridade física e da dignidade da pessoa humana.

Área de ensino: Policiais.

- **Direção policial preventiva de viaturas:** 48 horas cursadas nos dois semestres.

Objetivos: Aplicar os conhecimentos de controle veicular. Utilizar os dispositivos sonoros e luminosos nos deslocamentos em prioridade. Compreender que a aplicação das técnicas de direção policial preventiva reduz a probabilidade de acidentes de trânsito.

- **Doutrina de gerenciamento de crises:** 16 horas cursadas no segundo semestre.

Objetivos: Identificar situações de crise e os recursos humanos e materiais necessários à solução da crise. Adotar as providências básicas para iniciar e, se necessário, conduzir a ocorrência, até a chegada do Grupo Ações Táticas Especiais (GATE), de modo a obter uma solução pacífica com o menor risco possível, para a integridade física do cidadão, do policial militar e do infrator.

- **Doutrina de policia comunitária:** 16 horas cursadas no segundo semestre.

Objetivos: Empregar a filosofia de Polícia Comunitária nas atividades de polícia ostensiva e de preservação da ordem pública. Identificar as lideranças comunitárias em suas áreas de atribuições. Identificar as necessidades de cada comunidade, adequando o comportamento policial-militar às realidades do local. Responder ativamente às demandas sociais, desenvolvendo ou propondo mecanismos que propiciem o melhor relacionamento da PMESP com entidades públicas e privadas. Conhecer a estrutura dos CONSEG, dos centros comunitários e dos órgãos públicos e privados que atuam na comunidade.

- **Doutrina de polícia ostensiva:** 32 horas cursadas no segundo semestre.

Objetivos: Conhecer o papel da polícia ostensiva e repressiva no ciclo de persecução criminal. Conhecer os limites da autoridade policial-militar em face dos demais órgãos do ciclo de persecução criminal.

- **Prevenção, mediação e resolução de conflitos:** 24 horas cursadas no segundo semestre.

Objetivos: Controlar o cenário da ocorrência de forma imparcial, distinguir os conflitos e suas ramificações passíveis de mediação.

Área de ensino: Técnicas policiais.

- **Defesa pessoal:** 88 horas cursadas nos dois semestres.

Objetivos: Aprender procedimentos destinados a capacitar o policial militar a defender-se ou defender terceiros. Aplicar o uso progressivo da força, distinguindo a prioridade no emprego de meios, com munição de elastômero, gás incapacitante ou incapacitação neuromuscular por eletrochoque.

- **Menor potencial ofensivo:** 16 horas cursadas no segundo semestre.

Objetivos: Empregar os métodos de contenção não letais, como o uso de munições químicas e de munições de elastômero.

- **Metodologia de ensino de tiro defensivo para preservação da vida – método Giraldi** ®[1]*:* 192 horas, cursadas nos dois semestres.

Objetivos: Utilizar, de forma controlada, as armas de fogo disponíveis no arsenal da PMESP, dentro de padrões técnicos, visando à proteção da vida e da integridade física da pessoa humana nas atividades de polícia ostensiva e de preservação da ordem pública, nos termos da metodologia do Tiro Defensivo na Preservação da Vida - Método Giraldi®. Adotar Procedimentos Operacionais Padrão para a manutenção de primeiro escalão nas armas de porte utilizadas pela Polícia Militar do Estado de São Paulo. Harmonizar verbalização, negociação, movimentação de maneira dinâmica de forma a obter sucesso na ação policial, de maneira a evitar confronto armado, de forma a preservar a vida e a integridade física do policial militar, do contraventor e de eventuais vítimas que estejam no ambiente.

- **Polícia de choque:** 16 horas cursadas no segundo semestre.

Objetivos: Conhecer as viaturas, a munição química e o armamento empregado no controle de distúrbios civis.

1 Noto que o nome do método acompanha o símbolo "®" de marca registrada e protegida por direitos autorias

Empregar, técnica e taticamente, munições químicas, granadas de uso policial, munição de impacto controlado e equipamentos de proteção individual (EPI) e coletivo, bem como armas e artefatos próprios do controle de multidões.

- **Procedimentos Operacionais Padrão (POP)**: 166 horas, cursadas nos dois semestres.

Objetivos: Reconhecer atitudes suspeitas e proceder à abordagem pessoal em pessoas sob fundada suspeita, fiscalização de Polícia e infratores da lei. Instrumentalizar as posições da arma durante os diferentes tipos de abordagem. Atuar nas ações de polícia ostensiva e de preservação da ordem pública dentro dos padrões operacionais estabelecidos na PMESP, primando pelo escalonamento do uso da força, emprego progressivo e seletivo de meios e respeito aos Direitos Humanos.

Área de ensino: Técnicas de bombeiros.

- **Incêndios:** 16 horas cursadas no segundo semestre.

Objetivos: Adotar as primeiras providências em ocorrências de incêndio e salvamento, até a chegada do Corpo de Bombeiros.

- **Resgate:** 32 horas cursadas no primeiro semestre.

Objetivos: Executar atividades fundamentais de socorrista, bem como a gestão de ocorrências em que se exija intervenção médica de resgate, até a chegada da Unidade de Resgate. Adotar as medidas adequadas de segurança no local do acidente.

- **Atividades complementares de ensino durante o expediente escolar**

- **Educação institucional:** 203 horas nos dois semestres.

Descrição: atividade realizada durante os CENS, por regra desenvolvida no primeiro tempo de aula, destinada ao contato diário do discente com o Comandante e Auxiliar do Comandante de Pelotão, ou conforme designação da administração escolar. As atividades desenvolvidas durante a EI, objetivam fomentar a discussão de temas atuais e relevantes do cotidiano policial-militar.

- **Palestras de complementação do ensino:** 8 horas no primeiro semestre.

Descrição: Atividade destinada a permitir o contato dos instruendos com autoridades civis ou militares com notório e relevante saber nas áreas de conhecimento correlatas às atividades de polícia ostensiva, de preservação da ordem pública, de policiamento ambiental, de bombeiro e defesa civil.

- **Atividades complementares de ensino após o expediente escolar**

Habilitação complementar – Armas e munições: 8 horas no segundo semestre.

Descrição: Atividade exclusiva da especialidade de Polícia Ostensiva, é destinada à adaptação e/ou habilitação dos Sd PM 2a Cl às novas armas de fogo e munições, eventualmente inseridas no arsenal da PMESP.

Habilitação complementar – Condução de veículos: 40 horas no primeiro semestre.

Descrição: Atividade destinada a transmitir conhecimentos práticos sobre direção defensiva, incluindo a capacitação para adição ou mudança de categoria da Carteira Nacional de Habilitação (CNH), bem como complementar a habilitação do Sd PM 2a Cl para a condução de veículos automotores e veículos oficiais de emergência, nos termos da legislação de trânsito brasileira e normas correlatas à PMESP.

Habilitação complementar – Novas tecnologias: 8 horas no segundo semestre.

Descrição: Atividade destinada à capacitação e habilitação dos Sd PM 2a Cl para o uso de novas tecnologias, materiais, equipamentos ou procedimentos, que porventura sejam incorporados à PMESP e que, por questão de oportunidade, não foram objeto de ensino em MC deste currículo

Habilitação complementar – Agentes de trânsito: 54 horas nos dois semestres.

Descrição: Atividade destinada a complementar ensinamentos voltados a habilitação do Sd PM 2a Cl, ocupante da graduação inicial de praça da PMESP, para atuar como agente de trânsito e utilizar, adequadamente, o Manual Brasileiro de Fiscalização de Trânsito.

Habilitação complementar – Policiamento ambiental (somente no caso de formação especifica na área): 86 horas, nos dois semestres.

Descrição: Atividade destinada à capacitação do Sd PM 2a Cl para o desenvolvimento das atividades operacionais de Policiamento Ambiental.

- **Atividades de treinamento de campo durante o expediente escolar:**

Integração ao ambiente profissional: 24 horas no primeiro semestre.

Descrição: Realizada durante a primeira semana do 1o CENS, é destinada a proporcionar, ao ocupante da graduação inicial de praça da PMESP, a transmissão dos conhecimentos básicos relativos ao ingresso na vida policial-militar, visando capacitar o profissional recém-admitido ao cotidiano institucional.

Observação jurídica: 16 horas no segundo semestre.

Descrição: destinada a proporcionar ao profissional ocupante da graduação inicial de praça da PMESP, por meio da observação do trabalho desenvolvido por profissionais de diversas áreas jurídicas relacionadas às práticas policial-militares, o conhecimento das etapas do ciclo de persecução criminal e do processo de interação entre os órgãos envolvidos, sendo estes: Instituto de Criminalística (IC) e Instituto Médico Legal (IML), exclusivamente para a especialidade de Polícia Ostensiva, Justiça Militar Estadual (JME) e Presídio Militar "Romão Gomes" (PMRG).

Participação operacional: 24 horas no segundo semestre.

Descrição: Exclusivamente na especialidade de Polícia Ostensiva, é destinada a proporcionar ao profissional ocupante da graduação inicial de praça da PMESP, experiências práticas e progressivas, com escopo no aperfeiçoamento das técnicas policiais e consolidação do processo ensino-aprendizagem pela prática de atendimento às necessidades comunitárias de segurança pública (Policiamento Ostensivo a Pé e Motorizado, funções de auxiliar de CGP e Base Comunitária de Segurança, bem como auxiliar no despacho do COPOM).

Treinamentos e solenidades militares: 44 horas nos dois semestres.

Descrição: Destinada a proporcionar ao profissional ocupante da graduação inicial de praça da PMESP, a preparação marcial para solenidades militares.

- **Atividades de treinamento de campo após o expediente escolar**

Maneabilidade básica: 32 horas nos dois semestres.

Descrição: É destinada a proporcionar ao profissional ocupante da graduação inicial de praça da PMESP o desenvolvimento de atividades de polícia ostensiva e preservação da ordem pública em situações adversas, sob o enfoque físico, psicológico e de cenários do cotidiano policial-militar.

Serviços internos da unidade: 384 horas nos dois semestres.

Descrição: É destinada a proporcionar ao ocupante da graduação inicial de praça da PMESP a realização das atividades próprias de guarda de instalações (Sentinela da Subunidade e Unidade, Aluno de Dia à Subunidade, Patrulha a Pé e Motorizada (sendo, esta última, exclusiva da especialidade de Polícia Ostensiva).

Participação Comunitária: 8 horas no primeiro semestre.

Descrição: destinada a proporcionar ao profissional ocupante da graduação inicial de praça da PMESP o contato com setores da comunidade, especialmente caracterizados por grupos vulneráveis, permitindo a necessária integração comunitária.

Participação operacional: 96 horas no segundo semestre.

Descrição: visa proporcionar ao ocupante da graduação inicial de praça da PMESP experiências práticas e avançadas, de caráter operacional, visando ao aperfeiçoamento das técnicas policiais apreendidas ao longo do 2o CENS. Na especialidade de Polícia Ostensiva, os discentes serão empregados no atendimento às necessidades comunitárias de segurança pública (policiamento ostensivo a pé e motorizado, função de auxiliar de Guarnição Motorizada de Radiopatrulha e Ronda Escolar, Bases Comunitárias de Segurança e acompanhamento das funções de atendimento e despacho do Centro de

Operações da Polícia Militar e de Operações de Preservação e Manutenção da Ordem Pública).

- **Disposição administrativa escolar:**

68 horas no primeiro semestre e 81 horas no segundo, desitnadas a recepção de discentes, solenidades, formaturas, orientações gerais e reposição de aulas.

- **Avaliações:**

22 horas no primeiro semestre e 26 horas no segundo, tendo em vista que estas avaliações ocorrem tanto no âmbito prático como teórico.

Anexo 2

PDM completo para a Disciplina Direitos Humanos e Ações Afirmativas

1º CENS – 48 horas presenciais.

* As referências bibliográficas para esta disciplina não serão divulgadas aqui por razões de segurança pública, pois aparecem na forma de hiperlinks para o manual de Procedimentos Operacionais Padrão da corporação, acessível apenas através da intranet da PMESP.

Conteúdo programático:

- **Aulas 1 e 2:**

Crianças: Convenção Internacional sobre os Direitos da Criança e ECA. Histórico de criação do ECA; objetivos da Lei; Diferença entre criança e adolescente; Direito à convivência familiar e comunitária; Medidas protetivas de acolhimento familiar e de acolhimento institucional; Adoção – formas, requisitos objetivos e características (ato personalíssimo, ato excepcional, ato irrevogável, ato incaducável, adoção é plena e constituída por ato judicial). Adoção à brasileira, Adoção Direta ou *Intuitu Personae.*

- **Aulas 3 e 4:**

Crianças: Convenção Internacional sobre os Direitos da Criança, CF e ECA. ECA: Direito fundamental de profissionalização e proteção ao trabalho; Direito à educação, à cultura e ao desporto; Autorização para viajar; ECA: Conselhos Tutelares; Responsabilidades em razão de atos infracionais; Medidas Socioeducativas – definição, espécies e execução;

Responsabilidade dos pais; ECA: Crimes contra a criança e o adolescente; Tráfico Internacional de Criança e adolescente.

- **Aulas 5 e 6:**

Idosos: Estatuto do Idoso; Lei no 10.741, de 01 de outubro de 2003 – Estatuto do Idoso – proteção, direitos e garantias; estudo das ações afirmativas promovidas. Índios: Realidade sobre o índio no Brasil. Estatísticas sobre índio. Estatuto do Índio; Deficientes físicos. Convenção da ONU dos Direitos das Pessoas com Deficiência; Promulgação da Convenção Internacional sobre os Direitos da Pessoa com Deficiência; Estatuto da Pessoa com Deficiência.

- **Aulas 7 e 8:**

Mulheres: Convenção Internacional e Interamericana de proteção às mulheres. Convenção sobre a Eliminação de todas as formas de Discriminação contra as mulheres, adotada em 18 de dezembro de 1979; Convenção Interamericana para Prevenir, Punir e Erradicar a violência contra a mulher ("Convenção de elém do Pará") adotada em 9 de junho de 1994; Lei Maria da Penha – definição e abrangência; Atuação do policial no atendimento deste tipo de ocorrência; estudo das ações afirmativas promovidas.

- **Aulas 9 e 10:**

Afrodescendentes. História e o contexto do Negro no Brasil. Realidade atual. Preconceito e discriminação racial ou de classe. Estatuto da Igualdade Racial. Crime de racismo e Injúria Racial.

- **Aulas 11 e 12:**

Direitos da população LGBT – avanços, garantias, legislação que protege a população LGBT; Decreto no 8.727

de 28 de abril de 2016 (Nome social); Decreto no55.588 de 17 de março de 2010; Atuação policial; estudo das ações afirmativas promovidas; Resolução Conjunta no 1, de 15 de abril de 2014 do Conselho Nacional de Combate à Discriminação (acolhimento de LGBT em privação de liberdade no Brasil).

- **Aulas 13 e 14:**

Moradores de rua. Conhecimentos das características e realidades desta população perante o estado democrático de direito. Discurso do ódio e intolerância. Diferenças – direitos e contemporaneidade. Diferenças, igualdades e Direitos Humanos.

- **Aulas 15 e 16:**

Refugiados. Convenções relativas ao Estatuto dos Refugiados e Protocolo sobre Estatuto dos Refugiados; Conceito de Refugiado; Direitos e Deveres dos Refugiados; Diferença entre Migração e Refúgio; Deslocados Internos; ACNUR; documentos que são fornecidos às pessoas que solicitaram refúgio; Documento exigido para o cidadão considerado refugiado; Casos de migrantes do Mercosul – Lei 9.474 de 22 de julho de 1997 (Implementação do Estatuto dos Refugiados); Decreto No 6.975 de 07 de outubro de 2009 e Decreto No 6.964 de 29 de setembro de 2009; estudo das ações afirmativas promovidas; Reclusos.

- **Aulas 17 e 18:**

Tráfico ilegal de pessoas. Declaração dos Princípios Básicos de Justiça relativos às vítimas de criminalidade e abuso de poder. Protocolo para prevenir, suprimir e punir o tráfico de pessoas, especialmente mulheres e crianças, que complementa a convenção das nações unidas contra o crime organizado transnacional – Protocolo de Palermo; Tipificação penal no ordenamento jurídico brasileiro.

- **Aulas 19 e 20:**

Segurança Pública e Direitos Humanos. Declaração dos Princípios Básicos de Justiça Relativos às vítimas da criminalidade e de Abuso de Poder, aprovada em 29 de novembro de 1985. Abordagem prática sobre os princípios. Contemporaneidade e análise de transversalidade.Código de Conduta e Uso da força. Código de Conduta para os funcionários responsáveis pela aplicação da lei, adotado em 17 de dezembro de 1979; Princípios orientadores para aplicação efetiva do Código de Conduta para os funcionários responsáveis pela aplicação da lei; Princípios básicos sobre o Uso da Força e Armas de Fogo pelos Funcionários responsáveis pela aplicação da Lei, adotado em 7 de setembro de 1990.

- **Aulas 21 e 22:**

Administração, Assertividade de Conflitos e Assertividade.

- **Aulas 23 e 24:**

Cidadania e trânsito.

- **Aulas 25 e 26:**

Dignidade da pessoa humana. Constituição Federal: Direitos Fundamentais – Promoção e proteção da Dignidade da Pessoa Humana – Origem e evolução; A dignidade humana como um princípio jurídico; dimensões da dignidade. Conceitos e Definições: ética e cidadania (noções gerais).

- **Aulas 27 e 28:**

Ética Geral.

- **Aulas 29 e 30:**

Ética Profissional.

- **Aulas 31 e 32:**

Constituição Federal. Direitos fundamentais: direito à educação, à saúde, ao trabalho e à propriedade. Cidadania e Trânsito.

- **Aulas 33 e 34:**

Evolução histórica estrutural dos Direitos Humanos; Revolução Francesa; Declaração Francesa dos Direitos do Homem e do Cidadão de 1789; 2ª Segunda Guerra Mundial – Holocausto e a necessidade de ampliação da proteção dos Direitos Humanos, criação da ONU e DUDH; O ser humano como sujeito de Direito Internacional. Gerações e dimensões dos Direitos Humanos

– Direitos Humanos de 1ª, 2ª, 3ª e 4ª Dimensão – historicidade e evolução. O Comitê Internacional da Cruz Vermelha.

– CICV – e o Direito Internacional Humanitário; Direito de Genebra e Direito de Haia; Princípios de Humanidade de ambos os direitos. O Direito Internacional dos Direitos Humanos; Surgimento; Evolução histórica; Proteção Interna – Constituição Federal e Proteção Internacional – Direito Internacional Público.

- **Aulas 35 e 36:**

Introdução à Teoria Geral dos Direitos Humanos. Introdução ao Estudo dos Tratados: conceito de tratado; noções sobre ratificação e incorporação dos tratados no ordenamento jurídico interno; hierarquia constitucional dos tratados de Direitos Humanos.

- **Aulas 37 e 38:**

Introdução à Teoria Geral dos Direitos Humanos. Princípio da primazia da norma mais favorável ao ser humano; Adaptação da legislação interna aos tratados internacionais de Direitos Humanos; Denúncias de violação de Direitos Humanos; Violação de tratados internacionais por agentes de segurança e suas consequências.

- **Aulas 39 e 40:**

Organização das Nações Unidas. Nações Unidas com o propósito de pacificação, Conselho de Segurança, a Corte Internacional de Justiça, o Brasil como membro, os Direitos Humanos e a justiça internacional.

- **Aulas 41 e 42:**

Declaração Universal dos Direitos Humanos e Declaração Americana dos Direitos e Deveres do Homem. Assembleia Geral das Nações Unidas, de 10DEZ48; Historicidade e aplicabilidade.

- **Aulas 43 e 44:**

Pacto Internacional dos Direitos Civis e Políticos e seus protocolos facultativos. Pacto Internacional de Direitos Econômicos, Sociais e Culturais. Convenção Americana sobre Direitos Humanos – "Pacto de São José da Costa Rica"; Comissão e Corte Interamericana de Direitos Humanos; Casos práticos de violação pelo Estado Brasileiro.

- **Aulas 45 e 46:**

Convenção Internacional e Interamericana contra a Tortura. Convenção contra a tortura e outros tratamentos ou penas cruéis, desumanos ou degradantes, adotada em 10 de dezembro de 1984; Convenção Interamericana para prevenir e punir a tortura, adotada em 9 de dezembro de 1985. Regras mínimas para o tratamento de prisioneiros, adotada pelo 10 Congresso das Nações Unidas sobre a prevenção do crime e tratamento dos criminosos, reunido em Genebra em 1955, e aprovadas pelo Conselho Econômico e Social em 31 de julho de 1957 e 13 de maio de 1977; Lei no 9.455 de 07 de abril de 1997 (Crimes de Tortura).

- **Aulas 47 e 48:**

Diferenças individuais – psicologia aplicada de acordo com a ótica das relações interpessoais.

- **Referências bibliográficas (Direitos Humanos e ações afirmativas):**

1. 1. BRASIL. Lei no 10.741, de 01 de outubro de 2003. Dispõe sobre o Estatuto do Idoso e dá outras providências. *Diário Oficial da União*, de 3 out. 2003. Disponível em: < http://www.planalto.gov.br/ccivil_03/LEIS/2003/L10.741.htm>. Acesso em: 21 nov. 2018.

1.2. ______. Lei no 9.455, de 7 de abril de 1997. Define os crimes de tortura e dá outras providências. *Diário Oficial da União*, de 8 abr. 1997. Disponível em: < http://www.planalto.gov.br/ccivil_03/LEIS/L9455.htm>. Acesso em: 21 nov. 2018.

1.3. ORGANIZAÇÃO DAS NAÇÕES UNIDAS. Declaração Universal dos Direitos Humanos. Resolução 217, de 10 de dezembro de 1948. Disponível em: < https://www.unicef.org/brazil/pt/resources_10133.html>. Acesso em: 21 nov. 2018.

1.4. MORAES, A. de. *Constituição do Brasil interpretada e legislação constitucional.* 9. ed. atual.

São Paulo: Atlas, 2013.

1.5. PIOVESAN, F. *Temas de direitos humanos.* 9. ed. São Paulo: Saraiva, 2016.

1.6. ROOVER, C. de. *Aplicação da lei no caso de grupos vulneráveis – crianças e adolescentes. Direitos humanos e direito internacional humanitário para forças policiais e de segu-*

rança. Manual para instrutores. Brasília: CICV-MJ, c. 12.CICV, 1998.

1.7. SARLET, I. W. *Dignidade da pessoa humana e direitos fundamentais na Constituição Federal de 1988*. 10. ed. rev. e atual. Porto Alegre: Livraria do Advogado, 2015.

1.8. SÃO PAULO (Estado). Decreto no 55.588, de 17 de março de 2010. Dispõe sobre o tratamento nominal das pessoas transexuais e travestis nos órgãos públicos do Estado de São Paulo e dá providências correlatas. *Diário Oficial do Estado de São Paulo*, 18 mar. 2010. Disponível em:<http://www.al.sp.gov.br/repositorio/legislacao/decreto/2010/decreto-55588- 17.03.2010.html>. Acesso em: 28 abr. 2017.

Anexo 3

PDM completo para o Curso de Procedimentos Operacionais Padrão 1 e 2: 1º CENS – 88 horas presenciais.

Conteúdo programático

- **Aulas 1 e 2:**

Poder de Polícia art. 78 do CTN, atributos do Poder de Polícia, missão da Polícia Militar, art. 144, 50, CF/88; Necessidade do Procedimento Operacional Padrão.

- **Aulas 3 e 4:**

Posições de Arma - progressão e regressão em mata borrão. (Deslocamento). Tipos de Abordagem Policial. Preparação do EPI.

- **Aulas 5 e 6:**

POP 1.01.01. Conhecimento do fato

POP 1.01.02. Deslocamento para o local do fato

POP 1.01.03. Chegada ao local do fato

POP 1.01.04. Localização da(s) Pessoa(s) a ser(em) Submetida(s) à Abordagem

- **Aulas 7, 8, 9 e 10:**

Técnicas de abordagem a pessoa(s) em atitude sob fundada suspeita - POP 1.01.05 – Abordagem de pessoa a pé (submeter o Pelotão em trio, sendo dois Policiais e um abordado, a fim de treinar a verbalização e posicionamento) utilizando técnicas táticas nos exercícios práticos.

- **Aulas 11 e 12:**

Técnicas de busca pessoal (preliminar e minuciosa) - POP 1.01.06 - Art. 240 § 20, 243, 244 e 249 do CP. Exercícios práticos na instrução (dividir o Pelotão em duplas).

- **Aulas 13, 14, 15, 16, 17 e 18:**

Exercícios práticos de realização de Abordagem Policial (fundada suspeita).

- **Aulas 19 e 20:**

Utilização de meios de consulta, através do nome, RG e matrícula; Arrolamento de testemunha e Encerramento da Ação – POP 1.01.09.

- **Aulas 21 e 22:**

Técnicas de uso de algema - POP 5.03.00; Posicionamento das Algemas no Porta Algemas – POP 5.03.01; Ato de algemamento – POP 5.03.02; Retirada das Algemas POP 5.03.02; Decreto federal no 8.858/16 e Sumula de ICC 11.

- **Aulas 23 e 24:**

Atendimento de ocorrências com drogas ilícitas – POP 1.06.01, armas ou coisas ilícitas diversas. Exercícios práticos para o uso de algemas.

- **Aulas 25, 26, 27 e 28:**

Localização de pessoa(s) infratora (s) da lei – POP 1.01.05 Abordagem de Pessoa(s) a Pé - exercícios práticos e simulados.

- **Aulas 29, 30, 31 e 32:**

Abordagem de pessoa(s) infratora da lei - POP 1.01.05 - Abordagem de Pessoa(s) a Pé - exercícios práticos simulados.

- **Aulas 33, 34, 35 e 36:**

POP 5.13.01 Progressão em ambientes; POP 5.13.02 Transposição de Obstáculos; POP 5.13.03 Deslocamento em escadas; POP 5.13.04 Entrada em ambientes fechados.

- **Aulas 37, 38, 39, 40, 41 e 42:**

Exercícios simulados – Abordagem sob fundada suspeita e infrator da lei com 02 ou mais abordados/ infratores.

- **Aulas 43, 44, 45, 46, 47 e 48:**

Exercícios Simulados - conceitos de abordagem em fundada suspeita e de infrator da lei.

- **Aulas 49 e 50:**

Passagem de Serviço motorizado e inspeção da viatura – POP 5.08.01; Manutenção de 10 Escalão em viatura – POP 5.08.02.

- **Aulas 51 e 52:**

Confecção de documentos pertinentes ao patrulhamento (RSO, Relação de veículos e pessoas abordadas, QPAE, RAIA, Relação de caráter geral, croqui cadavérico, dentre outros).

- **Aulas 53 e 54:**

Identificação veicular (localização dos pontos principais de identificação veicular: chassi, número do motor e câmbio, etiqueta autodestrutiva, código vis, lacre e espelho, dentre outros).

- **Aulas 55 e 56:**

Policiamento motorizado: chegada ao local da ocorrência/ abordagem, definição dos locais propícios à abordagem, bem como evitáveis (aclives, declives e local com concentração de pessoas); ICC-206 Deslocamento para ocorrência.

- **Aulas 57, 58, 59 e 60:**

Abordagem Policial (infrator da Lei) com viatura 4 rodas em automóvel: POP 1.02.01- Abordagem de Pessoa(s) em Automóvel (iniciando da consulta junto ao COPOM, verbalização para posicionar o abordado para início da busca pessoal e veicular); ICC-63 Abordagem de Pessoa(s) em Veículo.

- **Aulas 61 e 62:**

Policiamento motorizado: Técnicas de abordagem de pessoas em veículo em atitude suspeita e exercícios práticos (iniciando da pergunta por objetos ilícitos até a busca veicular e verificação das imediações parte 3/3). POP 1.05.01 - Vistoria em automóvel; ICC-90 Procedimentos voltados à vistoria de automóveis

- **Aulas 63 e 64:**

POP 1.05.01 - Vistoria em automóvel; ICC-90 Procedimentos voltados à vistoria de automóveis.

- **Aulas 65, 66, 67, 68, 69, 70, 71, 72, 73, 74, 75, 76, 77 e 78:**

Abordagem Policial (infrator da Lei) com viatura 4 rodas em automóvel: POP 1.02.01- Abordagem de Pessoa(s) em Automóvel; POP 1.05.01- Vistoria em automóvel; ICC-90 Procedimentos voltados à vistoria de automóveis.

- **Aulas 79 e 80:**

Abordagem Policial (infrator da Lei) com viatura 4 rodas em automóvel: POP 1.02.01- Abordagem de Pessoa(s) em Automóvel;.01- Vistoria em automóvel.

- **Aulas 81, 82, 83 e 84:**

Abordagem Policial (infrator da Lei) com viatura 4 rodas em motocicleta: POP 1.05.02 – Vistoria em motocicleta.

- **Aulas 85, 86, 87 e 88:**

Exercícios práticos e verificação (Conceitos de abordagem veicular e seus diversos desdobramentos).

2º CENS – 88 horas presenciais.

- **Aulas 1, 2, 3 e 4:**

Acompanhamento de veículo – POP 4.01.01; Cerco Policial – POP 4.01.02.

- **Aulas 5 e 6:**

Apresentação da ocorrência na repartição pública competente – POP 1.01.08

- **Aulas 7 e 8:**

Resolução SSP-57/2015; ICC 153 e suas aplicabilidades.

- **Aulas 9 e 10:**

Resolução SSP-57/2015; ICC 154 à 157 e suas aplicabilidades.

- **Aulas 11 e 12:**

Resolução SSP-57/2015; ICC 158 à 161 e suas aplicabilidades.

- **Aulas 13, 14, 15, 16, 17 e 18:**

Perturbação do sossego público, atendimento de ocorrência de perturbação do sossego público; exercícios práticos em bares, residência, e estabelecimentos comerciais. (POP: 2.03.01- Atendimento de ocorrência de perturbação do sossego público; NI no PM3-001/02/15 Sistemática de atuação da Polícia Militar no atendimento e registro de ocorrências –Resolução SSP- 57/2015; Súmula de ICC 25 e 80). Lei Estadual No 16 049/2011 ("Lei do Pancadão – C-99).

- **Aulas 19 e 20:**

Formas de atuação e procedimentos do policial militar em casos de Violência doméstica e familiar: Problemas familiares (Súmula de ICC 167 e 178).

- **Aulas 21 e 22:**

Atendimento de ocorrência de desinteligência – POP 2.02.01

- **Aulas 23 e 24:**

Ocorrências para transporte de pessoas com problemas de alcoolismo ou psiquiátricos; ICC-69.

- **Aulas 25 e 26:**

Atendimento de ocorrência envolvendo pessoa com deficiência; Abordagem de pessoa(s) com deficiência – POP 1.01.05-4.4. e PVT (agosto) 8/02/2016.

- **Aulas 27 e 28:**

Alarme disparado: Atendimento de ocorrência com alarme disparado -POP: 2.04.01.

- **Aulas 29 e 30:**

Cumprimento de mandado judicial Processo: 4.04.00 (Ocorrência de busca e apreensão domiciliar; exercícios práticos)

- **Aulas 31, 32, 33, 34, 35 e 36:**

Exercícios simulados de Perturbação do sossego, desinteligência e violência doméstica.

- **Aulas 37 e 38:**

Atendimento de ocorrência envolvendo autoridade com imunidade parlamentar ou diplomática - POP 3.02.01.

- **Aulas 39 e 40:**

Atendimento de ocorrência envolvendo magistrados e membros do ministério público - POP 3.02.02.

- **Aulas 41 e 42:**

Vias de fato (NI no PM3-001/02/15 Sistemática de atuação da Polícia Militar no atendimento e registro de ocorrências – Resolução SSP 57/2015), exercícios práticos.

- **Aulas 43, 44, 45 e 46:**

Ação do Policial para preservar local de crime – POP 2.01.01, ICC 85, 91, 126, 159 e 227.

- **Aulas 47 e 48:**

Composição de Equipe de Patrulha Tática – função de cada patrulheiro em diversas situações; comportamento e postura do PM em locais públicos.

- **Aulas 49 e 50:**

Abordagem a veículo sob fundada suspeita – com 03 e 04 policiais na viatura; exercícios práticos simulando locais e horários variados.

- **Aulas 51, 52, 53, 54, 55 e 56:**

Abordagem a veículo sob fundada suspeita – com 03 e 04 policiais na viatura; exercícios práticos simulando locais e horários variados.

- **Aulas 57, 58, 59, 60, 61 e 62:**

Bloqueio em via pública: planejamento do bloqueio; montagem do bloqueio; comando do bloqueio; anotações de bloqueio; comunicação de rádio no bloqueio; segurança no bloqueio; seleção de veículos no bloqueio; finalização do bloqueio; exercícios práticos (Processo 4.02.00).

- **Aulas 63 e 64:**

Métodos de atuação contra oponente(s) com instrumento(s) utilizado(s) como arma(s) branca(s) – POP 1.11.01.

- **Aulas 65 e 66:**

Atendimento de ocorrência em horário de folga: (Processo: 3.04.00; Súmula de ICC 68, 70 e 106)

- **Aulas 67 e 68:**

Veículo localizado: atendimento de ocorrência envolvendo veículo localizado; (POP: 2.01.0; NI no PM3-001/02/15 Sistemática de atuação da Polícia Militar no atendimento e registro de ocorrências –Resolução ssp-57/2015).

- **Aulas 69 e 70:**

POP: 3.06.01 Atuação no local da ocorrência com bomba/explosivo.

- **Aulas 71, 72, 73 e 74:**

Abordagem a veículo sob fundada suspeita com infratores da Lei.

- **Aulas 75 e 76:**

Ocorrências de infrator (es) em edificações: técnicas básicas de averiguação; retirada e entrada em edificações

– em cômodos, escadas, corredores; - POP – Progressão em Ambientes Fechados - 1/2016 (Vídeo Treinamento); Processo 1.13.00.

- **Aulas 77 e 78:**

Técnicas de cerco a edificações – exercícios práticos simulando locais e horários variados.

- **Aulas 79, 80, 81, 82, 83 e 84:**

Exercícios simulados - desenvolvimento de ocorrência policial.

- **Aulas 85, 86, 87 e 88:**

Exercícios simulados - desenvolvimento de ocorrência policial e verificação.

Agradecimentos

Este trabalho é fruto de um período de renascimento na minha vida e, com ele, alguns nascimentos; nascimento da minha relação com minha esposa, Crystal e nascimento da Liz. Meu primeiro agradecimento é a estas duas que, com seu amor, me ajudaram a observar meu trabalho – e minha vida – com nova luz.

Por falar em luz, meu segundo agradecimento é a meu pai que nos deixou tão precocemente, mas que segue iluminando meus passos.

Este trabalho não poderia ter sido realizado sem a ajuda fundamental da minha família mais próxima: minha mãe, minha avó e meu irmão. À primeira reservo todo o meu agradecimento e amor por ter me ajudado a conceber este projeto e, ao longo dos anos, ter participado de cada pedaço deste processo. À segunda reservo incondicional admiração; por enfrentar a vida com tanta leveza e esperança, me inspirando a ser cada dia mais feliz e bondoso. A meu irmão votos de que possamos continuar crescendo juntos para o resto de nossas vidas, como sempre fizemos.

À minha orientadora Susana Durão – quem tem participação em cada frase deste texto-, agradeço por partilhar não apenas seu conhecimento (que, claro, foi fundamental) mas também sua inteligência, curiosidade e amor pelos estudos de policia. É incrível como minha visão para o objeto de estudos não poderia florescer de maneira semelhante com nenhum outro orientador. Isso para mim é a verdadeira medida da humildade e da generosidade intelectual.

Antes de começar a cursar o Doutorado, a última vez que havia entrado no IFCH tinha sido para velar o corpo do meu pai, na biblioteca Octávio Ianni. Omar Ribeiro Thomaz me permitiu encontrar nova luz ali, abrindo as portas do instituto e me dando a oportunidade de, mais uma vez, trazer um renascimento para a minha vida. Por isso serei eternamente grato.

Agradeço especialmente também a David Reichardt, quem deu um passo fundamental para que eu conseguisse realizar o trabalho de campo a que eu me propunha, me provendo com contatos fundamentais dentro da Escola Superior de Soldados. A André Rosemberg, quem seguidas vezes me emprestou livros fundamentais e momentos fundamentais. A Francisco Quartim de Moraes quem me ajudou em grande medida no entendimento e desenvolvimento da problemática ao redor das cerimônias de homenagem a 1932.

Aos policiais que trabalham na Escola Superior de Soldados (quem decidi manter em anonimato), por não apenas me abrirem as portas da academia, como também pela simpatia, dedicação e pelo tempo tirado de suas rotinas de trabalho para auxiliar em meu trabalho.

A todos os demais professores do IFCH que me ajudaram não apenas com o desenvolvimento deste trabalho, mas também com meu desenvolvimento nesta nova área para mim: as Ciências Sociais. Antes de começar a cursar o Doutorado, a última vez que havia entrado no IFCH tinha sido para velar o corpo do meu

Alameda nas redes sociais:
Site: www.alamedaeditorial.com.br
Facebook.com/alamedaeditorial/
Twitter.com/editoraalameda
Instagram.com/editora_alameda/

Esta obra foi impressa em São Paulo nao verão de 2023. No texto foi utilizada a fonte Adobe Caslon Pro em corpo 11 e entrelinha de 15,25 pontos.